高等教育社会投入的政策研究

刘红宇 著

中国财经出版传媒集团
中国财政经济出版社

图书在版编目（CIP）数据

高等教育社会投入的政策研究／刘红宇著．—北京：中国财政经济出版社，2019.7

ISBN 978-7-5095-9097-3

Ⅰ.①高…　Ⅱ.①刘…　Ⅲ.①高等教育－教育投资－投资政策－研究－中国　Ⅳ.①G649.2

中国版本图书馆 CIP 数据核字（2019）第 137257 号

责任编辑：张怡然　　　　　　责任印制：张　健
封面设计：陈宇琰　　　　　　责任校对：张　凡

中国财政经济出版社　出版

URL: http://www.cfeph.cn

E-mail: cfeph@cfemg.cn

（版权所有　翻印必究）

社址：北京市海淀区阜成路甲 28 号　邮政编码：100142
营销中心电话：010-88191537
北京财经印刷厂印装　各地新华书店经销
710×1000 毫米　16 开　18.5 印张　284 000 字
2019 年 7 月第 1 版　2019 年 7 月北京第 1 次印刷
定价：56.00 元
ISBN 978-7-5095-9097-3
（图书出现印装问题，本社负责调换）
本社质量投诉电话：010-88190744
打击盗版举报热线：010-88191661　QQ：2242791300

摘要

高等教育社会投入是高等教育投入的重要来源。在中国，一般认为高等教育的资金来源主要分成政府投入和社会投入两大部分。政府投入包括拨款、教育的税收减免、专项补助、学生资助等。社会投入包括学杂费投入和高校自筹资金，高校自筹资金又包括了科技创收、社会捐赠及其他创收。目前的高等教育财政政策大部分是基于高等教育财政投入总量、结构和机制的设计，鲜见高等教育社会投入及其政策的专门研究。

本研究通过对OECD国家（主要是发达国家）、WEI计划国家（全是发展中国家）以及中国的高等教育投入变化趋势追踪，发现：1998~2009年，世界高等教育投入发展呈现出一个共同点，高等教育社会投入占GDP比重总体呈上升趋势。为进一步探索高等教育社会投入的发展规律、模式、形态，寻找高等教育社会投入的政策依据，对当前中国高等教育投入所处的阶段做出科学判断并形成政策建议，本研究分别采用了文献法、描述性统计分析、计量回归、案例分析以及比较研究等多种方法，先后分六部分（第二章到第七章）探讨高等教育社会投入占GDP比重的政策问题。主要的技术路线是从现状出发进行理论解释，通过理论推导形成研究假设；并采用实证检验和和案例研究相结合的方法检验假设是否成立；然后，揭示数字背后的规律，进行理论总结；最后提出中国的政策调整建议。

第一部分从现状出发，系统梳理1998~2009年OECD国家、WEI计划国家以及中国的高等教育社会投入的变化趋势，分别归纳OECD国家、WEI计划国家和中国的高等教育社会投入的发展情况，明确中国高等教育社会投入目前所处的国际位置。

第二部分从理论分析、客观必然和现实依据三个角度，分别找到高等教育社会投入存在和增长的必然性，厘清高等教育社会投入发展的机理，建立分析高等教育社会投入发展规律的理论框架。具体而言，从公共选择理论、公共支出增长理论中的瓦格纳法则、公共支出增长发展阶段理论、高等教育成本分担理论、高等教育规模扩张与制度保障之间的关系理论四个理论出发，分析高等教育社会投入发展的动态特征，这是由高等教育是准公共物品的属性决定的，准公共物品的供给方式存在动态发展的必然性。理论分析形成三个推测。推测一：高等教育社会投入发展呈现阶段性特征，阶段性特征的表现可能与人均GDP发展阶段相关；推测二：在以人均GDP发展划分的某一个具体阶段中，高等教育作为准公共产品，高等教育社会投入既会受到一般市场经济规律的影响，也会受到"公共选择"的影响，即受到高等教育财政投入、国家财政总支出的影响；推测三：在高等教育毛入学率发展的各个阶段中，高等教育社会投入的发展机理可能与高等教育毛入学率发展呈阶段性特征相关。最后，从三个推测中提取相关因素，形成本研究的基本假设：高等教育社会投入可能受到高等教育毛入学率、人均GDP、高等教育财政投入、国家财政支出四个因素的影响。

第三部分采用描述性统计分析、计量回归等方法，通过对1998~2009年43个国家516条样本记录共2580个数据进行实证研究，揭示高等教育社会投入的发展的阶段性特征与规律。分别以人均GDP、高等教育毛入学率为划分阶段的依据，探讨不同分类情况下的高等教育社会投入总量是否存在阶段性差异，并进一步剖析各阶段中的发展机理。实证分析结果显示：高等教育社会投入呈阶段性发展特征。人均GDP 1000美元以下阶段、人均GDP 1000~3000美元阶段、人均GDP 3000~10000美元阶段、人均GDP 10000美元以上阶段四个阶段的高等教育社会投入显著不同；高等教育毛入学率15%以下、15%~30%、30%~50%、50%~75%、75%五个阶段的高等教育社会投入也显著不同。而且，不同分类的各发展阶段中，高等教育毛入学率、人均GDP、高等教育财政投入、国家财政支出四个因素对高等教育社会投入的影响机制不同。第二部分的三个推测得到证实，但在高等教育社会化投入阶段性发展的一般特征中，存在着几个典型，据此进行第四部分的案例研究。

第四部分采用案例分析法和比较研究法，分别对美国、韩国、法国、英国、北欧福利型国家的高等教育社会投入模式与政策演变进行研究，系统梳理了各个国家高等教育投入的政策背景、发展历程和主要特征。

第五部分在第三、第四部分的阶段性特征揭示与案例研究的基础上，对高等教育社会投入的发展形态和政策动态进行总结归纳，提出并论证高等教育社会投入的形态演进主要包括三种形式：原生型的高等教育社会投入、政策型的高等教育社会投入、慈善型的高等教育社会投入；提出并论证高等教育社会投入的增长方式可以分为：主动增长和被动增长、周期性增长和短时性增长、结构式增长和非结构式增长；总结归纳出高等教育社会投入政策会受到经济发展阶段、高等教育发展阶段、高等教育需求市场的扩大化和多样化的动态影响；最后，对高等教育社会投入的边界进行了探讨。至此，本研究基本完成了从现象捕捉到理论解释，从理论推测到实证检验，最后再次回归到理论升华的过程。

第六部分分析中国当前高等教育社会投入政策现状与导向，评述中国当前的高等教育社会投入模式的合理性，并结合本研究所得对中国高等教育社会投入的政策提出建议：中国2012～2020年的高等教育发展应该把握提高财政投入比重、调整社会投入结构这一大方向；高等教育社会投入结构的调整重点是稳中略降学杂费比重，大力挖掘其他社会投入来源。

本研究以公共支出增长理论等为理论依据，较系统地探讨了高等教育社会投入发展的阶段性特征，高等教育社会投入的典型模式、发展形态以及政策动因，弥补了高等教育社会投入政策研究相对较少的空白，为中国高等教育社会投入未来的发展方向与发展重点提供了实证参考。

Abstract

The higher education's social investment is an important source of investment in higher education. In China, it is generally believed that the two parts of the source of funding of higher education is divided into government investment and social investment. Government investment, including funding, education, tax breaks, special subsidies, student financial assistance. Society the inputs including tuition and fees for inputs and universities self – financing, the college Technology including income generation, social donations and other income – generating self – financing. Most of the current higher education fiscal policy design is based on the total investment, the structure and mechanism of Higher Education Finance uncommon specializes in social investment and its policy of higher education.

The study by the OECD countries (mainly developed), WEI planned countries (all developing countries) as well as China's higher education invested trend tracking, discovery: 1998 – 2009, into the development of higher education in the world showing a common point, the higher education community investment share of GDP, the overall upward trend. To further explore the law of development of the higher education community input, pattern, shape, looking for higher education social appropriate investment policy is based on the current stage of higher education in China in which the scientific judgment, and the formation of policy recommendations, the literature analysis were used to study descriptive statistical analysis, measurement regression, a variety of methods, case studies and comparative research has policy issues explore higher education socialization of investment to GDP is divided into six parts, the main technical route starting from the phenomenon of choice theory to explain by the theory derivation of a hypothesis, testing hypotheses and case analysis of the empirical analysis found behind the law, and the theoretical conclusion sublimation research.

The first part from the phenomenon, the system combing OECD countries in 1998 – 2009, WEI investment plans to the countries as well as China's higher education social trends, respectively, are summarized in OECD countries, WEI plan investment characteristics of the countries and the higher education community, clearly China Higher education social investment in international position.

The second part, from the theoretical analysis, the objective necessity and realistic basis for three angles, respectively, to find the inevitability of higher education presence and growth of social investment, to clarify the mechanism into the development of higher education community, to establish a theoretical framework of analysis of the higher education community into the development of the law of. Specifically, from Wagner's Law, in growth theory of public choice theory, public expenditure, public spending growth stage of development theory, higher education cost – sharing theory, the theory of the relationship between the expansion of higher education system to protect analysis higher education social investment as the existence of the dynamic development of the inevitability of higher education in this quasi – public goods supply, and the formation of three theoretical speculation, speculated: higher education community into the development of rendering stage characteristics, the performance of the stage characteristics may be related to per capita GDP related development stage; speculate: a specific stage of development by GDP per capita, higher education as a quasi – public goods supply and demand, investment in higher education community both by the general laws of market economy, but also by "public choice" impact, that is, by the impact of the higher education financial investment, the country's total fiscal expenditure; speculated: in various stages of development in the higher education enrollment rate, the mechanism of the development of higher education and social investment may vary depending on the development of higher education enrollment rate was stage characteristics. Extracted from three assumptions related factors, the formation of the basic assumptions of this study: higher education community investment may be subject to the gross enrollment rate for higher education, per capita GDP, higher education financial investment, the state financial expenditure and other factors.

The third part of the descriptive statistical analysis, measurement regression and other methods, and empirical research on the sample of 516 records of 43 countries in 1998 – 2009, revealed the law of development of the higher education community input. Per capita GDP, higher education gross enrollment rate divided stage basis to explore the higher education community in the case of different classifications total investment exists phase difference, and further dissect the mechanism of the various stages of development. The empirical results show that: the higher education community input was phased development features. Per capita GDP 1000 below $ stage, stage GDP 1000 – 3000 U. S. dollars per capita, per capita $ GDP 3000 – 10000 phase, four stages of higher education per capita GDP 10000 more than $ stage social investment significantly different; higher education gross enrollment rate of 15%, 15% – 30%, 30% – 50%, 50% – 75%, 75% of the five stages of the higher education community input is also significantly different. Moreover, the various stages of development in different classifications, the impact of the four factors of the gross enrollment rate for higher education, per capita GDP, higher education financial investment, the state financial expenditure of the higher education community input mechanism. Been confirmed, but the second part of the three speculated phased development invested in higher education socialization general law, there are a few special cases, pursuant to Part Ⅳ of the study.

The fourth part of the law of the case analysis and comparative studies, study of Higher Education in the United States, South Korea, France, the United Kingdom, the Nordic welfare countries social investment model, combing the various national higher education investment policy background, the course of development and the main feature.

Part V of the first four parts of the study on the basis of morphology and policy on the development of higher education and social investment dynamics summarized proposed and demonstrated that the morphological evolution of the higher education community input including three forms: native higher education social investment higher education social policy investment, charity higher education community input; proposed and demonstrated the growth of the higher education community input can be divided into: active growth and passive growth, cyclical growth and short-term growth, structure growth and non-structure growth; summarized the higher education social investment policy will be subject to the economic development stage, the stage of development of higher education, the demand for higher education market enlargement and diversification of the dynamic effects; Finally, on the boundary of the higher education community input. At this point, the basic completion of the capture from the phenomenon to explain the theory from theoretical speculation to empirical test, and finally once again return to the theory of sublimation process.

Part VI binding studies of Chinese higher education social investment policy recommendations: the development of higher education in 2012-2020 in China should grasp the proportion of financial investment, adjust the social investment structure general direction; investment structure of the higher education community to adjust focus stable tuition and fees growth, and tap other sources of social investment.

This study to public spending growth theory as the theoretical basis of the law of development of the higher education community input, the typical pattern of development patterns and policies dynamic blank, to make up for the higher education community investment policy based on relatively few studies, and China's higher education community input in the future direction of development priorities suggested.

目录

第一章 绪论 1

 第一节 选题依据 1

 第二节 文献综述 9

 第三节 关键概念 23

 第四节 研究方法 24

第二章 高等教育社会投入的现状分析（1998～2009年） 26

 第一节 OECD国家高等教育社会投入的变化分析 26

 第二节 WEI计划国家高等教育社会投入发展趋势 37

 第三节 中国高等教育社会投入的主要趋势 53

第三章 高等教育社会投入的理论分析、

   客观必然与现实基础 61

 第一节 高等教育社会投入的理论分析 61

 第二节 高等教育社会投入增长的客观必然 78

 第三节 高等教育社会投入发展的现实基础 81

 第四节 小结和推测 81

第四章 高等教育社会投入占GDP比重的阶段性

   发展特征分析 85

 第一节 样本与统计分析工具的选择与依据 85

第二节 高等教育社会投入的一般规律与影响机理 …………… 88

第三节 高等教育社会投入在人均 GDP 不同发展阶段的情况分析 …… 91

第四节 高等教育社会投入在高等教育毛入学率不同发展阶段的

情况分析 …………………………………………………… 134

第五节 小结 ………………………………………………………… 161

第五章 高等教育社会投入政策发展与模式选择的典型案例 …………………………………………………………… 163

第一节 美国——财政、社会和个人是高等教育投入的

"三个主角" ……………………………………………… 163

第二节 韩国——社会投入是成就高等教育腾飞的"翅膀" …… 172

第三节 法国——政府投入为主、社会投入为辅的中央集权制 …… 176

第四节 英国——从政府集权走向市场 …………………………… 180

第五节 北欧国家——免费的高等教育 …………………………… 188

第六章 高等教育社会投入的形态演进与政策动因

——基于阶段性特征揭示与案例分析 ……………………… 191

第一节 高等教育社会投入的形态演进 …………………………… 191

第二节 高等教育社会投入的增长方式 …………………………… 197

第三节 高等教育社会投入政策的动态变化 ……………………… 202

第四节 高等教育社会投入的边界讨论 …………………………… 206

第七章 中国高等教育社会投入占 GDP 比重的政策分析 ………… 211

第一节 中国当前高等教育社会投入的政策导向与政策依据 …… 211

第二节 中国当前高等教育投入模式的合理性分析 ……………… 215

第三节 中国高等教育社会投入占 GDP 比重的政策建议 ……… 219

第八章 结论 …………………………………………………………… 228

第一节 本研究的基本观点和主要结论 …………………………… 228

第二节　本研究的创新之处 ………………………………………… 232
第三节　本研究的不足之处 ………………………………………… 233

附录 ………………………………………………………………………… 234
参考文献 …………………………………………………………………… 261

第一章
绪 论

第一节 选题依据

高等教育投入是高等教育事业科学发展的基本保障。20世纪以来,特别是第二次世界大战以来,高等教育促进人力资源生长和发展,进而全面提升综合国力的重要作用,为世界各国所深刻认识。高等教育发展水平成为衡量一个国家或地区发展水平的重要标志。因而,世界各地高度重视加大高等教育的投入,高等教育投入占GDP比重不断上升。1998~2008年,十年间美国高等教育投入占GDP百分比从1.22%上升到3.1%,加拿大从1.85%上升到2.6%,日本从1.02%上升到1.5%,韩国一直保持在2.5%左右,澳大利亚始终在1.6%上下。这些国家对高等教育的高投入为其经济与社会发展带来了强大的驱动力。中国也从0.696%上升到1.446%,有了大幅提高,但与世界高等教育强国相比,不管是在投入总量上,或是投入来源结构上,又或是生均投入上,都存在较大差距。

高等教育投入问题,是高等教育发展面临的紧迫问题。D.B.约翰斯通(2002)认为,高等学校要实现为人们求职做准备和为经济增长服务,实现创造、文化和价值传递,同时为年轻学生创造实现梦想的机会,很大程度上取决于高等教育经济和财政状况。他在中国教育部主持召开的中外大学校长论坛上做主题演讲《世界大学变革背景下的中国高等教育》时指出:"高等教育普遍存在的

'大'问题,恰好都主要是财政方面的问题。尽管世界范围内不同的大学观察者所列举的问题会稍有不同,但我估计他们中的大部分人都会注意到一些变化或者说是趋势。我们之所以能够明显地看到一个世界范围的变化趋势,是因为我们都努力回应三个同样的大问题:财政困境、效益低下和不平等。全世界都面临着的高等教育财政困境。在所有国家,即使是最富足的国家,高等教育经济生存能力不稳定的核心原因是收入和支出曲线的自然背离(特别是当高等教育收入以公共经费或税收为主时,情形更是如此)。"[1] 教育部副部长杜玉波强调:"教育投入是教育事业科学发展的重要保证。当前要重点抓好三项工作:第一,落实政策筹好钱;第二,科学配置用好钱;第三,完善制度管好钱。"[2]

提高高等教育投入,是中国亟待解决的难题。2010年颁布的《国家中长期教育改革和发展规划纲要(2010—2020)》中明确提出的战略目标是:"到2020年,基本实现教育现代化,基本形成学习型社会,进入人力资源强国行列。实现更高水平的普及教育。……高等教育大众化水平进一步提高,毛入学率达到40%。新增劳动力平均受教育年限从12.4年提高到13.5年;主要劳动年龄人口平均受教育年限从9.5年提高到11.2年,其中接受高等教育的比例达到20%以上,具有高等教育文化程度的人数比2009年翻一番。"教育事业发展主要目标明确高等教育发展的几项硬指标:2009年,在学总规模为2979万人,在校生2826万人,其中研究生140万人,毛入学率为24.2%;到2015年、2020年,在学总规模分别达到3350万人、3550万人,在校生达到3080万人、3300万人,其中研究生分别达到170万人、200万人,毛入学率分别达到36%、40%。面对总数庞大的学龄人口和全面提高高等教育质量的巨大投入需求,教育经费短缺已经成为制约中国高等教育发展的"短板"。即使中国在2012年教育投入实现占GDP的4%,高等教育的经费缺口仍然巨大,要完成既定战略目标,我们面临艰巨的任务。改革高等教育投入政策、拓展高等教育投入来源渠道、提高资金效率是未来一个时期内的重要任务。

---

[1] D. B. 约翰斯通:《高等教育财政:问题与出路》,沈红、李红桃译,人民教育出版社,2004。
[2] 《教育部回应占GDP 4%支出:筹好钱、用好钱、管好钱》,http://news.xinhuanet.com/edu/2011-03/28/c_121238936.htm。

高等教育社会投入是高等教育投入的重要来源。在中国，一般认为高等教育的资金来源主要分成政府投入和社会投入两大部分。政府投入包括拨款、教育的税收减免、专项补助、学生资助等。社会投入包括学杂费投入和高校自筹资金，高校自筹资金又包括了科技创收、社会捐赠及其他创收。① 高等教育投入的比重趋势不仅反映各国高等教育财政投入与来源的变化，更是研究各国高等教育发展动向的重要指标。综观世界高等教育强国，高等教育发展的过程常伴随着高等教育经费投入不断增加、来源不断丰富的过程。诸多世界一流大学，除了先进的办学理念、顶尖的师资和丰富的教研成果外，还拥有极其雄厚的办学经费。办学经费来源绝不仅仅限于政府投入，还有大量的社会投入，如学杂费、合同收入、各种服务性收入、社会各界的捐助等。近年来，呈现出高等教育社会投入比重不断增加、形式不断丰富的多元化趋势。虽然世界各国的社会制度、高等教育发展沿革和现行体制不同，但可以肯定的是，没有一个市场经济国家是由政府或社会单方包办高等教育。D. B. 约翰斯通（2002）为高等教育财政开出良方："解决办法有两种，一是降低成本以减少收入和支出之间的差距，但在经济的进一步发展中，许多大学已经努力降低成本，只是'成果不显著'；另一种方法就是寻求非政府经费投入。事实证明，过去的十多年中，这种以通过收取学杂费、促进高校自筹资金、捐赠等为主要渠道的筹款方式，给中国带来了巨大变化。"②

高等教育社会投入政策亟待建立和完善。当前中国对高等教育社会投入的政策仍不够完善，高等教育投入的政策更多是面向国家财政性投入的政策，高等教育社会投入在资金的引导、激励和管理等方面都面临诸多问题。在世界其他国家（如英国、美国、日本、澳大利亚等）相继减少高等教育的国家财政投入的情况下，高等教育社会投入不断增长，担负的使命更加重大。《国家中长期人才发展规划纲要（2010—2020）》中提出的人才发展的重大政策的第一条，就是实施促进人才投资优先保证的财税金融政策。该政策包括："各级政府优先保证对人才发展的投入……鼓励和支持企业和社会组织建立人才发展基金。通过税收、贴息等优惠政策，鼓励和引导社会、用人单位、个人投资人才资源开发。"高等教育

---

① 蔡克勇、范文曜、马陆亭：《转轨时期高等教育投入制度研究》，高等教育出版社，2006。
② D. B. 约翰斯通：《高等教育财政：问题与出路》，沈红、李红桃译，人民教育出版社，2004。

作为人才资源开发的重要支撑,应该建立相关配套政策,明确高等教育社会投入的目标,完善政策指导。至此,研究高等教育社会投入政策的现实意义与实践价值越发凸显。高等教育社会投入政策应该浮出水面,成为除国家财政性投入政策以外的重要政策引导。这与解决高等教育经费紧张与人们日益增长的高等教育需求、与全面提高高等教育质量所需的经费保障等矛盾的需要是相吻合的,即不仅仅要提高高等教育投入总量,更急需改革现行的高等教育投入制度,改革并完善适应未来发展需要的高等教育投入政策。因此,系统梳理高等教育社会投入的变化趋势及影响,明确其中影响因素,找到高等教育社会投入的合理目标,设计科学的实施路径,提供有效的政策依据,进而提出高等教育社会投入政策建议就显得十分紧迫。

具体而言,高等教育社会投入占GDP比重的政策研究这一选题的提出,主要缘由是:

一、基于高等教育社会投入占GDP比重的政策依据缺失的思考

一个国家高等教育社会投入不断发展的同时会促进高等教育体制改革和政策设计,促使高等教育体制向更符合经济社会发展需求的方向健全完善,而这种促使的形成和积累,不仅仅表现在货币数量上的单向增长,而且还与当时的经济、社会、政治环境以及高等教育所处的发展时期与政策引导相关。

当前,国际高等教育投入来源越发呈现多元化发展的态势,国家财政性投入比重不断减少,社会投入比重日益增长。高等教育社会投入的增长,不仅仅是在货币表现上的经费问题的缓解以及经费来源渠道的拓展,而是以美国D. B.约翰斯通的"高等教育成本分担理论"为理论依据的高等教育投入制度的重大变革,高等教育进入政府、社会、个人三方共同分担成本的纪元。对中国而言,就是从此改变了高等教育财政体制和政策,结束了国家统筹包办、计划管理的时代,为高等教育发展带来了新的生机。同时,对原有的机制、政策都是一种深层性改革、革新性发展的挑战,需不断健全完善高等教育社会投入的制度政策,否则,很难从根本上解决高等教育投入不足的问题。

但是,在高等教育财政投入的政策、分配和管理的众多研究与实践中,主要集中在国家财政性投入方面,专门针对高等教育社会投入的政策依据、政策重点

和政策价值的研究与专著不多。国家的高等教育投入政策也以财政投入为主要指标，如：

1993年国家正式颁发了《中国教育改革和发展纲要》，提出到20世纪末，国家财政性教育经费支出占国民生产总值的比重应达到4%。1994年国务院又颁发了关于《中国教育改革和发展纲要》的实施意见，其中明确提出：国家财政对教育的拨款，是教育经费的主渠道，必须予以保证。各级政府要树立教育投资是战略性投资的观念，合理调整投资结构，在安排财政预算时，优先保证教育的需求并切实做到《中国教育改革和发展纲要》提出的"三个增长"。1995年全国人民代表大会颁布的《中华人民共和国教育法》设立了"国家财政性教育经费支出占国民生产总值的比例应当随着国民经济的发展和财政收入的增长而逐步提高"的条款，依法保障教育经费的水平。

尽管国家财政性投入和社会投入成为"平分秋色"的两股投入主力，但高等教育社会投入的政策依据问题一直没有被突破。系统地梳理高等教育社会投入在世界各国的变化趋势的研究不多，鲜见明确提出政策依据的专著和论文。实证研究与理论研究的不足在一定程度上影响了中国高等教育投入制度改革的深化，同时也制约了相关配套政策的出台。诸如，社会投入到底多少合适？是不是越高越好？社会投入占总投入比重有没有底线和上线？学杂费还能不能提高？社会投入挖掘的重点应该在哪里？国际高等教育社会投入的做法和依据是什么？主要影响因素是什么？一系列问题都亟待进一步研究。

基于上述高等教育社会投入政策依据研究的紧迫性和必要性分析，我们必须在一定的发展时期和政策背景下，深入分析高等教育社会投入对高等教育发展、高等教育财政投入政策起基础性作用的机理和规律，进而明确政策制定的依据、政策诉求和政策重点，这是我们对于高等教育社会投入和高等教育发展问题深层次的思考。

二、基于对中国和OECD国家高等教育社会投入变化趋势跟进及政策演变的分析

自1978年恢复高考以来，中国的高等教育投入经历了政府统筹到政府、社

会、个人三方共同成本分担的历程。高等教育社会投入不断增长，逐步发展成为高等教育投入的重要来源，在中国高等教育发展之路上功不可没。1989年国家教育委员会等三部委联合颁布《关于普通高等学校收取学杂费和住宿费的规定》。1994年3月在河南郑州召开的全国高校招生工作会议上，国家教育委员会重申，高等教育不属于义务教育，高等学校可以向学生收取部分培养费，并宣布从当年开始逐步实行公费生和自费生的"并轨"，改变了以往由"国家买单"办学经费来源局面，建立了与市场经济相适应的多渠道筹措办学经费的新体制。一方面，对高校而言，新体制使高校逐步走上面向社会经济发展需要，自主办学、自我发展的轨道；另一方面，高等教育社会投入的来源结构得到了开创性的拓展，除了原有的以捐赠等为主收入渠道外，学费、杂费的收入成为经费来源的新渠道，高校可以支配于日常运作的经费逐渐增加；再者，对学生而言，开始了统一收费上学、自主择业的改革进程，不再是完全"公费上大学"，中国进入了高等教育成本分担时期。

特别是1998年以来，随着中国高等教育招生规模的不断扩大与高等教育办学体制的改革，越来越多的社会资金进入高等教育领域。高等教育社会投入比重也不断增长，逐步超过了国家财政性投入比重。1998年，中国教育经费投入占GDP的3.494%，2008年达到4.823%，增幅为38%。同期，世界各国深谙教育强国的深远意义，竞相增加本国的教育投入：OECD国家平均教育投入占GDP百分比从1998年的5.7%略升到2003年的5.9%最高峰值后，稍回落至2007年的5.7%，其中最低为5.5%（1999年、2000年），变化不大，但比重始终高于中国同期。在高等教育领域，各国的高等教育投入呈现出多元化、高增长的态势：中国高等教育投入占GDP百分比从1998年的0.696%增长到2008年的1.446%，增幅为108%，显著高于全国教育增长水平，2005年和2006年甚至分别高达1.451%和1.462%；OECD国家平均高等教育投入占GDP百分比则一直维持在高水平中稳步提升，1998年已经高达1.33%，约为中国同期2倍，2007年上升为1.5%，此时中国与其基本持平。但是从结构上看，中国高等教育社会投入为增长做出了重大贡献：中国高等教育社会投入占GDP比重从2002年开始超过高等教育国家财政性投入，峰值出现在2005年，占GDP的0.84%，占高等教育投入的57.54%，是国家财政性投入的1.36倍。同期三项数据在OECD国家平均为

0.4%、26.67%、0.36 倍，中国分别是 OECD 国家平均的 2.1 倍、2.2 倍、3.8 倍。此外，在高等教育社会投入的来源结构上，中国与 OECD 国家存在较大差异。①

2010 年，中国颁布的《国家中长期教育改革和发展规划纲要（2010—2020）》的工作方针中明确要"完善体制和政策，不断扩大社会资源对教育的投入"。在未来的发展中，建设人力资源强国、高等教育强国等重大决策，都需要强大的资金支持作为保障。许多学者认为，科学提高社会投入是缓解中国当前高等教育大众化阶段资金来源紧缺的有效方法，是进入高等教育强国行列的必然选择。通过中国与 OECD 国家，特别是高等教育强国的比对，一方面可以明确中国目前高等教育社会投入所处的国际地位；另一方面可以测算高等教育社会投入的国际平均水平，把握发展趋势，建立高等教育社会投入水平与高等教育发展水平、经济社会发展水平的应然联系，最后明确中国高等教育社会投入的目标，并提供政策参考。

三、基于高等教育社会投入对高等教育发展的重要作用的事实判断

1998 年至今，中国高等教育发展过程也是高等教育投入不断变化发展的过程，高等教育社会投入对缓解高等教育投入资金紧缺的作用日益凸显。

一是高等教育社会投入作为个人受教育支出对提升受教育机会的促进作用。目前，中国学生（家庭）负担的学杂费在高等教育社会投入中所占的比重最大。学杂费支出作为学生（家庭）收入的重要支出，首先受家庭收入的影响；其次受个人求学意愿的影响；再者，交纳学杂费属于收入消费支出行为，从消费心理学上分析，受一般消费习惯的影响。研究表明，2008 年中国普通高校学杂费占城市居民人均可支配收入比重为 38.7%，占农村居民人均纯收入的比重高达 128.4%。② 专家指出，中国的高等教育学杂费已经到达了人们承受的临界点，不

---

① 刘红宇、马陆亭：《高等教育社会投入趋势研究——基于我国高校经费统计及 OECD 教育指标的分析》，《中国高教研究》2010 年第 5 期。
② 崔世泉、彭立强、史纪明：《中国地方普通高等学校学杂费地区差异研究》，《中国高教研究》2011 年第 1 期。

能再提高。笔者认为不然，有能力承受高学费、追求高品质的学生（家庭）不在少数，近年来高中毕业出国上大学的人数直线上升，不惜重金争先恐后就读国外名校的学生（家庭）越来越多。一些学生（家长）希望学杂费"物美价廉"，另一些则是要追求高品质、高消费的心理。对照当前"一刀切"的学杂费政策，可以看到其不合理之处，与中国改革开放前产品统一牌价购销带来的弊病一样，学杂费政策缺乏活力。因此，中国亟待进行学杂费收费政策的调整，通过建立学杂费分类指导、分层设计的政策，从结构上调整学杂费收入来源，进而获得更大的社会投入资金。

二是高等教育社会投入作为高等学校经费来源的重要支持。高等教育的三大功能是人才培养、科学研究和社会服务。高等学校从威斯康星精神的诞生走到今天，已经从象牙塔走到了社会经济发展的中心位置。世界主要高等教育强国经费来源日益多元化发展与此息息相关。但是，目前中国高等学校的经费来源约80%是国家财政性投入和学杂费收入[①]，其他社会投入如捐赠、科技收入、资金收入等从1998年至今一直徘徊在20%，经费来源相对单一、集中。面对不断增长的在校生总数和全面提高教育质量的需求，高校迫切需要拓展资金来源的政策支持和一定的自主权。虽然高等教育产业化颇受争议，但高等教育的发展需要强大的资金支持，需要多样化发展，这毋庸置疑。哈佛校长曾经说过："我的任务就是全球范围内找人，全球范围内找钱。"中国高等学校要大力提高社会投入来源。

三是高等教育社会投入作为国家发展高等教育必要资金来源的战略意义。中国高等教育的人口基数庞大，穷国办大教育需要来自社会各方的大力支持。到2012年，中国教育投入达到GDP的4%时，根据高等教育财政投入的近十年的最高增幅测算，高等教育财政投入约为GDP的0.7%，仅占教育投入的17.5%。鼓励社会资金办学，完善高等教育社会投入的政策、机制是中国发展高等教育的必然之路。但高等教育社会投入的总量上限是多少，依据是什么，挖掘重点在哪里，亟需给予政策指导。高等教育社会投入的政策设计与国家财政性投入的政策

[①] 崔世泉、彭立强、史纪明：《中国地方普通高等学校学杂费地区差异研究》，《中国高教研究》2011年第1期。

依据是否一致,是否继续沿用人均 GDP 与国家财政投入占 GDP 百分比的关系函数进行测算,有待进一步论证。D. B. 约翰斯通指出:在各方(指政府、家长和学生、慈善家)之间转移成本分担是一种此消彼长的游戏①。可见,成本分担的三者之间并不是单纯的从属关系,而是有游戏规则的博弈。更合理的设计"游戏规则",找到其更广泛的现实依据、理论依据,是指导高等教育社会投入的良方。

有鉴于此,本研究将视线投向宏观层面上的高等教育社会投入,关注高等教育发展过程中高等教育社会投入的变化趋势,通过数据分析比较找到高等教育社会投入的目标依据,建立高等教育投入与经济发展指标的联系,明确高等教育社会投入占 GDP 比重的合理值,以期从中探寻出适应高等教育发展需要、有效拓展高等教育社会投入渠道的政策路径。

第二节 文献综述

一、国内已有研究综述

本研究主要通过中国和 OECD 国家 1998 年以来的高等教育社会投入变化趋势的比较,探析其中影响高等教育社会投入的主要因素;力求通过国际比对建立高等教育社会投入与经济发展指标的关联,如 GDP、人均 GDP、人均可支配收入等,找到高等教育社会投入的政策依据,最后提出政策目标和建议。因此,关于高等教育投入的理论、投入历史及现状、影响因素分析、政策变迁以及中国与 OECD 国家的主要宏观经济状况都是本研究关注的内容。

(一)关于高等教育经济学基本理论的研究

高等教育投入研究属于高等教育经济学研究范畴,高等教育经济学是教育经济学的一个分支。虽然中国的教育经济学这门学科的建立较晚,20 世纪 70 年代

---

① D. B. 约翰斯通:《高等教育财政:问题与出路》,沈红、李红桃译,人民教育出版社,2004。

末80年代初才开始这方面的系统介绍和专门研究，但也正因为如此，使得中国的研究人员有可能直接跨越西方研究者经历的较长研究路程的各个阶段[①]。著名经济学家厉以宁（1995）认为，按照考察的层面和角度，教育经济学可分为宏观的、微观的、结构的、制度的四个研究方面[②]。李文利（2004）认为，按照研究对象，教育经济学可分为高等教育经济学、基础教育经济学、职业和成人教育经济学等[③]。高等教育与人力资源、经济增长的关系越来越被人们所关注，涌现出了许多优秀的高等教育经济学研究成果，为中国高等教育的健康发展做出了重要贡献。

在论述高等教育与经济发展关系方面，以高等教育经济学命名的论著主要有：武毅英（2008）《高等教育经济学导论》、王培根（2004）《高等教育经济学》、史万兵（2004）《高等教育经济学》等专著，他们分别介绍高等教育经济学的理论架构、基本内容和理论依据，探讨高等教育在适应并促进经济发展中的作用与关系。在宏观上，主要研究高等教育的社会经济功能、高等教育与经济发展的相互关系；在微观上，主要研究高等教育领域中的投入产出现象、经济特征和经济运行规律。比较有代表性的文章有：马陆亭（2001）《经济腾飞与短期高等教育的发展》、岳昌君（2010）《经济与高等教育发展的关系——基于6项指标的比较分析》、胡平（2011）《经济结构的调整对高等教育的影响：基于教育生态学的观点》、迟景明《高等教育层次结构与经济发展关系的实证研究》[④]，这些论述有理论分析，也有实证研究，分别从不同的角度阐述了高度教育与经济的相互影响和作用机理，并提出高等教育如何适应经济发展的对策建议。

在论述高等教育投入占GDP比重方面，典型研究主要有：厉以宁（1988）

---

① 闵维方、丁小浩：《对我国高等教育经济学研究的回顾与展望》，《高等教育研究》1999年第3期。
② 厉以宁：《教育的社会经济效益》，贵州人民出版社，1995。
③ 李文利：《20世纪中国高等教育经济学研究的发展及重要成果》，《清华大学教育研究》2004年第2期。
④ 分别见：马陆亭：《经济腾飞与短期高等教育的发展》，《教育科学研究》2001年第9期；岳昌君：《经济与高等教育发展的关系——基于6项指标的比较分析》，《教育发展研究》2010年第17期；胡平：《经济结构的调整对高等教育的影响：基于教育生态学的观点》，《学术论坛》2011年第1期；迟景明：《高等教育层次结构与经济发展关系的实证研究》，《教育与经济》2010年第1期。

《教育经济学研究》、秦宛顺（1992）《教育投资决策研究》，他们分别对教育投资是生产性投资的观点进行了系统的理论探讨和实证研究，并论证指出：中国教育投入水平以及高等教育投入水平均低于国际平均水平和同等发达程度国家的平均水平。因此，中国要使教育投入与经济发展水平相适应，与三级教育规模以及高等教育规模的发展相适应，应加大各级教育投入的力度，尽快达到国际平均水平。这一重要研究成果被政府采纳，1993年中共中央、国务院发布并实施的《中国教育改革与发展纲要》明确提出，到20世纪末中国财政性教育经费支出占国民生产总值的比重应达到4%这一政策目标，并规定了教育经费"三个增长"的原则，即中央和地方政府财政预算内教育拨款的增长要高于同级财政经常性的收入增长，在校学生人均教育经费要逐步增长，保证教师工资和学生人均公用经费逐年有所增长。

（二）关于高等教育投入体制改革的研究

在高等教育拨款体制和模式的研究方面，许多专家学者进行了深入的研究。从中国高校开始收学杂费到21世纪前几年，学者的研究主要集中在诉求建立中国财政拨款方式改革和成本分担方面，系统阐述了财政投入改革的必要性、改革方案、改革目标。例如，邵金荣（1989）《改革高等教育投资体制之我见》、王善迈等（1991）《我国普通高等教育经费拨款体制》、魏新等（1994）《关于我国实行高等教育基金制的研究》、闵维方等（1994）《我国高等教育经费需求与投资体制改革》、官风华等（1995）《高等教育拨款模式研究》、陈国良（1996）《中国高等教育财政体制改革研究》、李文利等（1997）《中外高等教育拨款方式比较与中国高等学校拨款制度改革趋势》、厉以宁主编（1995）《教育投资的社会经济效益》。这些研究主要的观点是：当时我国高等教育不仅存在投入低、资源短缺的问题，而且存在资源配置不合理、使用效率较低的现象，因此他们提出并重构了高等教育拨款制度和模式。其中，王善迈（1996）建议实行教育经费预算单列[①]被政府采纳，在《中华人民共和国教育法》第七章第五十五条的规定中

[①] 王善迈：《教育投入与产出研究》，河北教育出版社，1996，第296~300页。

得到体现,其法律条文阐述如下:"各级人民政府的教育经费支出,按照事权和财权相统一的原则,在财政预算中单独列项。"2005年以后,主要集中进一步完善拨款制度、细化成本分担机制方面。孙志军、王善迈、成刚(2009)《论现代高等教育财政拨款制度》[①],指出现代高等教育财政拨款制度由拨款主体和拨款机制构成。拨款主体是拨款制度中的实体部分,拨款机制包括财政资金的供给机制、分配机制以及问责机制。乔春华(2006)《高等教育投入体制研究》总结了中国十多年来高等教育投入体制的经验,借鉴了国外高等教育投入体制的科学成就,分析了目前我国高等教育投入体制中存在的问题,探讨了中国高等教育投入体制"改革、完善和规范"的新思路[②]。

在高等教育经费的多渠道筹措和成本分担方面,陈良焜(1994,1996)《中国高等教育经费来源分析》和《我国高等教育实行个人(家庭)成本补偿的必然性》、闵维方等(1994,1997)《中国高等教育经费需求与投资体制改革》、《高等教育成本补偿政策的决策依据》、陈晓宇(1998)《论高等教育成本补偿》等,[③] 他们分别强调,高等教育非义务教育,高等教育作为准公共产品,可以根据"谁受益谁买单"的原则,进行合理的成本分担,这不仅是高等教育发展的需要,也是解决当时中国教育经费紧张的良方,这些研究为成本分担的机制和成本补偿的政策提供很好的理论依据和实践指导,促使中国的教育经费来源方式逐步转变:由单一渠道转向多种渠道,包括政府拨款、教育费附加、学杂费、校办产业和社会服务用于教育的费用、个人或社会组织的捐赠、教育基金、科研经费等。

(三) 关于高等教育社会投入政策的研究

20世纪90年代前后,随着中国社会主义市场经济体制的建立与完善,中国

---

① 孙志军、王善迈、成刚:《论现代高等教育财政拨款制度》,《教育研究》2009年第6期。
② 乔春华:《高等教育投入体制研究》,南京大学出版社,2006。
③ 分别见:陈良焜:《中国高等教育经费来源分析》,《教育研究》1994年第4期;陈良焜:《我国高等教育实行个人(家庭)成本补偿的必然性》,《教育研究》1996年第8期;闵维方等:《中国高等教育经费需求与投资体制改革》,《教育研究》1994年第12期;闵维方:《高等教育成本补偿政策的决策依据》,《科学决策》1997年第6期;陈晓宇:《论高等教育成本补偿》,北京大学博士学位论文,1998。

的高等教育财政投入政策问题成为迫切研究的热点。

1985年中共中央、国务院印发的《中共中央关于教育体制改革的决定》提出:"要扩大高等学校的办学自主权。在执行国家的政策、法令、计划的前提下,高等学校有权在计划外接受委托培养学生和招收自费生;有权利用自筹资金。"这是中国高等教育社会投入进入高等教育领域的标志性政策文件,是中国高等教育投入从国家统筹拨款向国家、社会、个人三方成本分担的分水岭。

很多学者提出:高等教育经费不足的主要原因是政府投入的不足,把经费不足的责任完全推给政府,没有从高等教育投入是一种社会责任,应由全社会来共同承担的角度来研究。例如,徐辉(1995)在《市场经济与中国高等教育体制问题》中作了很好的描述:"强调中央的集中领导,教育经费由国家及其各级政府统一下拨,基建投资统一安排。这种统收统支、统包统配的投资体系,实际上是一种大微观的管理模式。一方面,国家及其政府包揽一切,反而削弱了宏观教育管理职能;另一方面,助长了企业、个人家庭等教育投资主体的纵向依赖性,成为教育领域大锅饭的根源。"他还认为:"高教体制改革最重要的是理顺国家、社会、学校的关系。多年来,这种体制虽然也作了不少改革,发生了许多变化,中国高等教育投入制度的弊端在于高度集中管理"。①

许多学者认为,中国高等教育投入政策应该大力支持并鼓励社会力量办学。纪宝成在《中国高等教育大众化趋势的政策选择》一文中提出:"政策选择总是与制约发展的难题相联系的。从制约中国高等教育大众化多种多样的因素来看,中国高等教育实现大众化的政策选择,我认为当前主要是三个方面:一是发展的资金投入问题;二是人才培养的质量问题;三是毕业生的就业问题。"② 蔡克勇、范文曜、马陆亭(2006)《转轨时期高等教育投入制度研究》,马陆亭(2006)《高等教育财政拨款模式改革研究》,潘钧池《解决我国高等教育经费短缺的根本出路》,他们分别从中国的现实国情出发,论述了中国高等教育财政投入存在的问题,并提出了鼓励社会力量参加高等教育事业的政策建议。

更有一些学者提出:社会投入成为中国高等教育投入的挖掘重点。例如,张

---

① 徐辉:《市场经济与中国高等教育体制问题》,湖南教育出版社,1995。
② 纪宝成:《中国高等教育大众化趋势的政策选择》,《中国高等教育》2000年第24期。

力(2001)在《教育功能分化与政府责任定位》中认为:"政府公共政策调整的主要方向,一是提高财政对公共事业的重点支持能力,二是进一步鼓励社会力量积极参与公共事业。"[①] 马陆亭(2006)《试析我国高等教育投入制度的改革方向》提出:近年来,政府拨款总量快速上涨,但其在高等学校总收入中的相对份额却不断下降。今后增加经费的重点是除学费外的其他社会投入。在继续发挥政府财政拨款主渠道作用方面,需要进一步改革高等教育拨款模式,加强对中央财政专项经费的绩效管理,积极推动省级财政按有关生均标准对地方高校进行拨款;在有效调整高等学校自身吸引社会投入的政策方面,高校要树立成本意识,同时,大力发展民办教育以增加高等教育的投入。[②] 叶欣茹(2005)《中国高等教育社会投入需求预测》认为:国家急需改革现行的高等教育投入制度,加大社会投入,科学地预测中国高等教育发展对社会投入的需求,并分析这种需求的可行性,以便为国家政策调整及建立新的投入机制提供重要的依据。[③]

这些研究成果为本研究奠定了良好的基础,但并没有关于高等教育社会投入政策的系统研究,也没有建立高等教育社会投入与GDP、人均GDP、人均可支配收入的关联,缺乏明确的投入目标及政策依据。

(四) 关于高等教育社会投入比较研究

在已有的文献资料中,很多学者介绍了国外高等教育社会投入的具体做法和成功经验,这些研究主要集中在高等教育的成本、社会收益和个人收益、学费、捐赠、学生资助方面,专门研究高等教育社会投入的专著和文章较少。

在宏观的政策比较方面,许多研究专门就国外的经验与中国的现状进行比较。例如,马陆亭、徐孝民(2007)《国际教育投入与学生资助》一书全面介绍了世界当代教育投入(财政)体制与政策,包括教育投入(财政)的宏观管理体制、基础教育投入体制、高等教育投入体制以及高等学校学生的资助政策等方

---

① 袁振国:《中国教育政策评论(2001)》,教育科学出版社,2001,第231~238页。
② 马陆亭:《试析我国高等教育投入制度的改革方向》,《高等教育研究》2006年第7期。
③ 叶欣茹:《中国高等教育社会投入需求预测》,华中科技大学博士学位论文,2005。

面，对国际教育投入的宏观政策要点及中国教育投入的改革重点进行了归纳和总结。① 马陆亭（2006）《教育投入政策的国际比较与我国改革重点》一文介绍了以法国、英国、德国、美国、日本为代表的五大经济与教育发达国家以及韩国、印度等较有典型意义的亚洲国家先后在教育投入体制、学生资助体系方面的卓有成效的改革，提出：中国教育投入改革，一是要重视与加大对教育的投入；二是要进一步厘清各级财政对基础教育承担的责任；三是要完善高等教育竞争性拨款制度；四是要进一步明确筹措高等教育经费的重点；五是要通过双重约束来确定高等教育收费标准。在完善高等学校学生资助制度方面，一是要加大政府奖学金的投入；二是要加强学校对特贫困学生的资助力度；三是要完善助学贷款机制；四是对学生资助的重点要因教育层次不同而不同。② 此外，陈永明（2006）《教育经费的国际比较》，杨娟、丁建福和王善迈（2010）《美、日两国政府教育财政职责对我国的借鉴》，连莲（2009）《近年来英国高等教育促进区域经济和社会发展的政策与实践》，曾凤婵（2009）《20世纪30年代经济危机对美国高等教育的影响》，黄海刚（2009）《经济危机与美国高等教育变革比较教育研究》等专著或文章，③ 均有介绍美、日、英等国家高等教育社会投入的改革方式及改革现状。吴遵民（2009）《教育政策国际比较》归纳、分析和梳理了各国教育政策所取得的成功经验及现存的问题，对中国基础教育均衡发展、高等教育大众化以及如何缩小城乡教育差距和健全民办教育管理体制等问题作了深刻反思和分析。④

在微观的经验介绍和具体做法方面，很多研究都介绍了美国、英国、日本等国家社会企业家、慈善家、校友捐赠办学的情况，特别是介绍了一些企业直接投资办学的方式。这些观点认为：由公司企业出资兴办各种高等职业教育院校和培

---

① 马陆亭、徐孝民：《国际教育投入与学生资助》，高等教育出版社，2007。
② 马陆亭：《教育投入政策的国际比较与我国改革重点》，《国家教育行政学院学报》2006年第12期。
③ 分别见：陈永明：《教育经费的国际比较》，天津教育出版社，2006；杨娟、丁建福、王善迈：《美、日两国政府教育财政职责对我国的借鉴》，《比较教育研究》2010年第1期；连莲：《近年来英国高等教育促进区域经济和社会发展的政策与实践》，《比较教育研究》2009年第11期；曾凤婵：《20世纪30年代经济危机对美国高等教育的影响》，《比较教育研究》2009年第9期；黄海刚：《经济危机与美国高等教育变革比较教育研究》，《比较教育研究》2009年第9期。
④ 吴遵民：《教育政策国际比较》，上海教育出版社，2009。

训中心，不仅可以根据自身需要，培养各级各类人才，而且是使高等教育朝大众化、普及化发展的一条重要途径。例如，美国有1000多家大公司和大企业都办有自己的大学，其中有多所企业办的大学还享有博士学位授予权。陈晖（1999）在《教育·社会·人：日本的近代化与教育》中介绍了日本丰田公司设立丰田工业大学，该大学设立大学基金236亿日元，1983年又建立了研究生院，充分利用民间资金，调动民间办学的积极性。①

这些国际比较研究成果为本研究积累了良好的素材，但没有系统分析高等教育社会投入的趋势和占GDP比重的政策依据，这正是本研究力求完善的内容。

二、国外已有研究综述

（一）关于高等教育经济学基本理论的研究

国外关于高等教育经济学的基本理论研究成果较多，大多围绕所处的社会文化背景及变革处境，论述了高等教育经济学的理论与实践，比较有代表性的有：

埃尔查南·科恩、特雷·G.盖斯克著，范元伟译（2009）《教育经济学》（The Economics Education），运用经济学的理论和方法，研究教育与经济的相互关系及其变化发展规律，研究教育领域中资源的优化配置与投入产出规律的科学。研究重点在于教育领域中稀缺资源的筹措、分配和使用结果，并致力于寻求提高教育资源使用效率和效益的有效途径。克里夫·R.贝尔菲尔德（Clive R. Belfield）著，曹淑江译（2007）《教育经济学：理论与实践》（Economic Principles for Education：Theory and Ecidence）介绍了经济分析方法及其在教育研究和教育政策分析中的应用，并系统阐述了人力资本理论，教育与人力资本，教育对经济与社会发展、对经济增长的作用，以及教育的生产提供机制、教育中的市场机制、教育的需求和供给、教育的生产和企业理论、政府在教育中的作用。金子元久著，刘文君编译（2007）《高等教育的社会经济学》（高等教育の社会の经济）一书宏观介绍和论述了高等教育与社会和经济的关系。其对战后日本高等教

---

① 陈晖：《教育·社会·人：日本的近代化与教育》，东方出版社，1999。

育大众化和普及化的过程、机制、问题进行了全面的分析；从教育经济学的角度，阐述和分析了日本高等教育扩大过程中的供需结构、机会均等问题，与中等教育的衔接问题，与劳动力市场的关联；从国际比较的角度，分析了高等教育市场化的现状、问题和前景；对高等教育的全球化作用及其给日本和亚洲带来的影响进行了精辟的分析。布里姆莱、贾弗尔德著，窦卫霖译（2007）《教育财政学：因应变革时代》论述了历史、经济、科技和法律等多方面因素对教育财政的影响，从学校管理者、教师、学校董事会成员、立法人员等各类角色的观察维度提供了有关如何适当而平等地资助教育的全面、系统的最新信息和理论，以及在当今社会迅速变化的形势下应对学校财政投资各种挑战的策略。米切尔·B.鲍尔森等著，孙志军译（2008）《高等教育财政：理论、研究、政策与实践》建立了一套严密且切实可行的框架，并建立了基于该框架的分析工具，分别从高等学校从哪里获取培养学生所需的资金，以及学生们从哪里得到资金来支付大学教育费用；从经济学的视角、理论与模型；从联邦和州政府财政政策的性质与发展，以及由理性－经验主义与在财政政策的变化、性质、实施、效率和评估方面的政治环境相互作用带来的特殊挑战，多角度阐释了高等教育财政理论与实践。①

（二）关于高等教育投入的研究

在高等教育投入方面，D.B.约翰斯通著，沈红、李红桃译（2004）《高等教育财政：问题与出路》精选了 D.B.约翰斯通近年来尤其是 20 世纪 90 年代以来关于高等教育财政的论文，这些论文在世界各国引起了强烈反响。在高等教育社会投入的必然性方面，D.B.约翰斯通在 1998 年写给世界银行的报告（最后与世界银行教育专家威廉·埃克斯佩顿和约翰斯通的研究生阿尔卡·阿罗拉合作由世界银行出版单行本提交给 1998 年联合国教科文组织在法国巴黎召开的全球高等教育大会）中指出：世界高等教育财政与管理具有相似性，因为世界高等教育改

---

① 分别见：埃尔查南·科恩、特雷·G.盖斯克：《教育经济学》，范元伟译，上海人民出版社，2009；克里夫·R.贝尔菲尔德：《教育经济学：理论与实践》，曹淑江译，中国人民大学出版社，2007；金子元久：《高等教育的社会经济学》，刘文君译，北京大学出版社，2007；布里姆莱、贾弗尔德：《教育财政学：因应变革时代》，窦卫霖译，中国人民大学出版社，2007；米切尔·B.鲍尔森：《高等教育财政：理论、研究、政策与实践》，孙志军译，北京师范大学出版社，2008。

革面临着相同或相似的背景,主要有六方面:一是公共目的、公共政策、公共收入和公立院校;二是扩张;三是经费紧缺;四是市场取向;五是责任;六是质量。他对此的阐述为:"在那些工业技术处于不同发展阶段,政治体制不同,高等教育传统也不同的国家之间,在欧洲大陆、英国型、美国型、苏联型或者混合型高等教育体制的国家之间,在高等教育无论是精英型还是普及化,是公立为主还是私立为主,是经费较充裕还是经费较紧张的国家之间,其高等学校财政与管理改革模式都具有相似性"。[①] 因此,高等教育社会投入问题是世界高等教育发展面临的问题。同时,约翰斯通总结了三类财政与管理改革,第一个就是用非政府收入弥补政府收入的不足,即社会投入成为财政性投入的弥补。约翰斯通(1993)在《高等教育成本:20世纪90年代的全球问题和趋势》(The Cost of Higher Education: Worldwide Issues and Trends for the 1990's)、《高等教育资助:国际视野》(The Funding of Higher Education: International Perspectives)等文中多次阐述了高等教育社会投入的必然性:几乎在所有国家,高等教育财政模式及清晰可见的轨迹可以从三个维度来描述:一是高等教育总量;二是高等教育事业的生产力、效率或单位成本;三是成本必然会分担到价值、学生、纳税人和慈善家身上。

关于高等教育社会投入的角色,约翰斯通等人在《"失控"的成本》(Those "Out of Control" Costs)、《持久的遗产:为美国公立大学辩护》(The Enduring Legacy: In Defense of the American Public University)、《高等教育的成本分担:英国、德国、法国、瑞典和美国的学生资助》(Sharing the Cost of Higher Education: Student Financial Assistance in the United States, the United Kingdom, France, Germany and the Federal Republic of Germany)、《高等教育财政政策与实施效果:学费与财政援助的国际比较研究》(Higher Education Finance and Accessibility: An International Comparative Examination of Tuition and Financial Assistance Policies)等文章中,从不同角度论述了高等教育财政对国家财政紧缩的回应,高等教育投入多元化就是这种回应的必然选择,一方面可以减少高等教育对政府的依赖,但也

---

① D. B. 约翰斯通:《高等教育财政:问题与出路》,沈红,李红桃译,人民教育出版社,2004。

存在着局限性。例如，在成本分担比例分配时，很难确定并正视家长的收入、学生通过贷款分担一部分成本时，就要确保提供合理的就业机会，企业投入增加的时候容易引发经济以外的影响（如某一学科的价值取向被市场化）。因此，高等教育需要持续的稳定可靠的公共投入，不能把经费来源多元化看作得到政府或纳税人支持的另一种"替代"，而应看作一种重要的、适当的但是有限的"补充"。[①]

在高等教育社会投入的边界方面，高等教育社会投入确实是高等教育经费的重要来源，一种不可替代的重要渠道。但高等教育社会投入并非越多越好，没有边界。大卫·科伯著（David L. Kirp），晓征译（2008）《高等教育市场化的底线》（Shakespeare, Eistein And The Bottom Line）首先总结了美国高等教育领域因持续加速的市场化而造成的巨变：为竞争精英学生，各大学将自己"品牌化"以增加吸引力；对学术超级明星开出天价工资以提高大学的知名度和声望；由纳税人资助的学术研究变成了有利可图的专利；学术思想以最高的价格被竞价者买走；在市场经营的压力下，文科逐渐萎缩。然后，书中详尽探讨了美国高等教育领域内强劲的市场化动力，既赞赏企业化的活力打破了学术界的沉闷氛围，又对商业价值和市场标准在高等教育领域的泛滥怀有隐忧。最后指出，市场在高等教育中应该有一席之地，但同时又必须恪守界限，不能超越高等教育的底线。[②]

在高等教育投入政策的国别研究方面，日本学者矢野真和著，张晓鹏译（2006）《高等教育的经济分析与政策》用经济学的方法和大量的统计图表和调查数据，从社会必要和个人需求两个方面，对日本高等教育政策的成败及其原因作了深入的分析。与通常的理论研究不同，该著作作为实证研究，非常强调要为制定可实际操作的政策提供理论上的依据，并从经济学角度探讨高等教育政策问题，着重考察高等教育与家庭及社会的关系，得出了一些具有一定普遍意义的结论，其独特的方法论具有较高的学术价值。日本高等教育所走过的道路，所经历的挫折和失败，从某种意义上来说中国也正在经历。深入了解日本高等教育发展过程中出现的问题，并将从中获得的智慧运用到中国教育政策的制定和实施过程

[①] D. B. 约翰斯通：《高等教育财政：问题与出路》，沈红、李红桃译，人民教育出版社，2004。
[②] 大卫·科伯：《高等教育市场化的底线》，晓征译，北京大学出版社，2008。

中去，无疑将有助于我们避免今后工作中出现一些失误。① 理查德·A. 金（Richard A. King）、奥斯汀·D. 斯旺森（Austin D. Swanson）、斯科特·R. 斯威特兰（Scott R. Sweetland）等著，曹淑江、孙静、张晶等译（2010）《教育财政：效率、公平与绩效》（School Finance Achieving High Standards With Equity and Efficiency）从经济、政治、法律等多个维度和视角来分析教育公平问题，详细介绍了美国各个州的教育公平状况、州政府的教育财政转移支付办法、教育公平问题的分析技术和分析方法，以及相关的学校管理、税收等问题。②

（三）关于主要高等教育强国的教育投入政策

由于 20 世纪六七十年代的教育投资没有带来预期的经济繁荣，各国的教育投资热情在 80 年代中期开始下降，教育财政出现紧缩。尽管如此，人力资本理论在教育经济学中的主导地位并没有得到根本的动摇。③ 据初步统计，OECD 主要成员国 GDP 的 50% 以上已经是以知识为基础的。④ 知识经济的出现及其与教育的关系备受关注。世界各国不断调整和改革高等教育投入政策，以确保高等教育系统作为创造知识、传播知识和培养有知识的人才的发源地，有充足的资金保障。事实证明：尽管教育财政紧缩，但教育总投入仍在不断膨胀，这与高等教育社会投入密切相关。在财政投入政策改革方面呈现的共同点有：

一是各国高等教育投入日益多元化。

二是绩效拨款制度逐步形成。法国、日本大学与政府之间通过合同形成了契约关系；英国通过评估活动将科研质量划分为七个等级，等级的高低决定着拨款数额的多少；美国、澳大利亚、印度等在拨款公式中开始加入质量指标，逐渐引进了绩效拨款的办法和标准。⑤ 例如，2002 年法国国家行政部门的法案中《法国

---

① 矢野真和：《高等教育的经济分析与政策》，张晓鹏译，北京大学出版社，2006。
② 理查德·A. 金、奥斯汀·D. 斯旺森、斯科特·R. 斯威特兰：《教育财政：效率、公平与绩效》，曹淑江、孙静、张晶等译，中国人民大学出版社，2010。
③ 李文利：《20 世纪中国高等教育经济学研究的发展及重要成果》，《清华大学教育研究》2004 年第 4 期。
④ 经济合作与发展组织：《以知识为基础的经济》，机械工业出版社，1997。
⑤ 马陆亭：《教育投入政策的国际比较与我国改革重点》，《国家教育行政学院学报》2006 年第 12 期。

国家改革的各部门代表》一文,描述了法国财政拨款的改革过程:1975年,法国大学校长联席会和教育部官员聚集在西部小镇维拉德朗,专题探讨如何在国家与大学之间建立新型关系的问题。1983年,大学研究机构与教育部之间首先创建了一种"研究合同",将过去一年拨发的研究经费调整为四年;1984年1月26日的法国《高等教育法》规定,大学可以根据教学与科研发展目标,通过协商与国家签订多年合同;1990年,大学与国家签订四年合同的新型拨款模式开始普遍实行;1994年,大学合同被命名为"四年发展合同"。从此,通过"合同拨款"已经成为法国国家向大学拨款的一种新形式。2001年,合同拨款的总量超过5亿欧元,占法国大学研究经费的80%以上,占大学日常经费的15%,占大学资料经费的30%,占大学维修经费的40%。① 又如,自2004年4月1日起,日本的国立大学变为由"国立大学法人"经营管理的大学。法人化学校与政府之间的关系发生了重大变化,由隶属关系变为契约关系。大学与政府签署为期5~7年的契约,按照约定的事项接受国家财政拨款,同时也必须接受国家的检查和监督。

三是增加竞争性重点建设资金。例如,德国提出"精英大学"计划,除联邦政府每年对该计划提供2.5亿欧元的拨款外,联邦政府还呼吁各州政府要积极参与对其他"精英研究机构"及"博士生院"的资助,资助力度应向联邦拨款额度2.5亿欧元看齐。② 此外,在学费和学生资助政策方面,也形成了较多成果。例如,美国罗纳德·G. 艾伦伯格(Ronald G. Ehrenberg)(2008)《美国大学学费问题》(American University Tuition Fees)指出:如果美国的高等私立院校继续以高出通货膨胀率2~3个百分点的速度增长学费的话,就像它们在20世纪大部分年代所做的那样,它们可能会进一步腐蚀掉本已稀缺的公众支持,这反过来可能导致公共政策朝着不符合高校最大利益的方向变化,因此,高校最好认真考虑未来的学费政策。③

---

① "Délégation Interministérielleàla Réformede l'état", *La contractualisation dans les adminis-trations de l'état* (juin 2002)。

② 教育部国际合作与交流司:《德国的"精英大学"计划》,《国外教育调研材料汇编》2004年第5期。

③ 罗纳德·G. 艾伦伯格:《美国大学学费问题》,北京师范大学出版社,2008。

三、已有研究述评

综上所述，从已有的文献分析，目前国内外的研究主要集中在：高等教育经济学基本理论、高等教育投入体制机制改革、成本分担理论及实践、高等教育财政政策、学费及学生资助政策等方面。高等教育投入研究呈现出比较集中的路径：高等教育经济学理论研究旨在建立基本理论分析框架，研究的内容重点集中在高等教育的社会经济功能、教育投入的原则、投入收益等方面；在理论指导下，进行高等教育投入体制机制的改革设计、成本分担的理论分析与实践探索，然后为高等教育财政拨款、学杂费政策、学生资助政策找到依据和可行方案。其中既有定性研究的梳理，也有定量研究检验。这些理论探索和实践研究为本研究提供了非常有价值的参考。

但是，已有的研究也存在一些不足：

一是在研究视角上，学者们通常着眼于国家财政投入，或把社会投入进行分解，分别从学杂费收入、捐赠等问题进行研究，很少有专著把高等教育社会投入作为研究对象，进行系统梳理和论述。关于高等教育社会投入的理论分析、占 GDP 比重的变化趋势、影响因素、政策变迁等方面的研究都尚属于较空白的领域。因此，学界和政府对于高等教育社会投入到底可以承受多大的成本分担，大多从财政分担后剩余的部分考虑，或从高等教育成本考虑，始终未能把高等教育社会投入作为投入来源的主体进行探讨，即存在高等教育社会投入的主体性地位缺失现象。尽管当前社会投入占 GDP 的比重已经超过了财政投入所占的 GDP 比重，但相关理论依据尚不够明确，很可能会为未来高等教育筹款、拨款都带来拖滞性的影响。

二是在研究内容上，在政策研究方面，已有的研究较多探讨增加财政投入的政策、学杂费政策、捐赠政策，但社会投入政策研究较少，在此基础上提出高等教育社会投入的政策依据、明确政策目标、建立与一般经济指标间联系的研究就更少了。在比较研究方面，已有研究比较了不同国家和地区的高等教育财政投入政策，但鲜见社会投入政策的比较研究，很少有研究对国际高等教育社会投入的平均水平进行理论分析，并明确提出科学合理的高等教育社会投入水平参考体系。此外，探讨相关政策依据研究和国际比较的实证研究也较少。

三是在研究方法上，对高等教育社会投入的研究多用理论探讨、质性研究，强调高等教育社会投入的合理性、必要性、重要性,并提出一些相关策略,但是,缺乏有力详细的数据佐证,明确指出高等教育社会投入占 GDP 比重的合理区间的论述较少,鲜见采用翔实的数据进行高等教育社会投入影响因素的实证研究。

基于此,本研究将力求填补这一研究空白。

第三节 关键概念

一、高等教育投入

高等教育投入是指教育生产过程中所投入的人力、物力和财力。本书研究的高等教育投入指经费投入,包括物力和财力。

二、高等教育社会投入

按高等教育投入的渠道来分类,目前学术界有多种观点:按西方学者的划分体系,可以分成个人教育投资、社会教育投资和公共教育投资。个人教育投资指个人因受教育而支付的成本,公共教育投资是指国家按照宪法规定构成的各级政府部门的教育经费支出,社会教育投资指团体、企业对教育的捐助。[①] 根据 OECD 的统计指标,高等教育投入来源一般分为公共投入(Public source)和私人投入(Private source),其中私人投入又分为家庭投入(Household expenditure)和其他私人投入(Expenditure of other private entities)。

在中国,一般认为高等教育的资金来源主要分成政府投入和社会投入两大部分。政府投入包括拨款、教育的税收减免、专项补助、学生资助等。社会投入包括学杂费投入和高校自筹资金,高校自筹资金又包括了科技创收、社会捐赠及其他创收。[②] 它的比重趋势不仅反映各国高等教育财政投入与来源的变化,更是研究各国高等教育发展动向的重要指标。还有学者指出:"任何一个市场经济的国

---

① 王善迈:《西方教育经济学研究》,北京师范大学出版社,2000。
② 蔡克勇、范文曜、马陆亭:《转轨时期高等教育投入制度研究》,高等教育出版社,2006。

家，其高等教育经费来源，都由政府、市场、学校三个主要部分组成。不过，各国因国家高等教育体制的差别以及国内高等学校体制的差别，高等教育经费配置中三个组成部分的比例有所不同。"①

本书赞同蔡克勇、范文曜、马陆亭等人的观点：高等教育的资金来源主要分成政府投入和社会投入两大部分。政府投入包括了国家拨款、省级政府拨款和地方政府拨款，还包括了国家用于教育的税收减免、专项补助、对学生资助及科研基金的专项拨款等。除政府投入以外所有教育资金的投入都归为社会投入。社会投入又可以分为学生支付的学杂费和高校自筹资金两类。学生支付的学杂费是指学生为学习交纳的学费和杂费，除了学费以外其他所有的投入都归高校自筹资金。高校自筹资金包括了社会对大学的捐赠，以及由高校对社会进行各类与教育有关的活动所换取的报酬。前者是指学校通过各种途径接受的社会各类捐助，后者指科技成果转换、校企合作项目、校办产业、学校服务、医学院收入等。

值得一提的是，在本书采用的统计来源中，《中国教育经费统计年鉴》的统计口径把"校办产业"和"勤工俭学、社会服务收入"列为一项，并一起归口到"国家财政性投入"，所以，本书数据分析过程中，"校办产业"计算在"国家财政性教育经费"之中。1999年，高等学校的"校办产业、勤工俭学、社会服务收入用于教育"经费为高等学校总经费的2%，占高校财政投入的4%；2009年，高等学校"校办产业和社会服务收入用于教育"经费为高等学校总经费的0.3%，占高校财政投入的0.7%。从量上看，这项数据所占比重较小，并不会从根本上改变高等教育财政投入与高等教育社会投入的比重格局。但是，"校办产业"到底是否应该归口到"国家财政性教育经费"，值得另行讨论。

第四节　研究方法

量化分析（定量研究）可以提供研究对象的全面性与概括化的信息，确定变量之间的相互影响和因果关系；质性描述（定性分析）则可以提供详细的、

---

① 陈列：《市场经济与高等教育——一个世界性的课题》，人民教育出版社，1999年。

情景性的信息,注重现象与背景之间的关系,深入地"理解"社会现象。在本书中,量化分析主要以 1998~2009 年 43 个国家的 516 条记录进行描述性统计分析与计量回归分析,每条记录包括 5 项数据:高等教育社会投入占 GDP 比重、高等教育财政投入占 GDP 比重、人均 GDP、高等教育毛入学率、国家财政支出占 GDP 比重;质性描述中选择美国、韩国、法国、英国、北欧国家等作为研究对象,梳理各国高等教育社会投入的发展沿革,分析各国高等教育投入模式选择的过程。最后运用总结归纳方法,提出高等教育社会投入的发展形态、增长方式和政策动态等。具体的研究方法包括:文献法、调查法、计量分析法、比较研究法、案例研究法等。

文献法:通过对历史文献及国内外高等教育社会投入等相关研究文献的查阅和研究,了解有关问题的研究现状与发展前景,为确定研究的突破口提供依据;通过联合国教科文组织、世界银行、OECD 等组织的统计数据,如官方网站数据库、年鉴等采集统计样本数据,为本研究提供可靠的基础数据。

计量分析法:首先对 1998~2009 年 43 个国家 516 条记录进行分类分层的描述性统计分析,结合理论推导找出高等教育社会投入的主要影响因素,通过回归分析探讨高等教育社会投入发展的阶段性规律和发展机理。

比较研究法:通过纵向和横向比较,从宏观上掌握中国高等教育社会投入所处的国际位置、高等教育社会投入的来源结构,以及高等教育社会投入的政策差别;从国家层面把握高等教育社会投入的几种典型模型。

案例研究法:通过对美国、韩国、法国、英国以及北欧国家进行国别比较,深入剖析各国高等教育社会投入的发展脉络及政策演变,找出影响高等教育社会投入的深层原因。

第二章
高等教育社会投入的现状分析（1998～2009年）

第一节 OECD国家高等教育社会投入的变化分析

经济合作与发展组织（OECD）成员国的经济社会在第二次世界大战后不断发展，不仅实现了战后的重建欧洲经济计划，更在21世纪的全球竞争中跻身一流。目前，成员国提供了全世界近60%的商品和服务。令世人瞩目的不仅仅是它们的经济成就，更有促进经济发展背后的各种强大战略与政策，特别是为经济发展提供持续动力和保障的人才战略和教育政策。OECD的高等教育投入政策就一直备受关注，不仅高等教育投入总量位居世界前列，而且投入的方式、结构、策略也常常成为高等教育领域关注的焦点。

近年来，OECD国家呈现出高等教育社会投入比重不断增加、形式不断丰富的多元化趋势。高等教育逐步从国家需求扩散到社会需求，从国家战略部署、政府政策推进发展成社会大众的发展需求、个人成长的普遍选择；从国家和政府的自上而下、外驱型的行为，逐步演进为社会和个人自我意识、内驱型的需求。政府财政投入对社会投入呈现出了"抛砖引玉"之象，政府财政投入的责任与社会投入的热情共同促进了OECD国家高等教育资金的不断增长。OECD国家高等教育发展的过程也是高等教育经费投入不断增加、来源不断丰富的过程。诸多世界一流大学，除了先进的办学理念、顶尖的师资和丰富的教研成果外，还拥有极其雄厚的办学经费。办学经费来源绝不仅仅限于政府投入，还有大量的社会投入，如学杂费、合同收入、各种服务性收入、社会各界的捐助等。

一、教育强国战略下 OECD 国家高等教育投入的变化趋势

据初步统计，OECD 主要成员国国内生产总值（GDP）的 50% 以上是以知识经济为基础的。知识经济的出现及其与教育的关系越来越受关注。高等教育对人才培养的重要性毋庸置疑，OECD 国家的教育强国战略无一例外地把大力发展高等教育作为兴国必备举措，同时投入了大量资金作为强大的保障。但政府投入的初衷与责任正慢慢发生着转变。事实证明：尽管教育财政紧缩，但教育总投入仍在不断膨胀，这与高等教育社会投入密切相关。

（一）OECD 国家高等教育投入总体上升，但财政投入比重略有下降，社会投入显著上升

从联合国教科文组织和 OECD 公布的数据看（如表 2-1 所示），OECD 国家平均教育投入占 GDP 比重较高，1998 年时已达 5.66%，随后的 11 年稳中有升，到 2009 年达到 6.3%。其中，1998~2008 年财政投入基本维持在 4.9%~5.0%，变动不大，但 2009 年增长到 5.4%；社会投入从 1998 年的 0.66% 上升到 2008 年的 1.0%，增加了 0.34 个百分点，2009 年微幅下降到 0.9%，即 12 年来 OECD 国家教育投入占 GDP 比重的增长主要来源于社会投入。1998 年财政投入占教育总投入的 88.3%，2008 年下降为 83.1%，2009 年回升到 85.7%。在世界教育指标计划（World Education Indicators Program，简称 WEI）19 个国家中（被调查的国家全部为发展中国家，代表了发展中国家一般水平），教育财政投入支出平均水平为 GDP 的 4.3%，占教育总投入的 78.2%。OECD 国家财政投入比重尽管有所下降，但仍然明显高于发展中国家。[①]

[①] 联合国教科文组织：《WEI 国家教育发展水平》，http：//portal. unesco. org/en/ev. php – URL_ID = 34356&URL_DO = DO_TOPIC&URL_SECTION = 201. html。

表2-1　　　OECD国家教育和高等教育投入来源平均占

GDP比重的情况（1998~2009年）

年份	教育					高等教育					④/①(%)	⑤/②(%)	⑥/③(%)
	总投入占GDP的比重(%)①	财政投入占GDP的比重(%)②	社会投入占GDP的比重(%)③	②/①(%)	③/①(%)	总投入占GDP的比重(%)④	财政投入占GDP的比重(%)⑤	社会投入占GDP的比重(%)⑥	⑤/④(%)	⑥/④(%)			
1998	5.66	5.00	0.66	88.3	11.7	1.33	1.06	0.29	79.7	21.8	23.5	21.2	43.9
1999	5.5	4.9	0.6	89.1	10.9	1.3	1.0	0.3	76.9	23.1	23.6	20.4	50
2000	5.5	4.8	0.6	87.3	10.9	1.3	1.0	0.3	76.9	23.1	23.6	20.8	50
2001	5.6	5.0	0.7	89.3	12.5	1.4	1.1	0.3	78.6	21.4	25	22	42.9
2002	5.8	5.1	0.7	87.9	12.1	1.4	1.0	0.3	71.4	21.4	24.1	19.6	42.9
2003	5.9	5.2	0.7	88.1	11.9	1.4	1.1	0.4	78.6	28.6	23.7	21.1	57.1
2004	5.7	5.0	0.7	87.7	12.3	1.4	1.0	0.4	71.4	28.6	24.6	20	57.1
2005	5.8	5.0	0.8	86.2	13.8	1.5	1.1	0.4	73.3	26.7	25.9	22	50
2006	5.8	4.9	0.8	84.5	13.8	1.5	1.0	0.5	66.7	33.3	25.9	20.4	62.5
2007	5.7	4.8	0.9	84.2	15.8	1.5	1.0	0.5	66.7	33.3	26.3	20.8	55.6
2008	5.9	4.9	1.0	83.1	16.9	1.5	1.0	0.5	66.7	33.3	25.4	20.4	50
2009	6.3	5.4	0.9	85.7	14.3	1.6	1.1	0.5	68.8	31.2	25.4	20.4	55.6
平均	5.71	4.96	0.74	86.88	12.76	1.41	1.03	0.38	73.35	126.78	24.69	20.79	51.09

资料来源：根据OECD发布的《教育概览：OECD指标》（2000~2018年）相关统计数据计算而成。

OECD国家平均高等教育投入占GDP比重不断增长，从1998年的1.33%增长到2009年的1.6%，增幅达20.8%，年均增长1.73%。其中，高等教育财政投入占GDP比重一直在1.0%~1.1%之间徘徊，变化不大，但占高等教育投入比重从1998年79.7%下降到2008年66.7%谷值后回升到2009年的68.8%。同时，高等教育社会投入占GDP比重从0.29%上升到0.5%，增幅为72.4%，年均增长6.6%，增幅显著；占高等教育投入比重从1998年21.8%上升为2008年33.3%，2009年稍微下降到31.2%。

总而言之，OECD 国家教育投入和高等教育投入占 GDP 比重总体呈上升趋势，财政投入所占比重有所下降，社会投入比重不断增长，我们可以简称为"总量增，财政降，社会增"。由此可以看出，随着 OECD 国家经济社会的发展和高等教育的进程，政府财政投入不再是包办高等教育的价值取向，也不是"政府投入为主，社会投入为补充"的政策策略，而是由政府分担部分基本的教育成本需求，约翰斯通的高等教育成本分担理论为政府财政投入的责任转型提供了理论依据，即政府的责任从提供高等教育逐步转向为提供高等教育机会，"机会"能否为受教育者所有所用，社会和个人也应为此付出智力和资金两方面的追求和努力。

（二）OECD 国家高等教育投入占教育投入比重总体上升，高等教育是各级教育中的发展重点，是教育社会投入的"吸金大户"

尽管 OECD 国家高等教育平均财政投入略有下降，但高等教育占教育投入总量的比重依然有所攀升，从 1998 年的 23.5% 上升到 2009 年的 25.4%，增长 1.9 个百分点。期间，2007 年甚至高达 26.3%。换而言之，OECD 国家平均教育投入中有超过四分之一的资金进入到高等教育领域。但是，OECD 国家的高等教育并没能从其教育财政投入中分得更多杯羹，1998～2009 年 12 年间，高等教育财政投入始终在教育财政投入的 20% 线上下徘徊，增减并不明显。反而是从教育社会投入中获得了更大的资金支持，从 1998 年的 43.9% 逐步上升，最高年份 2006 年高达 62.5%，2007 年、2008 年两年有所回落，但也始终占据半壁江山，2009 年仍保持在 55.6%。简而言之，OECD 国家作为发达国家，教育财政投入在基础教育、中等教育和高等教育中的分配比较稳定，许多国家的基础教育比较完善，政府的职责是继续稳定各级教育的平稳发展。在稳定基础教育和中等职业教育的同时，政府也给予了社会投入进入高等教育领域、进一步充实高等教育资金来源的种种政策，允许和鼓励高等教育从社会投入中拓展资金来源渠道，大量"吸金"，以保证高等教育持续发展以及社会和个人的高等教育需求。而基础教育和中等职业教育的社会投入则一直在 GDP 的 0.3%，占教育社会投入比重从 1998 年的 53% 明显下滑至 2008 年的 33.3%（如表 2-2 所示）。

表2-2 OECD国家平均教育社会投入在各级各类教育的比重变化情况（1998~2008年）

年份	基础教育+中等职业教育		高等教育	
	占GDP百分比（%）	占教育社会投入百分比（%）	占GDP百分比（%）	占教育社会投入百分比（%）
1998	0.35	53.0	0.29	43.9
1999	0.3	50.0	0.3	50.0
2000	0.3	50.0	0.3	50.0
2001	0.3	42.9	0.3	42.9
2002	0.3	42.9	0.3	42.9
2003	0.3	42.9	0.4	57.1
2004	0.3	42.9	0.4	57.1
2005	0.3	37.5	0.4	50.0
2006	0.3	37.5	0.5	62.5
2007	0.3	33.3	0.5	55.6
2008	0.3	33.3	0.5	50

资料来源：根据OECD发布的：《教育概览：OECD指标》（2000~2018年）相关统计数据计算而成。

总而言之，尽管OECD国家财政并没有给予高等教育持续增长的资金投入，但并没有影响高等教育投入总量的上升，社会给予高等教育的支持已经使OECD国家高等教育从第二次世界大战后21世纪前的"国家高等教育"逐步迈向21世纪后"社会高等教育"。不管是国家战略的转变，或是高等教育发展的阶段使然，高等教育已经成为社会大众广泛接受并乐于投资的教育类别，高等教育从国家需求逐渐发展到社会需求，这种国家与社会共同效力高等教育的模式，为OECD国家的高等教育发展、经济社会发展更增活力。

二、OECD国家社会转型期高等教育社会投入的三级格局

从上述分析可以看出，OECD国家平均高等教育社会投入是国家财政投入的

一半，占整个高等教育总投入的三分之一，但OECD各国的情况不尽相同，存在明显的区域性，并各具结构特征。

从1998年到2009年的数据看，OECD国家的高等教育社会投入占GDP比重明显分成三级，并在地域上呈现了相对集中相似的特征。

第一级是以韩国、美国、日本、澳大利亚、加拿大等为代表的北美和东亚的发达国家，高等教育社会投入比例较高，都超过了GDP的0.5%，高等教育社会投入占高等教育总投入的比重都在30%以上，显著高于OECD平均水平26.4%，且12年来总体呈上升趋势，来源渠道也甚为广泛。从1998～2009年，这几个国家高等教育社会投入占各国高等教育总投入的比重排名一直处在OECD成员国前五位之列。其中，韩国一直居于首位，12年平均高等教育社会投入占GDP的1.88%，占高等教育总投入的79.7%，是国家财政性投入的3.92倍；美国紧随其后，三项数字分别为1.71%、62.2%和1.64倍（如表2-3所示）。

表2-3　　OECD主要高等教育强国平均高等教育社会投入占各项教育投入比重比较（1998～2009年平均）

国别	高等教育财政投入占GDP的比重（1）	高等教育社会投入占GDP的比重（2）	高等教育社会投入占高等教育总投入的比重	（2）是（1）的几倍
OECD国家平均	1.03%	0.37%	26.4%	0.36
韩国	0.48%	1.88%	79.7%	3.92
美国	1.04%	1.71%	62.2%	1.64
日本	0.48%	0.79%	62.2%	1.65
澳大利亚	0.78%	0.80%	50.6%	1.07
加拿大	1.49%	0.97%	39.4%	0.65
英国	0.68%	0.44%	39.3%	0.65
意大利	0.65%	0.23%	26.1%	0.35
法国	1.03%	0.21%	16.9%	0.20
德国	0.97%	0.14%	12.6%	0.14

资料来源：根据OECD发布的《教育概览：OECD指标》（2000—2018年）相关统计数据计算而成。

第二级是以英国、意大利、法国、德国为代表的西欧国家，这些国家的高等教育投入以政府财政投入为主，但社会投入比重也逐步上升。其中英国最为典型，由于受传统的历史文化影响，接受社会投入的"大门"开启缓慢，直到

2000年前后,才开始学习美国模式(2003年,剑桥大学选聘耶鲁大学教务长艾利森·理查德教授担任校长,牛津大学选聘了新西兰奥克兰大学的约翰·胡德博士担任校长,直接引导了英国最古老、最著名的两所大学开启高校收入多元化发展的历程)。近年来,英国大学由高等教育拨款委员会补助的经费,一般占学校总收入的40%多;学杂费收入,占学校总收入的20%左右;研究补助与契约收入、捐赠与投资收入,占学校总收入的20%左右;其他收入占学校总收入的20%。但英国财政部公布将从2011年开始削减高等教育财政投入后,英国政府同意了将大学本科阶段学杂费的最高限额从3000英镑提升至9000英镑,这将一改英国本国学生学杂费承担比例很小的历史,也将改写英国高等教育社会投入占高等教育总投入的比例,2007年英国高等教育社会投入已经剧增逾60%,2006~2009年近乎直线上升的社会投入比重,将英国高等教育社会投入占高等教育比重的份额(1998~2009年平均,见表2-3)拔升至39.3%,这一数字将进一步提高。此外,英国非常积极开展高等教育的国际合作以增加收入,招收大量留学生,每名留学生一般需交付英国学生2~4倍的学杂费(以3000英镑为基数),尽管英国政府在同意提升学杂费最高限额的同时也宣布严格控制留学生的人数,特别是非学历教育留学生的人数,甚至要清退部分语言学习的留学生,但在高等教育财政投入锐减、亟须新的经费来源填补这一空白的情况下,留学生人数不可能骤降,因为留学生学杂费也是英国高等教育社会投入的重要来源。

第三级则是以芬兰、希腊、丹麦、挪威、瑞士为代表的北欧国家,这些国家的社会福利较高,并且人口不多,其高等教育社会投入比重一直低于高等教育总投入的5%,因此政府一直是高等教育的主要"买单者"。

在国别比较方面,高等教育社会投入占各国GDP比重高于OECD平均值的主要高等教育强国有:韩国、美国、加拿大、澳大利亚、日本,五国均高于0.5%。其中,韩国居于首位但有下降趋势,2006~2008年三年间稳定在1.9%~2.0%之间;美国次之且快速上升,呈现出震荡上升的趋势,其中在2006年和2007年反超韩国位居第一,2008年回落至1.7%居第二;加拿大、澳大利亚和日本则是缓慢上升,高于OECD平均水平,但鲜有突破1.0%的年份,主要处在0.6%~0.8%之间(如图2-1所示)。

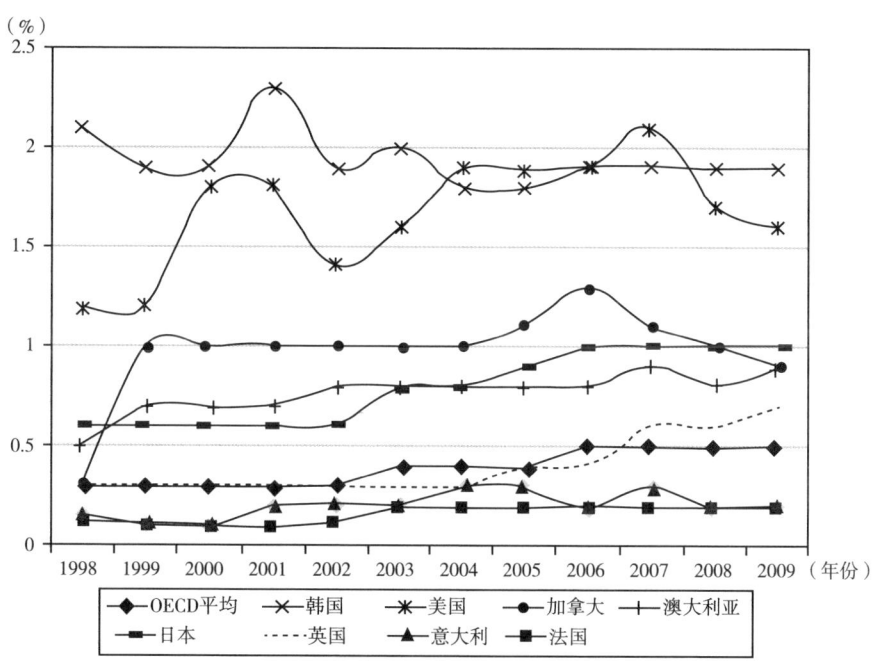

图 2-1 OECD 主要高等教育强国高等教育社会投入
占各国 GDP 比重变化情况（1998~2009 年）

三、OECD 国家高等教育社会投入的结构特征

高等教育社会投入的两大主要来源是家庭投入和其他社会投入。从 2003 年起，因多个国家未公布相关数据进而停止公布 OECD 平均值，因而无法获取这两项数据的 OECD 平均值。但从可以取得较完整数据的、OECD 主要高等教育强国看，处在同一级的国家的社会投入结构存在着明显差异，有的社会投入来源主要是家庭投入，有的则主要是其他社会投入。而且，家庭投入和社会投入的变化趋势也不尽相同。我们以家庭投入和其他社会投入占高等教育投入的百分比来考察社会投入的结构，以二者的比值变化考察它们的增减协同程度。

在第一级社会投入比重最高的几个国家中，韩国的大部分社会投入来源于家庭投入，是一个典型的"低财政、高社会"国家。2001 年到 2008 年的家庭投入比重都超过 52%，是其他社会投入的两倍有余。但家庭投入比重有下降趋势，财政投入和其他社会投入比重有所增长。一般而言，家庭投入的主要支出在学杂费支出，长期以来韩国的高等教育学杂费较高，国家依靠社会和私人投入发展高等教育的局面引起了受教育者和教育界的不满，受教育者认为国家应该减轻学杂费，高等教育界则一直谏言韩国政府应该增加高等教育投入，而不能过度依赖社会和个人。美国则是财政、家庭和其他社会投入三分天下——"高财政、高家庭、高社会"，但在2008年家庭支出骤增7个百分点，对应的其他社会投入锐减近13个百分点，这与2008年美国的次贷危机不无关系。加拿大、澳大利亚一半左右的经费来源于财政投入，但加拿大的家庭投入渐降，其他社会投入渐涨，澳大利亚则正好相反，家庭投入渐涨，其他社会投入略降（如表2-4a所示）。

表2-4a　　　　OECD部分国家高等教育成本分担变化情况
（2001~2008年）——第一级　　　　　　　　　单位：%

年份	韩国			美国			加拿大			澳大利亚		
	政府财政投入	家庭投入	其他社会投入	政府财政投入	家庭投入	其他社会投入	政府财政投入	家庭投入	其他社会投入	政府财政投入	家庭投入	其他社会投入
2001	15.9	58.1	26.0	34.0	33.9	32.1	58.6	22.9	18.5	51.3	31.0	17.7
2002	14.9	63.8	21.3	45.1	38.9	16.0	—	—	—	48.7	33.7	17.6
2003	23.2	56.7	20.2	42.8	36.7	20.4	56.4	20.6	23.0	48.0	34.8	17.2
2004	21.0	55.6	23.3	35.4	35.1	29.3	—	—	—	47.2	35.6	17.2
2005	24.3	52.1	23.6	34.7	36.1	29.2	55.1	22.3	22.6	47.8	36.3	15.9
2006	23.1	52.8	24.0	34.0	36.3	29.7	53.4	22.2	24.4	47.6	35.8	16.6
2007	20.7	52.8	26.5	31.6	34.2	34.2	56.6	19.3	24.1	44.3	38.1	17.6
2008	22.3	52.1	25.6	37.4	41.1	21.5	58.7	19.9	21.4	44.8	39.8	15.4

第二级的国家中，除了英国因学杂费从2005年出现成倍激增带来家庭投入增长外，大部分国家的家庭投入和其他社会投入占GDP比重是协同增长，并没有出现家庭投入骤增同时其他社会投入基本维持不变的情况（如表2-4b所示）。意大利和法国依然是国家财政投入为主的中央集权国家，变化并不明显，财政、家庭和社会1998~2008年11年来基本维持原有的成本分担格局。

表 2-4b　　OECD 部分国家高等教育成本分担变化情况

（2001~2008 年）——第二级　　　　　　单位：%

年份	英国			意大利			法国		
	政府财政投入	家庭投入	其他社会投入	政府财政投入	家庭投入	其他社会投入	政府财政投入	家庭投入	其他社会投入
2001	71.0	17.3	11.7	77.8	16.0	6.3	85.6	10.3	4.1
2002	72.0	16.6	11.4	78.6	15.7	5.7	85.7	10.1	4.1
2003	70.2	18.5	11.2	72.1	18.9	9.0	81.3	11.8	6.9
2004	69.6	19.4	11.1	69.4	18.4	12.2	83.9	9.8	6.4
2005	66.9	24.6	8.4	69.6	18.0	12.5	83.6	10.3	6.1
2006	64.8	26.6	8.6	73.0	19.3	7.7	83.7	10.1	6.2
2007	35.8	52.0	12.1	69.9	22.0	8.1	84.5	10.3	5.1
2008	34.5	51.5	14.0	70.7	21.5	7.8	81.7	9.6	8.7

第三级国家主要是北欧社会福利型国家，从可得数据分析可见（如表 2-4c 所示），丹麦、芬兰、挪威等国长期以来高等教育财政投入都在高等教育投入的 95% 以上，家庭和社会投入较低。

表 2-4c　　OECD 部分国家高等教育成本分担变化情况

（2001~2008 年）——第三级　　　　　　单位：%

年份	丹麦			芬兰			挪威		
	政府财政投入	家庭投入	其他社会投入	政府财政投入	家庭投入	其他社会投入	政府财政投入	家庭投入	其他社会投入
2001	97.8	2.2	—	96.5	—	—	96.9	—	—
2002	97.9	2.1	—	96.3	—	—	96.3	3.7	—
2003	96.7	3.3	—	96.4	—	—	96.7	—	—
2004	96.7	3.3	—	96.3	—	—	—	—	—
2005	96.7	3.3	—	96.1	—	—	—	—	—
2006	96.4	3.6	—	95.5	—	—	97.0	—	—

续表

年份	丹麦			芬兰			挪威		
	政府财政投入	家庭投入	其他社会投入	政府财政投入	家庭投入	其他社会投入	政府财政投入	家庭投入	其他社会投入
2007	96.5	3.5	—	95.7	—	—	97.0	—	—
2008	95.5			95.4	—	—	96.9	—	—

说明：表2-4a、表2-4b、表2-4c中：(1) 资料来源：根据OECD发布的《教育概览：OECD指标》(2000~2018年) 相关统计数据计算而成。(2) OECD最新公布的数据仅到2008年，所以此处只统计到2008年数据。(3) OCED是从2001年开始公布"家庭投入占高教总投入的比重"和"其他社会投入占高教总投入"这两项数据的，无法统计1998~2000年的数据。(4) 从2003年起，因多个国家未公布相关数据进而停止公布OECD国家的高等教育投入平均值，因而无法计算这两项数据的OECD国家的高等教育投入平均值。(5) "—"表示数据没有相关统计。

综上所述，结合OECD国家的家庭投入与其他社会投入的比值变化（如表2-5所示），可以认为：OECD大部分国家高等教育家庭投入与其他社会投入比重协同增长，家庭投入和其他社会投入一直"旗鼓相当"，除英国外，家庭投入占GDP比重与其他社会投入的比值基本维持在一个较稳定的状态，并没有出现大变动。同时可见，一方面，家庭投入、其他社会投入非常容易受到经济波动的影响，例如美国的次贷危机、英国的财政紧缩等，都对高等教育社会投入产生直接影响；另一方面，高等教育社会投入总体呈上升趋势，即使英国、法国、意大利等教育中央集权制国家，也逐步向家庭、社会拓展高等教育资金来源，政府财政投入在庞大的高等教育需求面前，开始显得"力不从心"。

表2-5　　OECD部分国家高等教育家庭投入与其他社会
投入比值变化情况（2001~2008年）

年份	韩国	美国	加拿大	澳大利亚	英国	意大利	法国
2001	2.235	1.056	1.238	1.751	1.479	2.540	2.512
2002	2.995	2.431	1.114	1.915	1.456	2.754	2.463
2003	2.807	1.799	0.896	2.023	1.652	2.100	1.710
2004	2.386	1.198	0.970	2.070	1.748	1.508	1.531
2005	2.208	1.236	0.987	2.283	2.929	1.440	1.689
2006	2.200	1.222	0.910	2.157	3.093	2.506	1.629
2007	1.992	1.000	0.801	2.165	4.298	2.716	2.020
2008	2.035	1.916	0.930	2.584	3.679	2.756	1.103

资料来源：根据OECD发布的《教育概览：OECD指标》(2000~2018年) 相关统计数据计算而成。

第二节 WEI 计划国家高等教育社会投入发展趋势

一、WEI 计划国家高等教育经费投入概况

WEI 计划国家是指联合国教科文组织和世界银行共同开展的一项研究——世界教育指标计划（World Education Indicators Program，简称 WEI）中的被观察国家。WEI 计划是一项由世界银行发展基金资助的、始于 1997 年的邀请性项目，刚开始只有 12 个国家受联合国教科文组织（UNESCO）和世界经济发展合作组织（OECD）共同邀请。目前进入 WEI 计划的国家已经增加到 19 个，全部为发展中国家，覆盖了世界人口的 70%，代表了发展中国家一般水平，包括：阿根廷、巴西、智利、中国、埃及、印度、印度尼西亚、牙买加、约旦、马来西亚、巴拉圭、秘鲁、菲律宾、俄罗斯、斯里兰卡、泰国、突尼斯、乌拉圭和津巴布韦。[①] 从 1998 年到 2008 年，WEI 计划国家教育总投入平均约占 GDP 的 5.5%，其中教育财政投入平均水平为 GDP 的 4.3%，占教育总投入的 78.2%；1998 年到 2009 年，WEI 国家高等教育总投入[②]平均占 GDP 的 1.245%，占教育总投入的 22.6%。OECD 国家的高等教育总投入平均为 1.43%，占教育总投入的 22.85%，WEI 计划国家的这两项数据略低于 OECD 国家。其中，高等教育财政投入平均水平为 GDP 的 0.54%，占高等教育总投入的 48.6%；高等教育社会投入平均水平为 GDP 的 0.695%，占高等教育总投入的 51.2%。与 OECD 国家平均水平相比，WEI 计划国家在经费来源结构上存在明显差异，WEI 计划国家的高等教育财政投入平均水平（GDP 的 0.54%）显著低于 OECD 国家平均水平（GDP 的 1.04%），约为 OECD 国家平均水平的一半；WEI 计划国家的高等教育社会投入平均水平

---

① 联合国教科文组织发布的 WEI 计划的介绍，http：//portal.unesco.org/en/ev.php - URL_ID = 34356&URL_DO = DO_TOPIC&URL_SECTION = 201.html。

② 从联合国教科文组织、世界银行、OECD 等的相关统计文献以及 WEI 计划的出版物中仅能获得 6 个国家（阿根廷、秘鲁、印度、中国、智利、印度尼西亚）的高等教育经费投入数据，因此，文中的 WEI 计划国家高等教育相关数据为这 6 个国家的相关数据计算所得。

（GDP 的 0.695%）高于 OECD 国家平均水平（GDP 的 0.39%），接近 OECD 国家平均水平的两倍（如图 2-2、图 2-3 所示）。

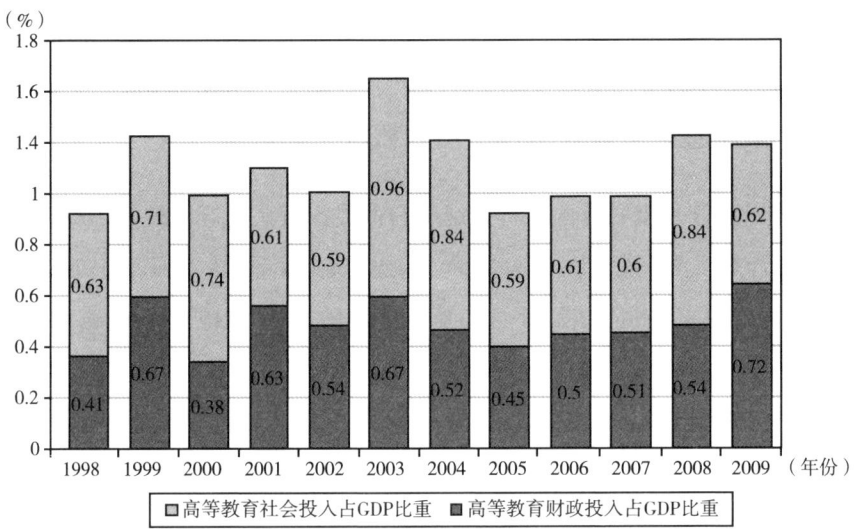

图 2-2　WEI 计划国家高等教育投入变化趋势（1998～2009 年）

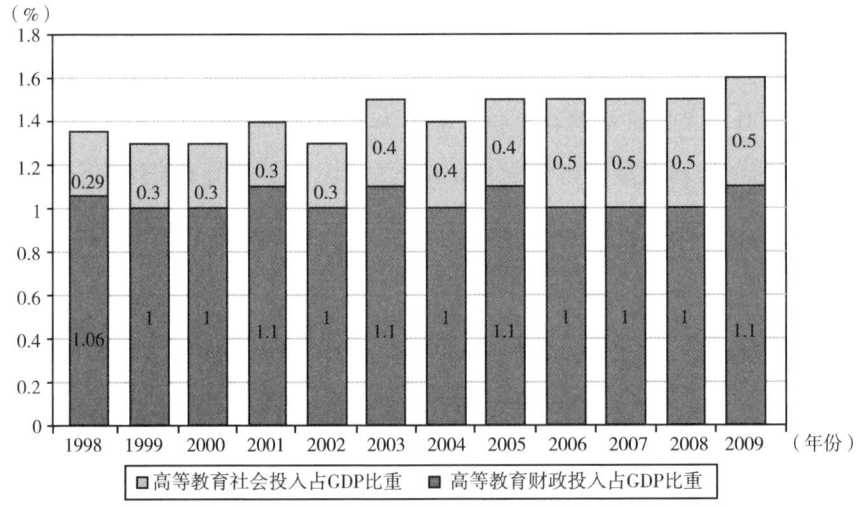

图 2-3　OECD 国家高等教育投入变化趋势（1998～2009 年）

二、WEI 计划国家高等教育投入的变化趋势（1998~2009 年）

（一）WEI 计划各个国家处在不同的发展阶段

虽然都被联合国教科文组织、世界银行、经济发展合作组织认为是"发展中国家"，但在1998~2009年12年间，WEI计划19个国家所处的发展阶段并不相同。根据世界银行的对国家或经济体所处发展阶段的划分依据①，WEI计划国家中有些发展程度较高，属于上中等发展水平国家，如阿根廷、智利，人均GDP处在3000美元以上，不断接近11000美元；有些属于下中等发展水平国家，同时正迈向上中等国家的行列，如秘鲁、中国，人均GDP从1000美元左右不断增长到3000美元并继续增长；有些属于从低发展国家，同时正迈向下中等发展水平国家行列，如印度、印度尼西亚，人均GDP从1000美元以下逐渐增长，突破了1000美元后仍呈上涨趋势。同时，各国所处的高等教育发展阶段也不同，根据马丁·特罗的高等教育毛入学率发展阶段论，阿根廷、俄罗斯从1999年起，高等教育毛入学率就在50%以上并不断增长，并在12年间突破了70%顺利进入"普及化"发展后期；智利、乌拉圭从"大众化"发展后期步入"普及化"发展中期，高等教育毛入学率从35%左右发展到超过60%；埃及、约旦、突尼斯、中国、印度尼西亚、菲律宾、泰国、巴西、牙买加、巴拉圭、秘鲁等国家的高等教育毛入学率在15%~50%之间，处于"大众化"发展阶段；印度、斯里兰卡则刚刚从"精英"进入"大众化"阶段；津巴布韦仍然处在"精英"阶段（2010年为6.19%）。WEI计划国家的发展情况及高等教育投入情况如表2-6所示。

---

① 20世纪70年代中期，世界银行在其年度发展报告中开始将国家按照人均国民生产总值（GNP）分类，后改为按照人均国民收入（GNI）分类。世界银行对经济发展阶段的分类指标较为普及，是当今许多经济学家判断一个国或地区经济发展程度的重要依据之一。世界银行有两种分类方式，且两者密切联系。一种是将国家或经济实体划分为四个收入档次，分别为低收入、下中等收入、上中等收入和高收入国家。这一分类标准非常明确且每年调整一次。2007年的分类标准为：人均GNI低于905美元为低收入经济体；人均GNI在906美元~3595美元为下中等收入经济体；人均GNI在3596~11115美元为上中等收入经济体；人均GNI在11116美元以上为高收入经济体。按照此标准，一个国家或地区人均GDP处于3000~10000美元时，属于上中等收入经济体。另一种是在这四个收入档次类别基础上，又划分为"发展中经济"和"发达经济"两个类别。在世界银行官方文件中，"低收入"和"中等收入"国家被笼统地称为"发展中国家"，高收入国家则被称为"发达国家"。参见 http：//data.worldbank.org.cn/country。

表2-6　　　　WEI计划国家高等教育投入情况（1998~2009年）

年份	高等教育毛入学率（%）	财政支出/GDP（%）	人均GDP（现价美元）	高等教育财政投入占GDP（%）	高等教育社会投入占GDP（%）
1 阿根廷					
1998	46	—	8273	—	—
1999	48	—	7759	0.8	—
2000	53	—	7696	0.2	0.3
2001	58	—	7203	0.8	0.3
2002	62	19.7	2710	0.7	0.4
2003	65	19.8	3410	0.6	0.4
2004	65	18.3	3994	0.6	0.2
2005	64	—	4736	0.6	0.1
2006	67	—	5486	0.8	0.2
2007	67	—	6624	0.9	0.2
2008	69	—	8226	0.9	0.2
2009	71	—	7665	1.1	0.3
平均	61.25	19.27	6148.5	0.73	0.26
2 秘鲁					
1998	26	16.5	2263	—	—
1999	29	17.4	2022	0.7	—
2000		17.9	2061	—	
2001	32	17.6	2056	0.7	0.5
2002	32	17	2136	0.4	0.2
2003	32	17	2279	0.4	—
2004	34	16.6	2559	0.4	0.5
2005	34	17.3	2881	0.3	0.5
2006	35	16.4	3312	0.4	0.4
2007	—	17	3807	0.3	0.5
2008		16.8	4456	0.4	0.7
2009	—	17.6	4412	0.4	0.8
平均	31.75	17.09	2853.67	0.44	0.51

续表

年份	高等教育毛入学率（%）	财政支出/GDP（%）	人均GDP（现价美元）	高等教育财政投入占GDP（%）	高等教育社会投入占GDP（%）
3 印度					
1998	6	14.2	—	—	—
1999	—	14.6	448	—	—
2000	9	15.2	450	—	—
2001	10	15.3	460	0.9	0.2
2002	10	15.8	480	0.8	0.2
2003	11	15.3	558	—	—
2004	11	14.9	643	0.7	0.2
2005	11	14.9	732	0.7	0.1
2006	12	15	820	0.6	—
2007	13	15	1055	0.6	0.1
2008	15	16.9	1028	m	m
2009	16	16.5	1127	1.3	m
平均	11.27	15.30	709.18	0.8	0.16
4 中国					
1998	6	—	821	0.421	0.275
1999	7	—	865	0.496	0.344
2000	8	—	949	0.534	0.44
2001	10	—	1042	0.577	0.53
2002	13	10.7	1135	0.627	0.642
2003	15	10.4	1274	0.618	0.691
2004	18	11.1	1490	0.604	0.676
2005	19	—	1731	0.616	0.835
2006	21	—	2069	0.615	0.828
2007	22	—	2651	0.641	0.821
2008	22	—	3414	0.686	0.76
2009	24	—	3749	0.449	0.706
平均	16.27	—	1765.83	0.57	0.63

续表

年份	高等教育毛入学率（%）	财政支出/GDP（%）	人均GDP（现价美元）	高等教育财政投入占GDP（%）	高等教育社会投入占GDP（%）
5 智利					
1998	35	—	5278	0.57	1.27
1999	38	—	4792	0.5	1.6
2000	37	21	4878	0.4	1.8
2001	—	20.9	4394	0.5	1.7
2002	41	21	4262	0.4	1.7
2003	43	20	4636	0.4	1.8
2004	43	18.9	5929	0.3	1.8
2005	48	17.4	7549	0.3	1.7
2006	47	16.1	9392	0.3	1.5
2007	52	16.4	10406	0.3	1.4
2008	55	18.6	10695	0.3	1.7
2009	59	21.4	10179	0.3	1.8
平均	45.27	19.17	6865.83	0.38	1.65
6 印度尼西亚					
1998	—	13.2	—	0.25	0.33
1999	—	16.2	665	0.2	0.2
2000	15	—	773	0.4	0.4
2001	14	—	742	0.3	0.4
2002	15	15.4	893	0.3	0.4
2003	16	15.3	1058	—	—
2004	16	15.8	1143	—	—
2005	16	16.5	1258	0.2	0.3
2006	16	17.8	1586	0.3	—
2007	17	17.2	1859	0.3	m
2008	20	18.4	2172	0.4	m
2009	22	15.7	2273	0.5	0.2
平均	16.7	16.15	1311.091	0.32	0.32

资料来源：财政支出占 GDP、人均 GDP 的数据来自世界银行对应年份的相关统计数据报告，http://data.worldbank.org.cn/indicator；高等教育毛入学率、高等教育财政投入占 GDP 比重、高等教育社会投入占 GDP 比重等三项数据来自联合国教科文组织出版物：《全球教育统计摘要》（Global Education Digest：Comparing Education Statistics Acorss the World，2003～2018 年）相关统计数据。"m"表示未能获得该项数据，"—"表示没有相关统计。

（二）WEI 国家的高等教育财政投入变化趋势

从 1998 年到 2009 年，WEI 国家的高等教育投入情况也不同。高等教育财政投入并不平稳，从图 2-4 的变化趋势曲线看，多个国家出现了震荡情况。其中，除了中国的高等教育财政投入呈现稳步缓慢增长趋势外，其他国家的高等教育财政投入都出现了大幅震荡的情况。

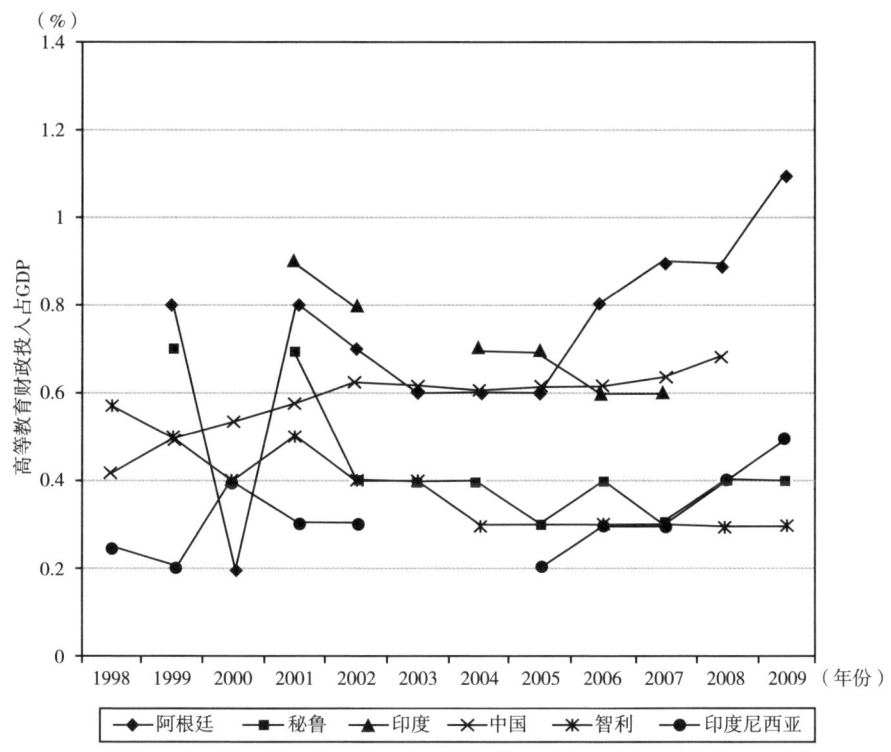

图 2-4　WEI 计划国家高等教育财政投入占 GDP 比重变化趋势（1998～2009 年）

由图 2-4 可以看出，1998～2009 年 12 年间，曲线震荡后向上的国家有印度、阿根廷、印度尼西亚，震荡后向下的国家有秘鲁、智利。从现有的数据分析，震荡强度最大的年份是在 2000～2002 年；震荡强度最大的国家是阿根廷，高等教育财政投入占 GDP 比重从 1999 年的 0.8% 骤降至 2000 年的 0.2%，2001 年恢复到 2000 年水平后，又从 2002 年开始逐步下降，直到 2006 年才又回到

2000年水平并继续上涨。这可能是受到了阿根廷国内经济危机和财政赤字的影响。早在2001年阿根廷爆发全面金融危机之前,阿根廷政府就已陷入税收下降、财政极度困难的局面。阿根廷中央政府债务从1996年的900亿美元急速上升到2001年的1550亿美元,占GDP比重超过40%,且还本付息集中在2001~2004年,加重了债务负担。[①] 2001年8月11日,阿根廷政府正式推出名为"零财政赤字"的财政紧缩计划,决定"量入为出",视当月财政收入情况确定政府开支水平,争取实现零赤字。[②] 这为阿根廷高等教育财政投入在2005年后逐渐增长奠定了财政支付能力基础。

与阿根廷同处南美地区的智利,也受到了金融危机的影响,但影响程度并不大,高等教育财政投入占GDP比重从1999年的0.5%下降到2000年的0.4%,呈微幅下降情况。

对印度尼西亚而言,2000年是该国家即将进入高等教育"大众化"发展阶段的关键年份,高等教育毛入学率达到了14.7%,但1997年爆发的亚洲金融危机对印度尼西亚造成全面冲击,使印度尼西亚经济在此后的5~7年间一直难以恢复。1997年金融危机前印度尼西亚一直实行财政预算平衡政策,决算略有盈余;金融危机之后印度尼西亚政府出现了赤字,政府财政较为困难,财政收支状况如表2-7所示。财政赤字影响了高等教育财政投入的比重,所以,印度尼西亚在2000~2005年的高等教育财政投入占GDP比重呈下降趋势,从0.4%下降到了0.2%,减少了一半。

表2-7　　　　　印度尼西亚财政收支状况(2000~2001年)　　　　单位:万亿盾

年份	2000	2001	2002	2003	2004
总收入	152	286	301.9	341.1	403.8
总支出	197	340	344	374.4	430.0
财政赤字占GDP	3.8%	3.7%	2.5%	1.9%	1.3%

资料来源:根据印度尼西亚国家统计局、印度尼西亚财政部、国际货币基金组织(IMF)等公布的相关数据统计所得。

---

① 世界银行的统计指标"中央政府债务",http://data.worldbank.org.cn/topic/public-sector。
② 2001年阿根廷金融大事记,http://www.cctv.com/special/334/4/29851.html。

高等教育财政投入骤降的国家还有秘鲁。秘鲁的高等教育财政投入峰值出现在1999年和2001年，占GDP的0.7%，此后逐步下降，2005年和2007年出现了谷值，占GDP的0.3%。这与2000年秘鲁爆发了一场政治危机不无相关。2001年，经过两轮选举，印第安人后裔、经济学家托莱多当选秘鲁总统。托莱多上台后重新制订了财政计划，在高额的政府债务面前不得不消减公共支出，高等教育财政投入也就在消减之列。①

综上所述，在WEI计划国家中，高等教育财政投入受财政收入的影响较大，特别是在遇到金融危机、经济危机甚至政治危机时，财政赤字会导致高等教育财政投入占GDP比重的明显下降，高等教育财政投入成为消减公共部门支出的对象。当各国的经济复苏，财政收入逐渐增长的时候，高等教育财政投入比重会随之逐渐增加。

（三）WEI计划国家高等教育社会投入变化趋势

与高等教育财政投入相比，1998年到2009年，WEI计划国家的高等教育社会投入并未出现大幅震荡的情况，而是总体呈上升趋势，这与OECD国家的总体情况相似。如图2-5所示，1998年到2009年间，除了印度和印度尼西亚两个国家的高等教育社会投入占GDP比重略有下降之外，其他国家的高等教育社会投入都呈总体上涨趋势。与OECD国家高等教育社会投入出现的三级分层相比，WEI计划国家也出现了类似的三级格局。

其中，智利一直保持着较高的高等教育社会投入水平，12年来一直保持在GDP的1.2%~1.8%，峰值接近12年来美国和韩国的最高值（2007年美国为2.2%，2005年韩国为2.1%），可以划为第一级国家，与OECD国家的第一级情况相似，属于"低财政投入、高社会投入"国家。

---

① 2001年，托莱多政府建立后，据秘鲁官方公布的统计数字，当年占秘鲁全国人口总数的54%的人生活在贫困线以下，其中赤贫人口达到450万人。此外，秘鲁失业率高达14%，经济自立人口中有一半以上处于半失业状态。近年来秘鲁外债不断增加，公共外债总额达到190多亿美元，约占国内生产总值的35%。目前，秘鲁正处于还债高峰期，年还债超过20亿美元，相当于政府年财政收入的22%。由于政府财政拮据、资金短缺，用于公共投资和基础设施建设的资金很少，仅占财政年收入的14%左右。资料来源：根据秘鲁国家统计及资讯局和国际数据信息统计中心公布的相关统计数据和信息整理所得。

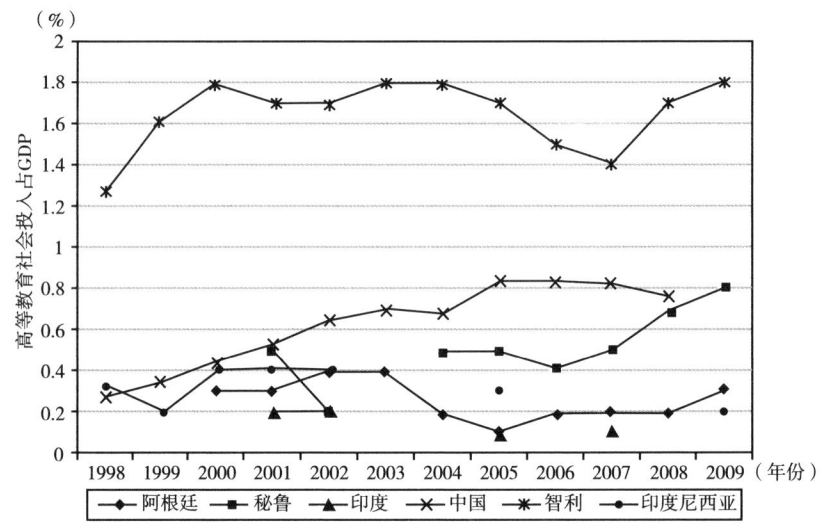

图 2-5　WEI 计划国家高等教育社会投入变化趋势（1998~2009 年）

第二级与 OECD 的第二级不同，OECD 的第二级国家主要是传统的资本主义国家，如西欧各国，高等教育主要以"财政投入为主"。WEI 计划国家高等教育社会投入的第二级国家以中国、秘鲁为代表，这两个国家的高等教育社会投入呈总体上升趋势，都出现了占 GDP 的比重超过 0.8% 的年份。从 12 年平均数看，中国的高等教育财政投入为 GDP 的 0.59%，高等教育社会投入为 GDP 的 0.52%；秘鲁的这两项数据分别为 0.44% 和 0.51%。在这里，WEI 计划国家的第二级国家属于"财政投入和社会投入比重相当"的发展中国家。此外，印度尼西亚的情况比较特殊，从 1998 年到 2008 年，印度尼西亚的高等教育经费来源一直是财政投入和社会投入"平分秋色"，两者的数值一直保持在 GDP 的 0.3% ~ 0.4%，但到了 2009 年，财政投入增长到了 0.5%，社会投入下降到 0.2%，这与印度尼西亚政府大力投资高等教育的财政战略得以实现相关。①

---

① 2004 年 1 月 26 日，印度尼西亚国会和印度尼西亚教育与文化部部长阿卜杜尔·马里克·法贾尔、财政部长布迪奥诺和国家建设规划院院长郭建议在雅加达议会大厦共同召开工作会议，根据印度尼西亚宪法和 2003 年该国有关国家教育体系的第 20 号法规的规定，国家财政收支预算的 20% 应被用于国家教育投入。考虑到国家外债还本付息压力巨大，印度尼西亚国会建议政府在今后 5 年里分阶段提高教育投资占国家财政收支预算的比例，并最终在 2009 年实现宪法规定的教育投资占国家财政预算 20% 的目标。资料来源：印度尼西亚教育与文化部，http：//www.kemdiknas.go.id/kemdikbud/；又见汕头大学图书馆：http：//www.stlib.net/resource/7214.html。

在高等教育社会投入中位于第三级的 WEI 国家也与 OECD 的北欧"福利型"国家不同,阿根廷、印度这两个国家的高等教育社会投入占 GDP 的比重低于 0.5%,但这两个国家的高等教育财政投入比重一直比较高,是社会投入的三倍以上,属于"高财政投入、低社会投入"的国家;从一点上看,与 OECD 的第二级国家如法国、德国等比较相似。12 年来,阿根廷、印度这两个国家的高等教育财政投入和社会投入占 GDP 比重的均值分别为:0.7% 和 0.26%、0.8% 和 0.16%,财政投入分别是社会投入的 2.69 倍和 5 倍;如果将阿根廷 2000 年这一年份去除(2000 年阿根廷的经济危机对高等教育财政投入产生了重大影响,高等教育财政投入仅为 GDP 的 0.2%,其他年份均在 0.6% 以上),阿根廷的高等教育财政投入和社会投入占 GDP 比重的均值分别为 0.75% 和 0.26%,前者是后者的 2.9 倍。

三、WEI 计划国家高等教育社会投入的差异分析

(一)高等教育财政投入和高等教育社会投入占高等教育总投入的比重变化

如表 2-6 所示,WEI 计划国家中的高等教育投入结构的国别差异较大,从财政投入和社会投入占高等教育总投入的比重看,WEI 计划国家各有侧重。如果用高等教育财政投入与高等教育社会投入的比值表示二者的比重关系,可以描述为:当比值大于 1 时,高等教育财政投入在高等教育总投入中的比重高于高等教育社会投入所占的比重;当比值等于 1 时,二者比重相等;当比值小于 1 时,高等教育财政投入所占比重低于高等教育社会投入所占比重。比值越大说明高等教育财政投入所占比重越大,反之,高等教育社会投入所占比重越大。用公式可以表示为:

令:a = 高等教育财政投入,b = 高等教育社会投入;

当:$a/b > 1$ 时,$a > b$;

$a/b = 1$ 时,$a = b$;

$a/b < 1$ 时,$a < b$。

采用 1998~2009 年为时间横轴,WEI 计划各个国家高等教育财政投入与高

等教育社会投入的比值为纵轴,可以形成高等教育财政投入与高等教育社会投入比重与年份的关系曲线,当曲线攀升走高,说明高等教育财政投入比重增长;曲线跳降走低,说明高等教育社会投入比重增长;曲线越陡,斜率正越大,说明高等教育财政投入比重变化越大;斜率负越小,说明高等教育社会投入比重变化越大(如图2-6所示)。

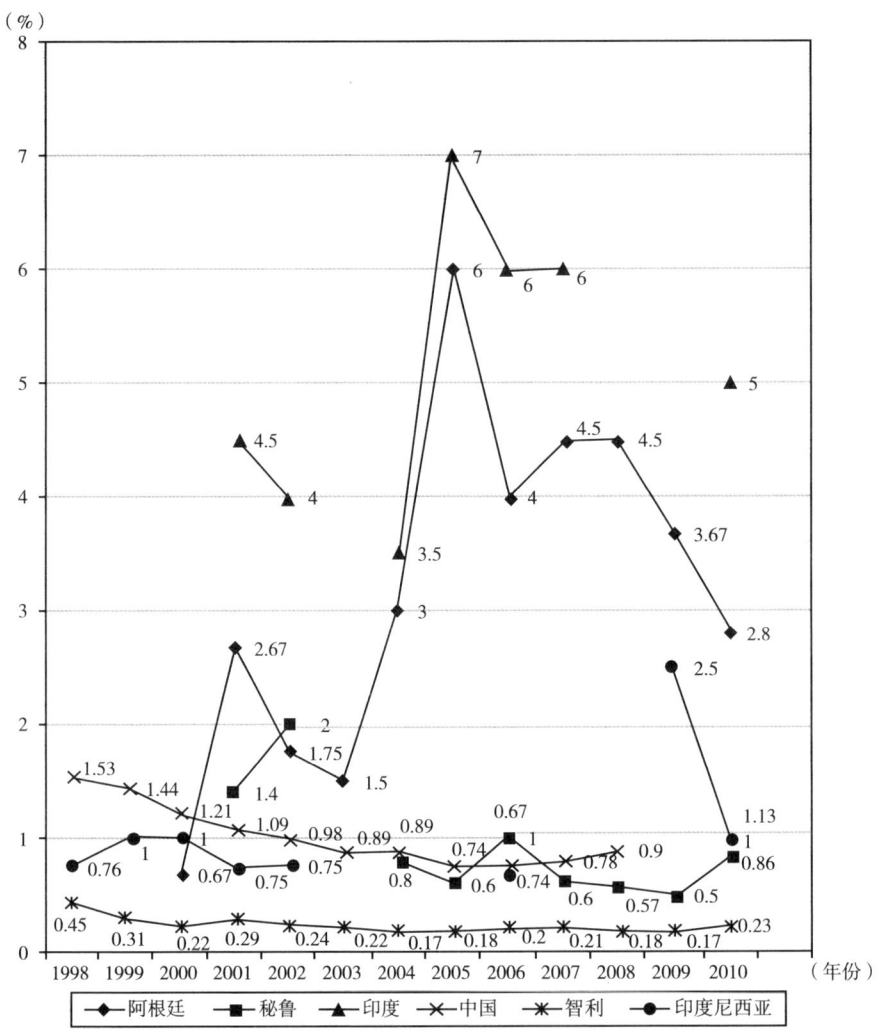

图2-6 WEI计划国家高等教育财政投入与社会投入的比值变化(1998~2009年)

(二) WEI 计划国家的高等教育经费来源结构的三种典型

总体而言，WEI 计划国家的高等教育经费投入结构可以归纳为三种典型情况（如图 2-7、图 2-8、图 2-9 所示）。

一是以智利为代表，如图 2-7 所示，1998 年到 2009 年 12 年来，高等教育财政投入和社会投入分别占 GDP 比重平均是 0.38% 和 1.65%，二者比值一直小于 0.5，并逐渐走低至 2009 年的 0.17，平均为 0.23，低于 1998 年水平 0.45；可以推断，智利高等教育经费来源以社会投入为主，而且财政投入比重一直在缓慢减少。

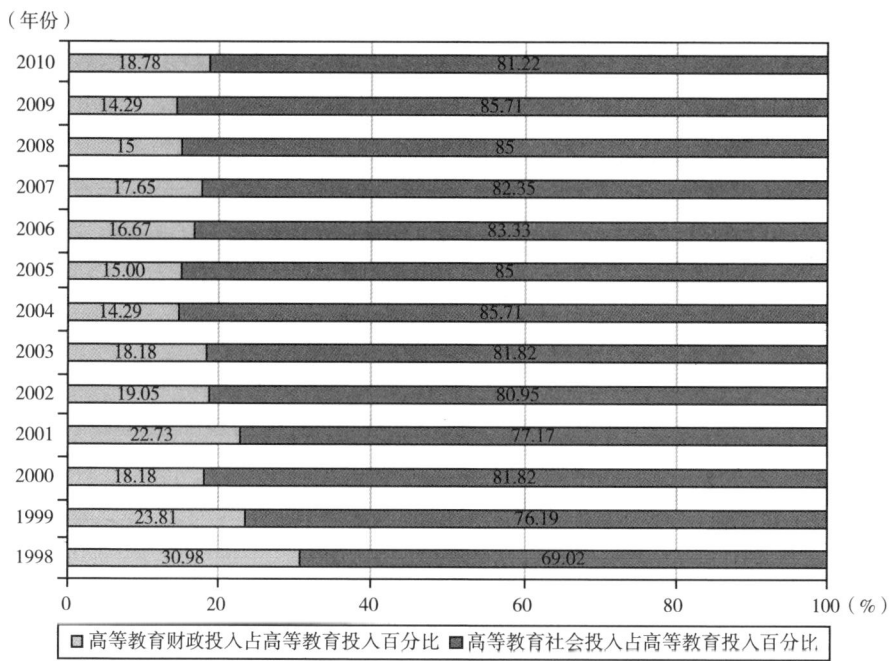

图 2-7 智利高等教育经费来源结构变化趋势 (1998~2009 年)

二是以中国、秘鲁为代表，高等教育财政投入和社会投入分别占 GDP 比重平均为 0.59% 和 0.52%、0.44% 和 0.51%。中国的高等教育财政投入和社会投入二者比值一直不断变小，从 1.53 下降到 0.74 后稍有回涨到 0.9，12 年平均为

1.13，低于1998年水平1.53，在1.27和1.8之间，并在几个小幅浮降的回合之后呈总体走高趋势，说明中国高等教育的经费来源出现了财政投入比重逐步减少、社会投入比重逐步增大的情况，从1998年财政投入比重是社会投入比重的1.53倍，演变到最低年份时，财政投入比重仅为社会投入比重7.4成。秘鲁的高等教育财政投入比重也逐渐变小，从2002年高等教育财政投入比重是社会投入比重的2倍，下降为最低时（2009年）财政投入比重仅为社会投入比重的一半（如图2-8所示）。由此推断：中国、秘鲁的高等教育经费来源出现了"财政投入比重减少，社会投入比重增长"的局面，而且社会投入比重接近财政投入比重的2倍。

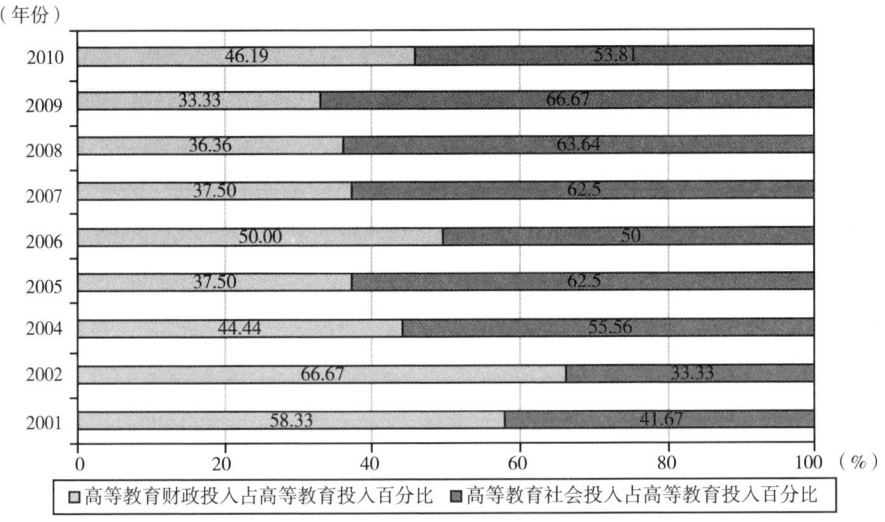

图 2-8 秘鲁高等教育经费来源结构
变化趋势（2001~2009年）

三是以阿根廷、印度为代表，如图2-9所示，高等教育财政投入和社会投入分别占GDP比重是：0.7%和0.26%、0.8%和0.16%，高等教育经费来源以财政投入为主，财政投入比重与社会投入比重的比值尽管出现了骤升骤降的情况，但都处在"高位震荡"，即在大部分的年份中财政投入比重都是社会投入比重的3倍以上。两个国家的峰值都出现在2005年，印度的高等教育财政投入比重是当年社会投入比重的7倍，阿根廷的这一数值是6倍。

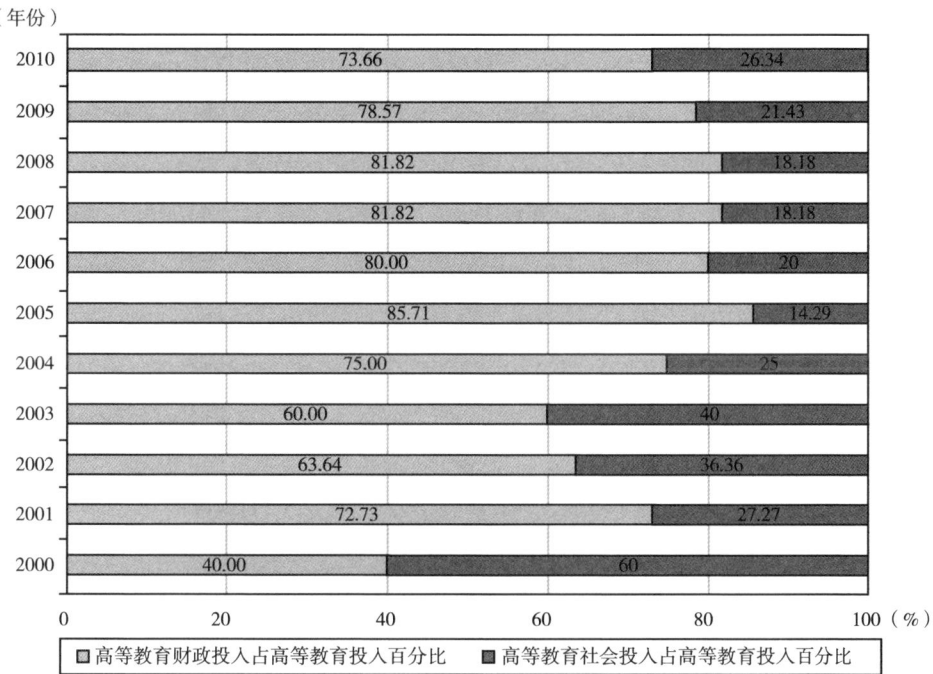

图 2-9 阿根廷高等教育经费来源结构
变化趋势（2000~2009年）

（三）WEI 计划国家的高等教育经费投入结构差异的原因推测

从表 2-6 中的数据分析，1998~2009 年，各国所处的经济社会发展阶段和高等教育发展阶段不同，各国政府发展高等教育的战略和投资高等教育的实力分布不同。智利的人均 GDP 从 5279 美元增至到 10179 美元，高等教育毛入学率从 35% 上升到 59%。智利在 1999~2009 年间已经处于中上等收入国家水平，接近发达国家水平（人均 GDP 高于 11116 美元的国家）。2010 年 1 月 7 日，智利正式加入 OECD，OECD 在 2010 年发布的《教育概览 2009：OECD 指标》已经把智利纳入 OECD 国家的统计范畴，但该书统计的是 OECD 国家 2007 年度的教育情况，2007 年时智利尚未正式加入 OECD。同时，从高等教育毛入学率也可以看出，根据马丁·特罗的高等教育毛入学率发展阶段论，1998~2009 年智利处于"大众化"后期向"普及化"时期发展阶段。智利的水平更接近OECD国家的水平，是更接近发达国家发展水平的发展中国家。智利作为中高收入的国家，私人支付高等教育费用的经济实力比中国、秘鲁等其他发展中国家更强，为智利高等教育社会投入的增长提供了良好的购买力积累。

1998~2009年，中国的人均GDP从821美元增长到3749美元，高等教育毛入学率从6%上升到24%。秘鲁的人均GDP从2263美元增长到4412美元，高等教育毛入学率从26%上升到35%。这两个国家都处在从下中等发展水平国家向上中等发展水平国家迈进，高等教育发展都处在"大众化"发展时期，中国处于"精英"时期向"大众化"中期发展阶段，秘鲁进入了"大众化"后期。相对高收入水平国家和上中等收入水平国家而言，中国和秘鲁的大众对高等教育的购买力相对较低，但近年来持续的人均GDP增长和国内经济的快速发展使高等教育需求空前膨胀，社会大众投资高等教育的意愿高涨，所以近年来高等教育社会投入的比重不断增长。

阿根廷由于受到经济危机的影响，人均GDP从8273美元（1998年）下降到2710美元（2002年）后再增长到7665美元（2009年），人均GDP波动十分严重，并未能一直保持上中等发展水平国家的人均GDP水平；高等教育毛入学率从46%一直持续上升到71%，顺利从"大众化"后期迈入"普及化"阶段。经济上的波动使政府不得不保持较高的高等教育投资以提升人口的总体素质，从提升人口素质的角度在一定程度上安抚国民在经济危机中遭受的重大损失和潜在的社会不安定情绪。

1998~2009年印度人均GDP从448美元增长到1127美元，刚刚从低收入国家迈入下中等国家行列。高等教育毛入学率从6%上升到16%，处于从"精英"时期刚刚迈进"大众化"时期的发展阶段。由于信息软件业的快速发展，印度政府和社会各界开始尝到了发展高等教育的"甜头"，政府竭尽财政能力投资高等教育，因此财政投入已经高于社会投入数倍，在强劲的国内高等教育需求驱动下，未来的财政投入可能会持续增长。

第三节 中国高等教育社会投入的主要趋势

自1998年以来,中国教育经费投入占GDP的百分比不断增长,总体呈上升趋势:从1998年的3.494%上升到2008年的4.823%,增幅为38%。高等教育经费投入也因此"水涨船高":从1998年的0.696%增长到2008年的1.446%,增幅为108%,显著高于全国教育增长水平。期间,2005年和2007年甚至分别高达1.451%和1.462%(如表2-8所示)。高等教育投入占教育总投入的比重从1998年的20%增长到2008年的30%。其中,高等教育社会投入不断增长,所占GDP比重从2005年开始已经超过教育总投入的六分之一,2002年超过高等教育国家财政性投入,最高达高等教育国家财政性投入的1.36倍;从投入结构看,主要源于学杂费的大幅增长,其他社会投入变化不大;教育社会投入的重心正从基础教育转向高等教育。

表2-8　中国教育和高等教育投入来源占GDP比重情况(1998~2008年)　单位:%

年份	教育					高等教育				
	总计	财政投入占GDP的比重	社会投入占GDP的比重			总计	财政投入占GDP的比重	社会投入占GDP的比重		
			小计	学杂费占GDP的比重	其他社会投入占GDP的比重			小计	学杂费占GDP的比重	其他社会投入占GDP的比重
1998	3.494	2.408	1.086	0.438	0.648	0.696	0.421	0.275	0.101	0.174
1999	3.735	2.55	1.185	0.517	0.668	0.840	0.496	0.344	0.154	0.190
2000	3.880	2.583	1.297	0.600	0.697	0.974	0.534	0.440	0.218	0.222
2001	4.229	2.788	1.441	0.680	0.761	1.107	0.577	0.530	0.285	0.245

续表

年份	教育					高等教育				
	总计	财政投入占GDP的比重	社会投入占GDP的比重			总计	财政投入占GDP的比重	社会投入占GDP的比重		
			小计	学杂费占GDP的比重	其他社会投入占GDP的比重			小计	学杂费占GDP的比重	其他社会投入占GDP的比重
2002	4.554	2.901	1.653	0.767	0.886	1.269	0.627	0.642	0.354	0.288
2003	4.571	2.835	1.736	0.826	0.910	1.309	0.618	0.691	0.404	0.287
2004	4.530	2.793	1.737	0.842	0.895	1.316	0.604	0.676	0.434	0.242
2005	4.595	2.817	1.778	0.848	0.930	1.451	0.616	0.835	0.457	0.378
2006	4.632	2.996	1.636	0.732	0.892	1.443	0.615	0.828	0.428	0.400
2007	4.721	3.218	1.503	0.828	0.675	1.462	0.641	0.821	0.496	0.325
2008	4.823	3.475	1.348	0.781	0.567	1.446	0.686	0.760	0.490	0.270

资料来源：根据《中国教育经费统计年鉴》（1999～2009年）和《中国统计年鉴》（1999～2009年）相关统计数据计算所得。

一、中国高等教育社会投入的比重变化

1998～2008年，中国教育社会投入占GDP的比重总体呈上升趋势，从1998年的1.086%上升到2005年的1.778%后稍有回落至2008年的1.348%。高等教育社会投入占GDP比重从1998年的0.275%上升到2005年0.835%，这一峰值后缓慢回落至2008年的0.760%。从高等教育投入的结构看，高等教育社会投入占高等教育总投入的比重从1998年的36.1%上升到了2008年的52.6%，高等教育投入中有一半以上的经费是来自社会投入。总体而言，1998年以来我国高等教育社会投入不断增长，到2008年高等教育社会投入已经是国家财政性投入的1.11倍，社会投入在高等教育投入中扮演着越来越重要的角色。

二、中国高等教育社会投入的结构变化

从高等教育社会投入结构看,中国高等教育社会投入的增长主要源于学杂费增长,学杂费和其他社会投入占GDP比重都呈上升趋势,学杂费占GDP比重从1998年的0.101%上升至2008年的0.490%,其中2005年和2007年分别高达0.457%和0.496%;其他社会投入占GDP比重从1998年的0.174%在2006年达到峰值0.400%后再回落至2008年的0.270%。总体而言,根据表2-8呈现的数字计算,2008年高等教育学杂费收入接近1998年的5倍,高等教育其他社会收入约为1998年的1.5倍。由此可见,从1998年到2008年11年间,高等教育投入占GDP百分比的增长主要是由学杂费提高带来的,2008年,学杂费增长到占社会投入的64.5%。1998年学杂费仅为其他社会投入的58%,2008年已经激涨为其他社会投入的1.81倍(如图2-10和表2-9所示)。

从占全国教育学杂费总收入和其他社会投入比重看,1998年高等教育学杂费收入仅约为全国教育学杂费收入的23%,但到2008年已经上升到63%;高等教育其他社会投入在1998年占全国教育其他社会投入的27%,2008年增长到

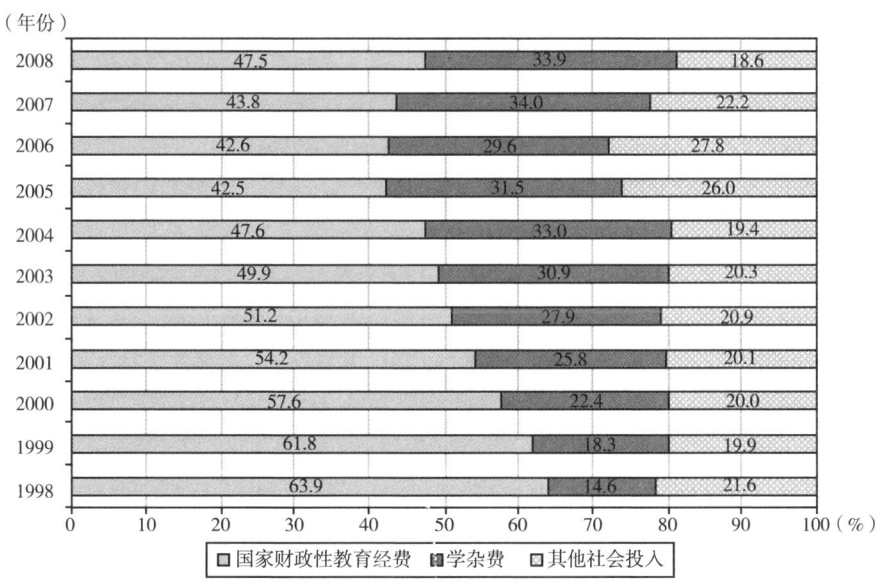

图2-10 中国高等学校经费投入结构变化趋势(1998~2008年)

48%。可见，1998年以来的教育投入中，不管是学杂费收入，还是其他社会投入，高等教育都表现出了极为显著的资金聚拢现象。同时，在中国学历教育过程中，人们在高等教育阶段支付的学杂费比重越来越大，高等教育学杂费将耗费整个学历教育学杂费投入的六成。

表2-9　　　　中国高等教育学杂费收入与其他社会投入比值变化情况（1998~2008年）

年份	1998	1999	2000	2001	2002	2003	2004	2005	2006	2007	2008
比值	0.58	0.81	0.98	1.16	1.23	1.41	1.79	1.21	1.07	1.53	1.81

资料来源：根据《中国教育经费统计年鉴》（1999~2009年）相关统计数据计算所得。

三、中国教育社会投入重心从基础教育转移到高等教育

高等教育社会投入占GDP比重从1998年的0.275%，逐年增长到2005年峰值0.835%后稍有回落，2008年为0.760%。但是，高等教育社会投入占全国教育社会投入的比重呈现逐年增长趋势，从1998年的23.1%一直飙升到2008年56.4%，翻一番有余（如表2-10所示），2008年的全国教育社会投入中有一半以上的资金进入了高等教育领域。教育社会投入在各级各类教育中的分布重心，逐渐从基础教育转向高等教育。

表2-10　　　　中国教育社会投入在各级各类教育的分布比重变化情况（1998~2008年）　　　　　　　　单位：%

年份	基础教育		中等职业教育		高等教育	
	占GDP比重	占教育社会投入比重	占GDP比重	占教育社会投入比重	占GDP比重	占教育社会投入比重
1998	0.537	49.4	0.172	15.8	0.275	23.1
1999	0.545	46.0	0.183	15.5	0.344	27.1
2000	0.550	42.4	0.173	13.4	0.440	31.9
2001	0.576	40.0	0.159	11.0	0.530	35.2
2002	0.611	37.0	0.142	8.6	0.642	37.5

续表

年份	基础教育		中等职业教育		高等教育	
	占GDP比重	占教育社会投入比重	占GDP比重	占教育社会投入比重	占GDP比重	占教育社会投入比重
2003	0.606	34.9	0.138	8.0	0.691	38.6
2004	0.574	33.1	0.127	7.3	0.676	39.7
2005	0.716	40.3	0.143	8.0	0.835	46.9
2006	0.595	36.3	0.134	8.2	0.828	50.6
2007	0.463	30.8	0.132	8.8	0.821	54.7
2008	0.388	28.8	0.122	9.1	0.760	56.4

资料来源：根据《中国教育经费统计年鉴》（1999～2008年）相关统计数据计算所得。

综上所述，1998年以来，中国高等教育投入占GDP比重不断增加，从占高等教育投入的百分比看，国家财政投入比重总体呈下降趋势，高等教育社会投入比重总体呈上升趋势，其中，学杂费比重大幅增长，学杂费外的社会投入比重略有增长。

四、中国高等教育社会投入所处的国际位置

（一）中国高等教育社会投入总量所处的国际位置

从国别的横向比较看，中国与韩国、美国、加拿大、澳大利亚、日本、英国这些处于OECD主要高等教育强国的高等教育社会投入第一梯队的国家的高等教育社会投入占GDP百分比，均高于OECD国家平均值（如图2-11所示）。

（二）中国高等教育社会投入比重比较分析

高等教育投入占GDP比重反映了一个国家对高等教育的支撑力度，高等教育社会投入则反映了该国社会力量对高等教育的成本分担程度，是研究各国高等教育发展动向的重要指标。自1998年以来，中国和OECD国家平均的高等教育社会投入占GDP比重总体都呈上升趋势（如表2-11所示）。1998年，中国高等

高等教育社会投入的政策研究

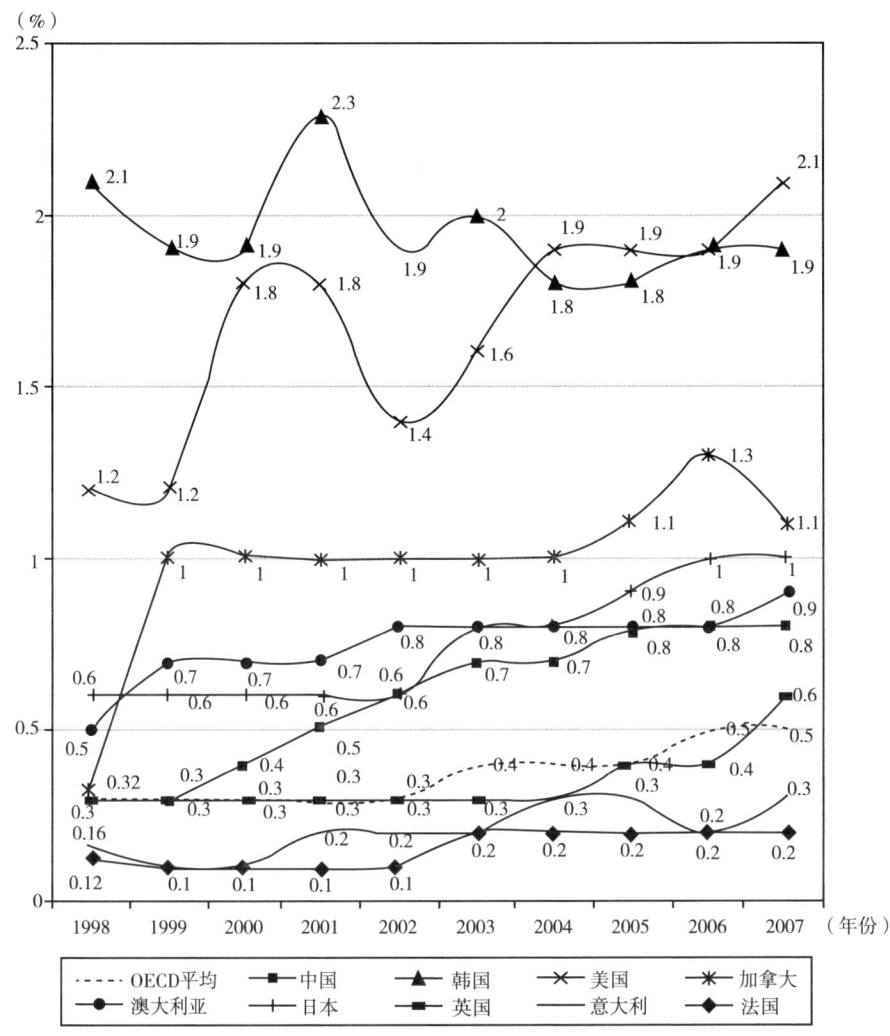

图 2-11　中国和 OECD 主要高等教育强国高等教育社会投入
占各国 GDP 比重变化情况（1998~2007 年）

教育社会投入占 GDP 比重和 OECD 国家平均水平基本处在同一起跑线上，分别为 0.28% 和 0.29%，但各自"占高等教育总投入""是国家财政投入几倍"上已经明显不同，中国均高于 OECD 国家平均值。在中国高等教育社会投入占高等教育投入三分之一、是国家财政性投入 0.57 倍的时候，OECD 国家平均高等教育社会投入占高等教育投入仅稍高于五分之一，仅是国家财政性投入的 0.27 倍。换言之，在高等教育投入来源结构中，与 OECD 国家相比，中国高等教育社会投入比重更大，OECD 国家平均高等教育的国家财政投入比重显著高于中国。此外，从 1999 年开始，中国高等教育社会投入"占 GDP 百分比""占高等教育投入百分比"以及"是国家财政性投入几倍"的增幅犹如"三驾马车"，将 OECD 同项数据越抛越远。占 GDP 百分比峰值出现在 2005 年（0.84%），占高等教育投入的 57.54%，是国家财政性投入的 1.36 倍，同期三项数据在 OECD 国家平均为 0.4%、26.67%、0.36 倍，中国分别是 OECD 国家平均的 2.1 倍、2.2 倍、3.8 倍。总而言之，中国高等教育社会投入份额已经超过了国家财政性投入，成为高等教育投入的最大来源，而且增幅迅猛；1998 年仅为国家财政性投入的一半有余，2008 年已经增长为国家财政性投入的 1.11 倍，在高等教育成本分担中成为主角。而 OECD 国家平均高等教育社会投入也逐年增长，但 2008 年仅上升到高等教育投入的三分之一左右，最高年份仅为国家财政性投入的一半。2009 年后中国高等教育社会投入占高等教育总投入比重有所回落。

表 2-11　　　中国和 OECD 国家平均高等教育社会投入变化情况（1998～2015 年）

年份	中国			OECD 国家平均		
	高等教育社会投入占 GDP（%）	高等教育社会投入占高等教育总投入（%）	是国家财政性投入的几倍	高等教育社会投入占 GDP（%）	高等教育社会投入占高等教育总投入（%）	是国家财政性投入的几倍
1998	0.28	36.11	0.57	0.29	21.80	0.27
1999	0.34	38.22	0.62	0.3	23.08	0.30
2000	0.44	42.45	0.74	0.3	23.08	0.30
2001	0.53	45.83	0.85	0.3	21.43	0.30
2002	0.64	48.82	0.95	0.3	21.43	0.27
2003	0.69	51.11	1.05	0.4	28.57	0.36
2004	0.68	52.39	1.10	0.4	28.57	0.40
2005	0.84	57.54	1.36	0.4	26.67	0.36
2006	0.83	57.40	1.35	0.5	33.33	0.50
2007	0.82	56.19	1.28	0.5	33.33	0.50

续表

年份	中国			OECD 国家平均		
	高等教育社会投入占GDP（%）	高等教育社会投入占高等教育总投入（%）	是国家财政性投入的几倍	高等教育社会投入占GDP（%）	高等教育社会投入占高等教育总投入（%）	是国家财政性投入的几倍
2008	0.76	52.55	1.11	—	—	—
2009	0.706	51.34	1.055	0.5	29.4	0.45
2010	0.649	47.32	0.898	0.5	31.25	0.45
2011	0.605	41.66	0.714	0.4	26.67	0.33
2012	0.559	37.46	0.599	0.4	26.67	0.33
2013	0.540	39.86	0.663	0.5	31.25	0.45
2014	0.478	35.32	0.546	0.5	31.25	0.45
2015	0.525	37.70	0.605	0.4	26.67	0.36

资料来源：根据OECD发布的《教育概览：OECD指标》（2000~2018年）和《中国教育经费统计年鉴》（1999~2009年）相关统计数据计算而成。

第三章
高等教育社会投入的理论分析、客观必然与现实基础

第一节 高等教育社会投入的理论分析

一、基于公共选择理论的分析

(一)高等教育是一种"公共选择"和"市场选择"共同作用下的动态化的准公共物品

高等教育的物品属性分析建立在公共物品理论的基础上,公共物品理论的新发展方向之一就是公共选择理论。公共选择理论主要用经济学来分析、研究政府对公共产品的决策和选择,即非市场决策。公共选择理论的代表人物詹姆斯·布坎南说:"公共选择是政治上的观点,它以经济学家的工具和方法大量应用于集体或非市场决策而产生。"[①] 公共选择的方式可以有公民投票、直接民主、代议制、集权式决策等,公共选择理论把政府本身理解为负责履行公共产品生产的特殊部门。市场选择的方式可以是购买、消费,一般由私人部门生产销售。

---

① Buchanan, James M. and Gordon Tullock, *The Calculus of Consent* (Ann Arbor: University of Michigan Press, 1962).

首先,高等教育作为准公共物品,既有公共属性的部分,也有私人属性的部分。其公共属性部分受到了公共物品属性的影响,在供给、生产的过程中会受到"公共选择"的影响。例如,许多国家的高等教育投入并非仅仅由高等教育需求决定,还与政府的教育发展战略、投资高等教育的态度和经费支持力相关,高等教育的财政政策还往往通过议会、国会等进行讨论、投票等方式商议决定,甚至进入宪法,形成法案。高等教育社会投入作为高等教育经费来源的重要组成部分,作为高等教育财政投入以外的经费来源,也同样受到"公共选择"的影响。当"公共选择"决定了高等教育财政投入的比重时,也同时决定了高等教育社会投入必须"承担"或"消化"的比重。因此,高等教育是"公共选择"和"市场选择"共同作用下的准公共产品。同时,"公共选择"的结果会因政府执政组织的更替、政府不同时期的教育发展战略转型、财政战略转型等产生动态变化,"市场选择"则会因市场需求量、结构、价格等产生动态变化,所以,高等教育在这两种"选择"作用下要维持不变,显然不太可能。

其次,从准公共产品概念与属性本身出发,也可以解释高等教育作为准公共产品是动态变化的。公共物品理论把服务看作为物品,根据服务的性质不同,将物品分为公共物品(Public Goods)、私人物品(Private Goods)和准公共物品(Semi - Public Goods)。[1] 1954 年,萨缪尔森在《公共支出的纯理论》一文中,从公共支出的角度给公共物品下了一个明确的定义,此后便被经济学家广泛引用。根据萨缪尔森的定义,所谓公共物品,就是"每个人对这种物品的消费,都不会导致其他人对该物品消费的减少"。"与之相对应的物品为私人物品,它是指如果一种物品能够加以分割,因而每一部分能够分别按竞争价格卖给不同的个人,而且对其他人没有产生外部效果。"[2] 剖析萨缪尔森的定义,可以发现公共物品有两个基本特征,即消费的非竞争性(Non - rivalness)和受益的非排他性(Non - excludability)。诸如国防、警察、司法、经济调节、教育(视国家而定)、

---

[1] 厉以宁:《股份制与现代市场经济》,江苏人民出版社,1994,第 144~145 页。
[2] Samuelson Paul A, "The Pure Theory of Public Expenditure," *Review of Economics and Statistics*, No. 9 (1954): 387~389.

卫生等,它们具有非排他性和非竞争性的特点。① 私人物品的特性正好与公共物品相反,产权上的可分割性,消费上的竞争性,只为购买它的消费者个人所享有,消费者以竞争性价格从市场购得和消费后,排除了他人的消费,而不会产生外在的经济利益。诸如居民户、企业、事业单位通过市场而提供的生活、商业、信息咨询等服务属于私人物品,它们具有排他性和竞争性的特点。②

准公共物品介于公共物品和私人物品之间。一般而言,公共物品应由政府提供,私人物品应由市场提供,准公共物品应由政府与市场共同提供。公共物品的概念提出后,一些学者对其字面意义和实质内涵进行了批评和质疑。马尔金和威尔达夫斯基(Malkin,Wildavsky,1999)认为,"公共"二字容易因字面意义引起误会,会使人认为只要是政府提供的产品就是公共物品,而公共物品也必须由政府提供。③ 恩克(Enke,1975)认为萨缪尔森提出的概念虽然非常精炼,但是太脱离现实,很少有物品是由社会所有成员等量消费的。从实际情况来看,萨缪尔森公共物品概念范围狭窄。此概念只是定义了所有物品中的两极,一极是纯公共物品,另一极是纯私人物品,而在两极中间的大量物品被忽略了。另外,即使是政府提供的物品如高速公路、桥梁、医院、图书馆等,同定义相比也有一定程度偏差。④ 由于公共物品定义的局限性,诞生了准公共物品的概念。所以准公共物品是一个区间概念,只要在公共物品和私人物品这两点之间变化的物品都是准公共物品,呈现出"动态"变化特征(如图3-1所示)。

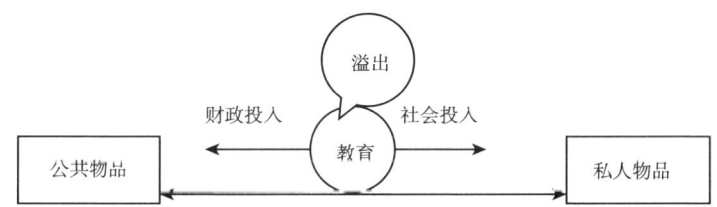

图3-1 教育作为准公共物品在公共物品和私人物品之间动态变化示意图

---

①② 厉以宁:《股份制与现代市场经济》,江苏人民出版社,1994,第144~145页。
③ Malkin, Wildavsky, "Public Goods: An Ideal Concept," *Journal of Socio Economics*, Vol. 28 (1999): 139~156.
④ Enke, S., "More on the Misuse of Mathematics in Economics: A Rejoinder," *Review of Economics and Statistics*, Vol. 37 (1975): 131-133.

再次，对于"动态"特征的准公共物品，美国经济学家布坎南（Buchanan，1968）这样描述，"有趣的是这样的物品和服务，它们的消费包含着某些公共性，在那里，适度的分享团体多于一个人或一家人，但小于一个无限的数目，公共的范围是有限的"[1]。与公共物品相比，准公共物品有其自身特点：第一，从外部性的角度看，公共物品的外部性本身即为其主效用，而准公共物品的外部性则为副产品，并非其供给目的；第二，对于许多准公共产品来说，当需求和供给量在某临界点前，表现出纯公共产品特性，而达到或超过临界点后，则表现出很强的排他性或竞争性；第三，由于排他性或竞争性，准公共物品有营利的可能，因此能够在一定程度上通过市场进行供给，并且可能表现出垄断甚至是自然垄断的特点。[2] 中国学者王善迈认为：一方面，高等教育服务在消费上具有竞争性，在既定的高等教育机会下，一个人受了高等教育就减少了他人受高等教育的机会，或者说，在既定的高等教育投入下，增加一个人高等教育的消费其边际成本为正。另一方面，高等教育服务在消费上具有一定的排他性。高等教育消费的非整体性，使其消费在技术上易于分割（如招生指标确定、考试筛选、交纳学费），可将一部分人排除在高等教育消费之外。但是排除社会成本过高，因为高等教育不仅使受教育者受益，而且有巨大的正的外部效益，如可以推动经济增长，改善收入分配的不公平，可使社会物质与精神文明大大增进，等等。[3] 因此，高等教育既不是在消费上具有完全竞争性和排他性的私人物品，也不是在消费上完全不具有竞争性和排他性的公共产品，它兼有私人物品和公共物品的成分，属于准公共物品。[4]

综上所述，按照公共物品理论，高等教育服务属于准公共物品；基于公共选择理论，高等教育受到"政治市场"和"经济市场"的双重影响。综合公共物品理论中准公共物品的概念辨析和公共选择理论的内涵，高等教育是"公共选择"和"市场选择"共同作用下动态变化的准公共产品。变化的区间在公共物

---

[1] Buchanan James M., "An Economic Theory of Clubs", in B. Russet. *Economic Theories of International Politics* (Chicago: Markham Publishing Co., 1968).

[2] 王茜、万青：《准公共物品私人参与与供给下的社会收益及政府政策有效性研究》，《经济科学》2009年第6期，第71~78页。

[3] 王善迈：《论高等教育的学费》，《北京师范大学学报（人文社会科学版）》2000年第6期，第24~29页。

[4] 王善迈：《市场经济中的教育资源配置》，《方法》1996年第3期。

品和私人物品之间。

(二) 高等教育准公共物品属性决定高等教育存在社会投入成分

高等教育社会投入的性质是高等教育社会投入政策制定、实施与管理的首要问题，它决定着社会投入的机制、来源和比重等。高等教育社会投入的性质取决于市场经济中高等教育的性质。准公共物品的上述特性，决定其供给机制同公共物品相比有很大的区别。根据曾康霖等人（2008）的研究，准公共物品的供给者仍以政府为主，但是私人企业有动力参与到准公共物品的供给中。[1] 高等学校提供的是一种高等教育服务（这里把高等学校的科学研究和其他社会服务抽象掉），其直接产出是学生的知识、能力的增进，思想品德修养的提高，或者是人力资本的形成，这种直接产出是教师与学生共同劳动的结果，就学校和教师而言，为学生提供的仅仅是教育服务。[2]

高等教育作为一种准公共物品的提供，高等教育社会投入从性质来说应是准公共物品的收费，由此，高等教育的政府财政投入、社会投入都只是高等教育成本的一部分，每部分投入都不应等于成本，更不应高于成本。高等教育一方面需要政府的大力投入和社会的积极支持，从这一点看，必须强调高等教育所具有的公益性；另一方面又需要通过市场渠道吸引必要的个人资源，这就无法完全排斥高等教育活动中的某种营利行为，就需要转变那种要求高等教育必须是纯之又纯的公益性事业，因而不容许高等学校有任何营利性活动、不容许任何营利性高等学校存在的观念。但对于高等教育领域中的某种营利性又不能不给予一定限制，应努力形成更普遍、更合理的政府、社会与个人三者分担高等教育成本的机制，使高等教育作为一种准公共物品的特性得到更普遍的体现。[3] 事实上，目前许多国家的个人、企业已经开始对准公共物品进行投资，一些企业甚至自己办高等教育，许多企业大学已经成为高等教育的知名组织，如美国的摩托罗拉大学、惠普商学院、中国的海尔大学等，虽然在中国尚未把企业入学纳入学历教育体系，但

---

[1] 曾康霖：《公共品研究要有新视角》，《经济学动态》2008 年第 4 期。
[2] 王善迈：《市场经济中的教育资源配置》，《方法》1996 年第 3 期。
[3] 冒荣：《高等教育产业化的论争与启迪》，《中国统计》2001 年第 9 期，第 27～29 页。

从高级专门人才培养的角度看，这些企业大学已经成为弥补当前学历教育空白的有效形式。而且，有学者认为在未来的终身教育和职业教育发展中，企业大学比重将超过传统的大学。这是高等教育社会投入在未来可能依然不断增长的又一个信号。

但是，"不同国家对公共物品的界定标准也有不同，例如教育在高福利国家从小学到大学可能都是免费的，而在其他国家则可能只实行从小学到初中的义务教育，说明教育的公共物品特性是因国家而异的"[①]。然而，从世界范围的大多数国家来看，绝大多数国家还无法达到把高等教育当成福利免费供给的条件，即便是当前的高等教育财政投入均超过总投入95%的北欧国家，其高等教育社会投入也有逐步活跃的趋势，因为，在世界经济一体化的发展趋势中，很难有哪一个国家完全不受周期性经济危机的影响。同时，高等教育多元化发展是必然趋势，社会投入由高等教育物品属性所决定的，很难从根源上"回避"。

值得强调的是，由于高等教育外部性的存在，不管高等教育社会投入的比重有多高，即便是超过了财政投入，个人、企业参与准公共物品的供给，仍需要政府政策的引导和支持。政府政策的效果不仅影响着社会个人、企业参与的积极性，也影响着社会的公共收益。因此，对个人、企业参与准公共物品供给条件下的政府政策进行分析，有着重要的现实意义。

（三）高等教育社会投入是高等教育作为准公共物品供给与消费的动态指标

高等教育社会投入是高等教育作为准公共物品供给与消费的一个动态指标，是具体某一时期内高等教育供给与消费状况的重要反映。高等教育是一种准公共产品，它的外部溢出性构成政府提供高等教育公共支出的合法性基础，高等教育的公共支出程度取决于政府的公共政策态度及公共财政能力。当政府有财力并愿意支付高等教育时，高等教育无比趋近于公共物品，当政府财力不足不得不由私人支付高等教育时，高等教育无比趋近于私人物品。例如，在北欧的瑞典、丹麦、挪威、芬兰和冰岛这样的福利型国家，高等教育就是由国家提供的公共物品，但在绝大多数国家，包括发达国家和发展中国家，高等教育都是由政府、社

---

① 荣朝和：《简明市场经济学》，高等教育出版社，1998，第135页。

会共同提供的准公共物品。高等教育社会投入的比重恰好可以反映供给和消费的动态变化。

有学者在静态分析框架下形成了关于高等教育物品属性的两种主要观点。观点一：较为前期的研究者如王善迈、厉以宁认为教育随其投入主体身份和经费负担方式不同而具有不同的产品属性，如义务教育属于公共产品，非义务教育属于准公共产品[①]；或由政府提供的义务阶段教育具有公共产品性质，而由私人提供的义务阶段教育则具有私人产品性质[②]。观点二：较为后期的研究者如袁连生则注意到前期研究者在理论与实践中的缺陷，明确地提出应将教育不分层次、不分类别地一律界定为准公共产品[③]，这与国外布坎南等著名学者的意见一致。龚怡祖（2005）认为，教育的准公共物品属性是由其消费特征决定的，因为教育的产品属性是由其消费特征而不是由其生产方式或供给方式决定的，教育的准公共产品属性意味着教育在消费中具有部分的竞争性和排他性，即教育既具有消费的竞争性和排他性，又具有一定的非竞争性和非排他性。而且这一属性是内在的、稳定的、一贯的，并不因教育的层次、类别、形式不同而发生改变。[④] 深入研究，这两种观点都各有不足，观点一无法解释高等教育由私人提供时仍有明显的公共物品属性的存在，观点二则无法解释一些国家（如北欧）存在高等教育是公共物品的现实。综上所述，其根本原因就是把高等教育、准公共产品放在一个静态的分析框架下所致，但大量的事实和研究表明，公共物品是一个动态的概念。例如，灯塔曾被经济学家认为是经典的公共物品，认为必须由政府提供而不是由私人提供的物品的一个例子。当科斯发现英国灯塔是由私人建造并经营时，灯塔就成为公共物品可以由私人企业提供的有力佐证。又如，美国经济学家肯尼斯·戈尔丁（Kneenth. D. Goldin，1968）认为，技术在决定一种物品的公共

[①] 王善迈：《社会主义市场经济条件下的教育资源配置方式》，《教育与经济》1997 年第 3 期，第 1~6 页。
[②] 厉以宁：《关于教育产品的性质和对教育的经营》，《教育发展研究》1999 年第 10 期，第 9~14 页。
[③] 袁连生：《论教育的产品属性、学校的市场化运作及教育市场化》，《教育与经济》2003 年第 1 期，第 11~15 页。
[④] 龚怡祖：《教育的产品属性和教育产品的消费与供给机制》，《中国农业教育》2005 年第 5 期，第 12~15 页。

性或私有方面起着重大的作用,它像助推器一样推动着公共物品与私人物品之间的边界处于一个不断动态变化的过程。再如,德国经济学家瓦格纳认为,经济发展阶段决定并影响公共物品供给主体、规模和范围的动态化,财政支出会随经济社会发展不断增长,即著名的"瓦格纳法则"。准公共物品的静态分析显然与此相悖,很难从根本上把握高等教育作为准公共物品的内在机理与变化路径。

可见,高等教育作为准公共物品是一个动态的概念,或者说相对概念,具有时空变化的特性,并非一成不变。同时,高等教育准公共物品的特性是由供给和消费两方面特征共同决定。这是由公共物品和私人物品边界的模糊性、不确定性决定的。从时间上看,公共物品是一个历史的范畴,具有阶段性的特征。在不同的经济发展阶段、不同的国家或地区、不同的社会文化背景下,公共物品的内容和特性会发生相应转变,公共物品和私人物品在一定条件下甚至可以互相转换。[①] 根据科斯定理,如果交易成本为零,产权能够明确划分,通过私有化也可以使外部性内化,而达到帕累托最优。[②] 因此,在当前把高等教育作为准公共物品的国家,正确判断本国高等教育处在公共物品和私人物品之间的什么位置尤为重要,这决定着政府高等教育财政政策的制定和实施效果,左右着本国高等教育的发展方向和健康程度。

二、基于公共支出增长理论分析

高等教育投入一般由财政投入和社会投入两大部分构成。财政投入来自政府公共支出,社会投入一般来自学生的学杂费和企业或个人的捐赠、高校服务收入等。随着社会经济发展的不断提升,对人才的需求也不断增长,素质要求也越来越高,高等教育投入的绝对量和占 GDP 比重的相对量都呈总体上升趋势。高等教育作为准公共产品,不管是财政投入还是社会投入都存在着公益性,高等教育的外部性并不会因为投入主体或者投入结构而改变。高等教育投入中的两大部分

[①] 楚永生、张宪昌:《公共物品供给的动态化视角研究》,《现代经济探讨》2005 年第 3 期,第 18~21 页。

[②] Coase, R. H. "The Problem of Social Cost," *Journal of Law and Economics*, No. 3 (1960): 1~44.

的比重一直进行着"你增我减"的"零和游戏"①,特别是在财政紧缩时期,政府的高等教育公共支出减少都基本由社会投入来消化,而且也必须由社会投入来消化,否则就会产生社会冲突(如英国)。所以,从高等教育财政支出的变化情况可以反观高等教育社会投入的变化情况。数据显示,很多国家的高等教育社会投入的绝对量和占GDP比重的相对量都随着经济的增长、高等教育投入总量的增长而增加(见第一章分析),根据公共支出增长理论中比较有代表性的观点分析,可以分别解释如下:

(一)基于"瓦格纳法则"的分析

19世纪德国社会政策学派的代表人物、著名的财税学家阿道夫·瓦格纳(Adolf Wagner,1835~1917)在对19世纪部分欧洲国家、美国和日本等国家公共支出资料进行实证分析的基础上得出了著名的"瓦格纳法则"(又称"公共支出不断增长法则"或"政府活动扩张法则"):政府的支出与其经济成长间,也就是政府职能的扩大与国家所得的增加之间存在一种函数关系,即当国民收入增长时,财政支出会以更大比例增长。随着人均收入水平的提高,政府支出占GNP的比重将会提高,这就是财政支出的相对增长。原因是:第一,市场失灵和外部性的存在需要政府的活动增加;第二,政府对经济活动的干预以及从事的生产性活动,也会随着经济的工业化而不断扩大;第三,城市化以及高居住密度会导致外部性和拥挤现象,这些都需要政府出面进行干预和管制。例如,教育、娱乐、文化、保健以及福利服务的需求收入弹性较大,要求政府在这些方面增加支出。这就是说,随着人均收入的增加,人们对上述服务的需求增加得更快,政府要为此增加支出(如图3-2所示)。

在政府财政紧缩和财政支出需求不断增长的情况下,高等教育很容易成为削减财政支出的首选部门。一方面,教育部门与其他公共部门相比,如基础设施、医疗、养老、国防等部门,收益缓慢,政府在追求快速发展的格局中,很难不首先削减见效慢部门的支出;另一方面,在教育部门内部,高等教育和基础教育相

---

① D. B. 约翰斯通:《高等教育财政:问题与出路》,沈红、李红桃译,人民教育出版社,2004,第347~355页。

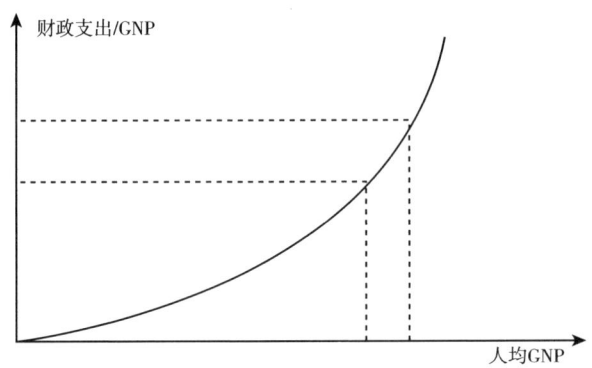

图 3-2 瓦格纳原则中的公共支出增长曲线

比公共性不及后者强,很容易排在削减经费的前列。因此,高等教育作为教育这一公共部门中的准公共物品,本应随着公共支出的增长而获得相应的增长份额;但由于高等教育与其他公共部门的物品(如军事、医疗等)或教育部门内部的其他物品(如基础教育等)相比,不如后者更接近公共产品,或者说相对后者而言高等教育更趋于私人物品,所以,高等教育在争取公共支出经费的时候,与更接近公共物品的其他物品相比处于劣势,在财政充盈时期并不会获得公共支出的优先支持,但在财政紧缩时期会被放在裁减的首选对象行列。尽管世界各国都把发展高等教育当成振兴经济、增加人力资本的重要有效渠道,但在公共支出面前,特别是财政紧缩时期,也不得不向高等教育"开刀",以保证其他更重要的公共物品的供应。例如,英国在 2008 年的世界经济危机中受到了较大影响,2008 年和 2009 年 GDP 出现了负增长(2006 年 2.6%、2007 年 3.5%、2008 年 -1.1%、2009 年 -4.4%,如表 3-1 所示);教育公共支出中高等教育财政投入因此消减了一半,从 2006 年占 GDP 的 0.8%,下降到 2007 年的 0.4%,2008 年、2009 年两年继续维持在 GDP 的 0.4% 水平;高等教育社会投入快速增长,从 2006 年占 GDP 的 0.4% 分别增长到 2007 年的 0.8%、2008 年的 0.7% 和 2009 年的 0.9%;但 2006~2009 年期间,英国的军事投入占 GDP 比重、公共医疗卫生事业占 GDP 比重并没有因经济危机下降,一直维持在平稳的水平,甚至还略有增长。到 2010 年、2011 年,英国 GDP 增长率出现上涨的情况下,高等教育财政投入并没有因此而获得相应的增长,更没有重新增长到经济危机前的比重(如图 3-3 所示)。

表 3-1　英国经济发展、财政收支与教育支出变化情况（2006~2010 年）

年份	GDP增长率（年百分比）	人均GDP（现价美元）	人均GNI①（美元）	财政支出占GDP（%）	军费支出占GDP（%）	公共医疗卫生支出占GDP（%）	教育财政投入占GDP（%）	高等教育财政投入占GDP（%）	高等教育社会投入占GDP（%）
2006	2.6	40342	35210	40.2	2.4	6.9	5.5	0.8	0.4
2007	3.5	46123	36230	39.9	2.3	6.8	5.5	0.4	0.8
2008	-1.1	42935	36670	43.2	2.5	7.3	5.4	0.4	0.7
2009	-4.4	35129	34960	46.3	2.7	8.2	5.6	0.4	0.9
2010	2.1	36186	35860	45.7	2.6	8.1	—	—	—
2011	0.7	38818	35940	—	2.6	—	—	—	—

注①：GDI：购买力平价。

资料来源：GDP 增长率、人均 GDP、人均 GNI、财政支出占 GDP 比重、军费支出占 GDP 比重、公共医疗卫生支出占 GDP 比重、教育财政投入占 GDP 比重等指标来自世界银行相关统计数据，高等教育财政投入占 GDP 比重、高等教育社会投入占 GDP 比重来自《教育概览：OECD 指标》（2008~2012 年）相关统计数据。"—"表示从上述两个数据来源中未统计数据。

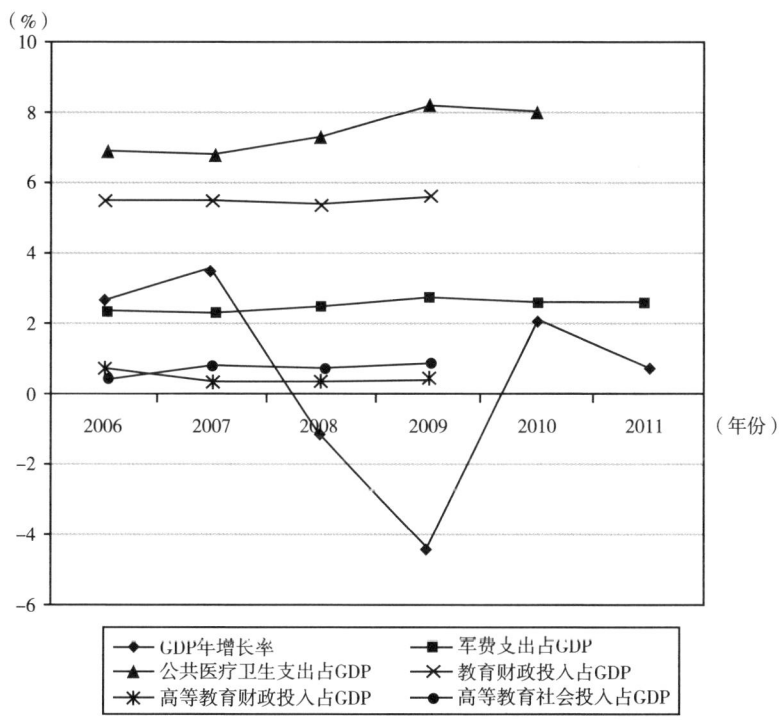

图 3-3　英国 GDP 增长与各项公共支出变化情况（2006~2011 年）

2010年,英国政府同意高等教育学费从3000英镑提升至9000英镑的议案,英国高校学费占人均收入的19.5%(以2009年英国人均可支配收入28350美元、1英镑=1.63美元测算),当时引发了大规模学潮,并有持续产生各种民间抗议活动。[1]

基于上述分析,本研究推测:在整个公共支出不断增长的过程中,高等教育获得的公共支出理应随公共支出增长一起协同增长,但由于高等教育准公共物品的特殊性,它在准公共物品的序列中,较教育部门中的其他物品(如基础教育)以及其他公共部门的物品(如军事、医疗)更趋近于私人物品,所以,在高等教育投入需求增长和财政投入比重下降或者不稳定的情况下,并不会得到稳定的公共支出保障,公共支出削减的份额往往转移到私人部分,即由社会投入"买单",也不得不"买单"。高等教育部门必然要挖掘更稳定的来源,高等教育社会投入增长成为必然趋势。

(二)基于马斯格雷夫与罗托斯的"公共支出发展阶段论"分析

20世纪最主要的政治经济学家之一,全球著名的现代财政学(公共经济学)家马斯格雷夫(Richard Abel Musgrave,1910~2007)与美国经济史学家、发展经济学先驱之一罗斯托(Walt Whitman Rostow,1916~2003)在20世纪50年代提出了经济成长阶段论,用以解释公共支出增长的原因。他们认为经济成长分为五个阶段:传统阶段、为起飞创造前提阶段、起飞阶段、成熟阶段、高额消费阶段。在经济发展的早期,公共部门要为经济发展提供社会基础设施,政府投资在总投资中占有较高的比重;在经济发展的中期,私人投资比重上涨,政府投资比重下降;在经济发展的成熟阶段,要求政府提高高质量的社会服务,政府投资相对又上升,公共支出的重点将从基础设施转向增加教育、保健与福利服务的支出。

"公共支出发展阶段论"解释了政府在公共物品支出上的动态发展的形态。一方面,教育公共支出是财政公共支出的重要部分,必然受到财政公共支出的影

---

[1] 刘红宇:《我国和OECD高等教育社会投入比较研究(1998—2008)——五组教育指标的比较分析》,《教育发展研究》2011年第9期,第19~24页。

响。另一方面，根据教育的外部关系规律："教育要与社会的发展相适应"，教育作为社会系统中的子系统，它与经济子系统、政治子系统、文化子系统等存在着不可分割的必然联系与关系，教育受到其他子系统和诸多因素的制约。[①] 因此，本研究推断：高等教育投入受到公共支出发展阶段的影响，高等教育社会投入因为高等教育财政投入受公共支出发展阶段的影响而呈现相应的阶段性特征。具体而言，教育作为准公共物品，在大部分国家是财政支出和社会支出共同分担，在经济达到一定程度，公民对教育形成基本需求并且政府具有支付能力的时候，就会变成公共产品。例如义务教育，一些国家是9年，一些国家是12年，甚至有些国家（如北欧国家）从幼儿园到大学都是义务教育，由国家买单。当国家支付的经费比重越高，在稳定的教育支出阶段，社会承受的教育经费支出就会减少。对高等教育而言，高等教育社会投入与它所处的高等教育发展阶段、所处的地域等密切相关。例如，我国自中华人民共和国成立到改革开放初期，社会经济发展处在原始积累阶段，国家必须投入资金举办高等教育带动整个社会的发展，所以国家财政投入占绝大部分比重，不仅免收学费而且还有学生补贴发放；到20世纪90年代前后，社会经济得到了较好的发展，高等教育财政政策开始改革，至今高等教育财政投入占高等教育总投入的比重总体呈下降趋势，而高等教育社会投入比重则不断上涨，学生学杂费也一直明显增长。当前，中国进入了高等教育"大众化"后期，社会投入已经成为与财政投入"平分秋色"的重要角色。实践证明，高等教育社会投入发展具有明显的阶段发展特征。

三、基于高等教育成本分担理论分析

高等教育服务属于准公共物品，政府与消费者（受教育者和其他受益者）应共同负担其成本，受教育者直接负担的形式是学费，其他受益者如企业等直接负担的形式就是教育的各种投入，这就是美国教育经济学家 D. B. 约翰斯通 1986 年提出的"成本分担理论"。

[①] 潘懋元：《新编高等教育学》，北京师范大学出版社，2009，第12页。

20世纪60年代以前,经济学家们已经意识到,测算经济增长中各种生产要素的增长,在国民收入与物质资本和劳动量这两个因素之间,总有一个"余数"无法解释。为此,人力资本理论创始人、诺贝尔经济学奖得主舒尔茨对美国1929~1957年的经济增长因素作了系统分析。舒尔茨证明了这个"余数"的存在,并进一步论证发现,这个"余数"的70%应归因于劳动者受教育的程度。这部分收入是因为提高了劳动力质量而获得的。他认为,美国当时国民收入增长中有33%归功于教育(Schultz,1960、1990)。① 五六十年代,在人力资本理论的影响下,一些西方国家开始普遍推行免费高等教育,高等教育经费因此迅速增长。但这种高速发展的后果是许多国家普遍感到财力不堪重负,并且阻碍了高等教育规模的扩张,加剧了高等教育供需之间的矛盾。特别是70年代世界性石油危机发生后,各国财政状况的恶化带来了公共教育经费的大幅消减。在这种背景下,急需一种新的理论来解释国家的高等教育财政政策,解决国家有限的财力与人们接受高等教育需求日益扩大之间的矛盾。② 随着人们对人力资本理论研究的深入,发现投资于教育不仅对社会和国家有很大收益,而且对个人而言收益更直接。

1986年D. B. 约翰斯通提出高等教育成本分担理论,他认为,在21世纪初,社会对高等教育的需求强烈。然而,高等教育又是一项很花钱的事业,同时,高等教育在政府公共财政投入的竞争中不处于优势,大多数国家的高等教育系统经费日益紧缺,高等教育成本必须由来自政府或纳税人、家长、学生、捐赠个人或团体四方分担③,即高等教育要向受教育者收费。按D. B. 约翰斯通的观点,在非义务教育阶段,由于接受高等教育的人和没有接受高等教育的人在劳动力市场的境遇是不一样的,预期收入和社会地位也不同。所以这一阶段的教育根据"谁受益谁分担"的原则,理应收费。④

一般而言,实行市场经济体制的国家,实行教育成本分担的最主要的理论依

---

① 方凡泉:《中国高等教育成本分担的政策选择》,《高教探索》2003年第3期,第11~16页。
② 叶欣茹:《中国高等教育社会投入需求预测》,华中科技大学博士学位论文,2005。
③ D. B. 约翰斯通:《高等教育财政:问题与出路》,沈红、李红桃译,人民教育出版社,2004,第171~172页。
④ 陈运超、沈红:《高等教育财政与管理:世界改革现状报告》,《高等教育研究》1999年第6期。

据有两条,一是利益获得原则,二是能力支付原则。所谓利益获得原则,是指为了有效地分担教育成本,使成本负担合乎教育公平的原则,教育成本的支付应与收益相配合,收益多的人应分担较多的成本,收益少的人分担较少的成本。因而政府、企业与个人在负担教育成本时应依据各自的收益来决定,同时不同的个人在负担教育成本时也应依据收益而定。所谓能力支付原则,是指所有从教育中获得好处和利益的人(无论是直接的还是间接的)都应按其支付能力大小支付教育成本,能力越大,支付越多;能力越小,支付越少。因为依据边际效用递减的规律,能力大的人,其超额财富的效用较低,这样,富有者多支付教育成本是公平的。而且一定的支付能力既是对国民收入的占有,也决定了负担教育投资的可能。[①]

这两条原则密切联系,缺一不可。中国实行社会主义市场经济体制,高等教育成果为社会各方共享的同时,高等教育成本理应由获益各方共同承担。第一条原则是集中体现了市场经济中等价交换的原则,也是成本分担的基础原则,国家、社会、企业和个人等获益各方均应分担相应的教育成本。在利益获得原则基础上,综合考虑文化、经济、区域差异和个人特点等诸多因素的制约,尽可能充分考虑人们的支付能力,实行能力支付原则,才能使高等教育收益最大化。如果仅仅按第一条原则行事,那就必然使社会弱势群体更多地丧失接受高等教育的机会,这不仅损害了这些个人的利益,而且也损害了整个社会的利益(例如一些智力出众而贫困的学生),同时拉大了个人之间的差距。相反,如果考虑人们支付能力的大小,适当减轻支付能力较弱者的负担(如国家提供助学贷款、减免这部分人的学费等),而让支付能力较强者承担更多的社会责任,那么,就会提供更多的受教育学额,从而不仅对他们个人有利,而且由于高学历的人越来越多,未来支付教育经费能力较强者的队伍越庞大,既有助于推动整个社会经济、科学技术的发展,又扩充了高教经费的源泉。[②]

高等教育成本分担理论已经成为各国制定高等教育收费与投入政策的主要依

[①] 范先佐、周文良:《论教育成本的分担与补偿》,《华中师范大学学报(人文社会科学版)》1998年第1期,第21~29页。

[②] 叶欣茹:《中国高等教育社会投入需求预测》,华中科技大学博士学位论文,2005。

据，不仅很大程度上解决了高等教育需求不断增长与资源相对短缺之间的矛盾，而且提高了教育经费的有效使用率并兼顾了教育公平。但是成本分担理论并没有明确政府、社会、个人或家庭各应该分担多少比重，这可以说是该理论有待深化的地方。但是，从高等教育准公共产品的属性看，这一动态变化的概念很难用固定的数据分担比重来描述受益各方的责任。成本分担解释的是政府、社会、个人和家庭应共同分担，其目的并非明确各出多少的问题，而是营造一个良好的高等教育发展环境，所以在研究取向上一味地追求具体的分摊数字，是不尽科学的。"准"就是见仁见智了，日韩的"私人高"、美国的"三高"、北欧的"政府高"都是符合各国情况的，都确确实实促进了本国高等教育的发展。即使不存在固定的分担数据比重，我们也可以从中总结出一些基本规律并获得启示。

四、高等教育规模扩张与制度保障之间的关系理论

马丁·特罗在提出高等教育"大众化"理论之后，进一步分析了美国和欧洲的高等教育大众化发展经验，提出了高等教育规模扩张与制度保障之间的关系理论。这一理论认为：高等教育规模扩张和入学机会扩大是社会发展的必然趋势；从精英到大众再到普及是高等教育发展的必经之路。各个国家要面对的不仅仅是实现高等教育毛入学率的增长，还要从制度环境的改革与构建上适应高等教育规模扩张的发展趋势。[①] 特罗认为，规模扩张与制度变革之间的关系理论可以进一步分解为四个命题[②]：（1）随着高等教育规模的扩大，到达某一临界值后，必然要求高等教育结构和制度做出适应性调整，换而言之，"精英""大众""普及"各阶段的高等教育结构和制度均不相同。（2）学生规模的扩张必然要求高等教育的多样化发展，仅靠公立或者私立大学无法持续支撑规模扩张的需要。（3）只有通过高等教育结构的分化，才能满足高等教育多样化的需求。（4）有

---

① Trow M., Problems in the Transsition from Elite to Mass Higher Educaiton, BURRAGEM, *Twentieth-Centrury Higher Educatioon*: *Elite to Mass to Universal* (Baltimore: John Hopkins University Press, 2010), pp. 88~142.

② 阎凤桥：《高等教育规模可持续扩张的制度保障——〈二十一世纪的高等教育：从精英到大众再到普及〉读后感》，《高等教育研究》2011年第9期，第6~13页。

效的结构分化,只有通过分散管理和学校办学自主权为特征的市场机制来加以实现,集中管理的科层体制不利于实现系统分化目标。①

高等教育投入的模式和结构是高等教育制度和结构的集中反映。美国的"高财政投入、高学费、高资助"与英国、法国、德国等西欧国家的"政府投资为主,私人投入为辅"形成了鲜明的对比,这是美国高等教育分权制、大学自治、市场竞争机制与英国、法国、德国等西欧国家的中央集权制显著差异的集中体现。特罗在高等教育大众化进程的早期就预判:任何国家都不可能采用精英教育的方式实现大众教育的目标。事实证明,美国的制度模式使美国高等教育发展顺利地从精英到大众再到普及,连续两个30年的快速持续发展,使美国成为世界上第一个进入高等教育大众化和普及化的国家。1911年美国高等教育毛入学率仅为6%,1941年就升为18%,1970年达到49.4%,之后一直飙升,1995年已达81.1%。② 这与美国高等教育"三高"投入模式所提供的充足经费密切相关,其中社会投入做出了重要的贡献。与美国持续增长的形态相比,西欧国家可以说是呈现出波段式滞后发展形态。正是因为西欧国家集权制的教育制度,在高等教育投入上一直以来以"政府投入为主",高等教育结构上以公立院校为主,高等教育发展方式较之美国相对单一,所以面对高等教育规模的扩张,主要依靠政府的力量是明显"后劲不足"。在1960~1975年,西欧国家经历了一个快速发展期,英国、法国、德国的高等教育毛入学率分别由8.5%、9.9%、7.0%增长到18.9%、24.4%、24.5%,③ 1970年左右基本实现了高等教育大众化,比美国晚了整整30年。之后出现了断断续续的停滞,英国甚至还出现了毛入学率下降,直到20世纪90年代后期,毛入学率才上升到50%左右,基本迈进普及阶段,历时25~30年。

特罗认为,只有通过高等教育的多样化供给,才能满足多样化发展的需求,

---

① Trow M., Federalism in American Higher Education, BURRAGEM, *Twentieth - Centrury Higher Educatioon: Elite to Mass to Universal* (Baltimore: John Hopkins University Press, 2010), pp. 177~207.

② 数据来源:1911年、1941年数据来自《2000年中国教育绿皮书》,1970年数据来自《联合国教科文组织统计年鉴(1985)》,1995年数据来自联合国教科文组织《世界教育报告(1998)》的相关统计数据计算所得。

③ 联合国教科文组织:《联合国教科文组织统计年鉴(1985)》,http://www.unesco.org/new/zh/unesco/resources/publications/unesdoc - database/。

多样化供给的形成必定历经一个系统分化的过程,分化过程只有在市场竞争体制下才可能有效完成。换而言之,仅依靠政府投入是无法实现多样化发展的,也无法保证规模的持续扩张,高等教育社会投入必须进入高等教育投入的领域,并且是以"主角"的方式参加市场竞争,才能有效促进高等教育规模扩张的持续发展,才能形成适应从精英到大众再到普及的制度改革需要。回避、抑制或者忽视任何一种可以促进高等教育发展的力量,不管是来自政府、社会、家庭还是个人,都不利于高等教育的发展。

第二节 高等教育社会投入增长的客观必然

一、社会发展对高等教育的多样化需求不断增长

第二次世界大战后,世界各国的生产社会化进程日益加快,各个国家、各个地区、各个行业,甚至各个企业,对人才都有各自的特殊要求。在经历了工业革命、科技革命、信息革命,社会分工越发精细,产业结构调整、升级的速度大大加快的形势下,多样化成为经济活动鲜明的特点。多样化的经济活动,需要多样化的人才队伍作为支撑,否则社会就会失去持续发展的动力。而教育的多样化又与教育成本的分担密不可分。这是因为在一定社会经济形态下,投资所有权不仅可以决定投资的性质,而且往往影响到教育事业的特点的形成和发展。[①] 如果高等教育全部由政府"买单",必然受到政府意志的全面影响,教育的多样化也就失去了发展的空间和生存的土壤。相反地,如果由社会个人、团体、企业等社会力量办学,部分或全部参与高等教育投入,那么,投入者将获得一定的办学权力,可以根据自身的需要,设置培养目标、课程体系等,进而实现人才培养的多样化。例如,美国、韩国等发达国家就有许多企业大学、集团大学,各大企业、

---

① 范先佐、周文良:《论教育成本的分担与补偿》,《华中师范大学学报(人文社会科学版)》1998年第1期,第21~29页。

集团优先根据自己的人才需求培养各种人才，政府对其进行基本的秩序、运营等方面监管，甚至适当予以资金补助。事实说明，经济活动的多样化有赖于人才培养的多样化，人才培养的多样化需要以高等教育的多样化为基础，而高等教育的多样化客观上需要实行教育投入的多样化。

二、政府财政支付能力与高等教育投入需求之间存在差距

由于高等教育本身的特征，高等教育的资金需求相对巨大。高等教育需求的日益膨胀，使许多国家的高等教育系统面临严重的财政制约。政府支付能力下降与经费需求的剧增形成的鸿沟，使经费短缺成为高等教育发展的"瓶颈"。基于此，许多国家的高等教育系统除了继续谋求政府方面最大限度的投资之外，都在竭力开拓政府投入以外的经费来源渠道，以弥补高等教育发展的经费不足。高等教育社会投入因此成为高等教育继续发展的重要来源，收取或增收学费，寻求捐赠、合作收入等，成为弥补政府投入不足的必然选择。比如说，中国高等教育经费来源从20世纪70年代末的全部由国家财政负担逐步过渡到今天的以国家财政性教育经费为主，包括学杂费收入的各种渠道并举的高等教育经费来源多元化局面。统计资料显示，1996年，国家财政性教育经费在高等教育经费总来源中占78.7%，在财政性经费以外的来源中，学杂费收入的比重最大，达到了14.4%；到2009年，国家财政性教育经费在高等教育经费总来源中仅占47.4%，学杂费收入的比重最大，达到了33.9%。[①] 显而易见，高等教育社会投入已经成为高等教育资金的重要来源，甚至超越了财政投入比重，成为资金的最大来源。也正是得益于社会投入的强大支持，中国高等教育的规模从90年代中后期开始直线上升，2010年毛入学率已经达到25%，进入"大众化"阶段，并继续迈向"普及化"阶段。

三、人口增长和终身教育理念"催化"高等教育社会投入发展

在社会快速发展的阶段，除了国家的人才战略会直接带来高等教育规模的扩

[①] 教育部财务司、国家统计局社会和科技统计司：《中国教育经费统计年鉴》，中国统计出版社，1998～2011。

张外，人口增长也会带来高等教育的刚性需求，适龄人口的增长促使高等教育规模膨胀成为可能。当前，世界高等教育发展的一个显著特点就是规模扩张。规模扩张必然带来高等教育投入需求的大量增长，规模扩张的过程，就是投入增长的过程。第二次世界大战后，世界高等教育出现过两次全球性的规模扩张，第一次1945年到1970年，发达国家的战后重建和亚非拉国家摆脱殖民地统治都不约而同地把国家发展战略重点放在教育上，高等教育又是教育战略和人才战略中的重点，与国家的核心竞争力密切联系在一起。第二次世界大战后，美国出现了空前的"婴儿潮"。1945年第二次世界大战结束后，大批军人返回美国，1946年成为美国"婴儿潮"的开始，当年美国出生婴儿高达340万个。之后"婴儿潮"延续了18年，到1964年，"婴儿潮"期间有7590多万婴儿出生，此人口约占美国目前总人口的三分之一。1964~1982年，婴儿潮人口成长到高等教育入学年龄，因此，美国的高等教育的适龄人口空前膨胀。美国的经济社会发展对人才的需求特点，也逐渐地从工业革命时期需要大量的高级技术工人，发展为科技革命时期需要大量的高水平科学技术人才，美国高等教育的"大众化""普及化"发展阶段因此得到了加速推进，从第二次世界大战后到20世纪80年代末的40余年里基本实现了高等教育的"普及化"。在这一时期，美国的高等教育社会投入持续增长，不仅高等教育支出的家庭投入份额逐步增长，许多企业开始创办企业大学，而且个人给高等教育捐赠也越来越普遍。此外，终身教育理念的传播，也会促使高等教育的受教育群体扩大，从一般的适龄人口18~25岁组，扩大到18~65岁，甚至没有年龄上限。国家在无法承受高额的高等教育投入时，高等教育社会投入增长成为必然。例如韩国，在终身教育理念影响下，社会大众"掏钱上大学"，并一直延续至今。

四、高等教育必须寻求新的发展路径来摆脱受周期性经济危机影响的财政拨款的限制

资本市场下的经济周期性波动使高等教育不得不寻找可靠的、稳定的经济来源，尽可能地摆脱受周期性经济危机直接影响的财政拨款限制。

第三节 高等教育社会投入发展的现实基础

高等教育社会投入发展的现实基础主要表现在：一是市场经济的发展使诸多社会组织、个人实现了资本积累，为高等教育社会投入提供了重要的经济基础。第二次世界大战后的世界格局进入了一个相对稳定的长期发展阶段，1945年至今70年来，世界经济在相对和平安定的环境下取得较快发展。二是公民人均收入提高使个人和家庭支付高等教育消费成为可能。三是成本分担理论在诸多国家得到较为广泛的认可与采纳，形成了较好的政策基础。

第四节 小结和推测

高等教育社会投入是由高等教育的准公共物品属性决定的，不管是从供给，还是从消费的角度分析，高等教育社会投入都必然存在。当然，高等教育作为准公共物品是一个动态的概念，或者说相对概念，具有时空变化的特性，并非一成不变。如果把高等教育看成一个有时空限制的概念，高等教育并不绝对是准公共物品，而事实上也存在高等教育是公共物品或者特别接近公共物品的情况，例如瑞典、丹麦、芬兰、挪威和冰岛等北欧国家，这些国家的高等教育就是政府"买单"。

高等教育准公共物品的特性是由供给和消费两方面特征共同决定的。在市场经济条件下，准公共物品的供给受市场影响，讨论市场就必须从供需出发；消费在某种意义上就是需求的具体表现。高等教育作为准公共物品，在提供上看，有更多的社会资源进入高等教育办学领域；从需求上看，人口增长和人、社会发展的更高要求都促使需求增长。所以，从供需均衡的角度分析，高等教育社会投入增长是由高等教育的准公共物品性质及其供需情况决定的。如果高等教育发展为公共物品,例如北欧国家(人少、福利高,政府可以支付),就不需要考虑上述高等教育社会投入的政策问题;否则,都必须考虑。不管是发达国家还是发展中国家,都必须考虑财政投入政策对社会投入的影响,而且提出专门的社会投入政策也成为发展的必要,从比重上看,许多国家包括中国在内的高等教育社会投入已经是与财政投入旗鼓相当的角色,甚至已经超过政府投入比重(如日本、韩国、印度)。

综合上述高等教育的准公共产品属性,公共选择理论、公共支出增长理论、高等教育成本分担理论和高等教育规模扩张与制度保障关系理论的辨析,以及高等教育社会投入增长的客观必然与现实基础的阐释,本研究形成三个基本推测:

推测一: 高等教育社会投入发展呈现阶段性特征,阶段性特征的表现可能与人均GDP发展阶段相关。这一推测主要基于上文对准公共物品动态属性、公共选择理论、瓦格纳法则、公共支出发展阶段理论的辨析。高等教育社会投入在不同的社会发展阶段、不同的高等教育发展阶段中呈现出不同的形态,它会随高等教育的物品属性的动态变化(在公共物品和私人物品之间左右摆动)而变化,有时会高于财政投入比重,有时会低于财政投入比重。假设在某一个具体阶段中,政府对高等教育投入的政策和占公共支出的比重比较稳定(不能说"不变",除政府教育投入政策与比重这两个因素外,还有其他因素如地震、洪灾、经济危机等不可预测的因素对投入产生影响),当公共支出发展呈现阶段发展特征时,社会投入也会对高等教育这一准公共产品的供给产生阶段性的影响。高等教育由政府和社会共同提供,当其中一个供给方发生变化时,另一个供给方也必然受到影响。所以,高等教育社会投入会受到公共支出增长的影响,也可能呈现阶段发展特征。公共支出增长时,高等教育财政投入也会随之增长,高等教育社会投入比重可能会因财政投入比重增加而相对降低。

推测二: 在以人均GDP发展划分的某一个具体阶段中,高等教育作为准公共产品的供需,高等教育社会投入既会受到一般市场经济规律的影响,也受到"公共选择"的影响,即受到高等教育财政投入与国家财政总支出的影响。就具体指标而言，高等教育社会投入占 GDP 比重与高等教育财政投入占 GDP 比重、国家财政总支出占 GDP 比重相关。这一推测主要基于上文对公共选择理论、高等教育成本分担理论的辨析。当公共财政支出不足以满足高等教育发展需求时，由社会投入来弥补，而社会投入承受的份额一方面受财政投入的影响，另一方面更受社会自身购买力的影响。"公共选择"决定了高等教育财政投入比重的同时，也决定了高等教育社会投入的比重。具体而言，高等教育社会投入既受到所处阶段的高等教育供需平衡的影响，也受到当时政府发展高等教育的决策、发展模式、发展规模、财政支持能力的影响。政府在制定高等教育投入相关政策时，不仅仅考虑财政的支付能力，同时也考虑大部分私人部门与高等教育受教育者的购买力等多方面。大量研究表明：高等教育财政投入与政府的财政收入状况密切相关，政府财政收入与当年的 GDP 增长相关；此外，高等教育社会投入还与需求者的支付能力（或者购买力）相关，如果高等教育投入迅速增长而支付能力不足，则会产生高等教育以外的不良影响。

推测三：在高等教育毛入学率发展的各阶段，高等教育社会投入占高等教育总投入的比重不同，换而言之，就是高等教育投入的来源结构可能发生变化，高等教育社会投入和高等教育财政投入各占的比重不同，即高等教育社会投入的变化机理可能与高等教育毛入学率相关。这一推测主要基于上文对公共支出发展阶段理论、高等教育规模扩张与制度保障间关系理论的辨析。在"精英教育""大众化""普及化"这三个不同的高等教育发展时期，高等教育的规模变化会对高等教育制度保障提出不同的要求，政府高等教育财政制度与投入机制应该"适时"调整，所以高等教育社会投入会因政府的制度调整而产生变化。随着高等教育的发展，高等教育经费来源渠道也不断丰富。有中央政府投入、地方政府投入、家庭和个人投入、社会团体投入、高校资本运作收入、科技成果转换收入以及高校提供各类教育服务的收入，等等。这些变化不仅仅带来高等教育投入总量的变化，还会带来投入结构的变化，对投入结构的变化，高等教育投入政策有必要做出相应的调整。

基于上述三个推测的综合分析，尝试建立理论模型：高等教育社会投入可能受到高等教育毛入学率、人均 GDP、高等教育财政投入、国家财政支出四个因素的影响,但影响机制和影响程度未能确定,所以,在未获得较准确的回归方程之前,暂时用多元一次方程描述如下,目的仅在于方便描述。

令:Y = 高等教育社会投入占 GDP 百分比

X_1 = 高等教育毛入学率

X_2 = 人均 GDP

X_3 = 高等教育财政投入占 GDP 百分比

X_4 = 国家财政支出占 GDP 百分比

e 为常数项

则:$Y = aX_1 + bX_2 + cX_3 + dX_4 + e$

本研究尝试从这些因素入手,综合借鉴世界银行关于人均 GDP 发展的国家分类(分为:低收入国家、中下等收入国家、中上等收入国家和高收入国家)的划分依据、公共支出增长理论中马斯格雷夫与罗托斯的公共支出发展阶段论的经济发展阶段划分依据以及马丁·特罗的高等教育发展阶段论中的核心指标——高等毛入学率,分别研究高等教育社会投入在人均 GDP 的不同发展阶段,以及在"精英教育""大众化""普及化"三个阶段中的不同发展机理,力求找到高等教育社会投入的变化规律及主要影响因素,进一步提供高等教育财政政策制定的依据。

第四章
高等教育社会投入占 GDP 比重的
阶段性发展特征分析

第一节 样本与统计分析工具的选择与依据

一、样本选择和依据

根据上述高等教育社会投入发展趋势的事实观察、理论解释和基本推断，本研究采用 43 个国家 1998~2009 年共 12 年的数据进行实证研究。为尽可能保证较真实地反映世界高等教育发展的情况和统计分析的规模意义，43 个国家的选择依据和数据来源主要是：1998~2009 年 12 年间，在联合国教科文组织（UNESCO），或世界银行（WB），或世界经济合作与发展组织（OECD）三个组织机构官方网站上的统计中心的相关统计数据中可以找到（包括直接获得或根据相关数据推算所得）至少 5 年以上本研究所需的数据的国家，具体包括 5 项数据记录：人均 GDP、高等教育财政投入占 GDP 百分比、高等教育社会投入占 GDP 百分比、高等教育毛入学率、国家财政支出占 GDP 百分比。系统搜集整理后，达到要求的国家一共 43 个，分别是：韩国、美国、加拿大、澳大利亚、日本、英国、法国、德国、意大利、智利、奥地利、比利时、捷克、丹麦、芬兰、冰岛、爱尔兰、荷兰、新西兰、波兰、葡萄牙、挪威、墨西哥、斯洛伐克、西班牙、瑞典、希腊、匈牙利、瑞士、以色列、阿根廷、哥伦比亚、秘鲁、印度、中国、印度尼西亚、俄罗斯、保加利亚、拉脱维亚、立陶宛、斯洛文尼亚、巴拉圭、塞浦路斯。数据记录总计2580个，按每年每国记为一条，共计516条。

其中，根据世界银行2010年的世界各国人口统计数字和联合国开发计划署（UNDP）2010年11月4日发布的《2010年人文发展报告》的世界国家分组[①]，在43个考察国家中，发达国家30个，占样本总量的69.8%；发展中国家13个，占样本总量的30.2%；人口一千万以上的国家26个，占样本总量的60.5%，占世界人口一千万以上的国家（地区）总数的29.2%，接近三分之一；OECD国家29个[②]，占样本总量的67.4%，非OECD国家14个，占样本总量的32.6%。43个样本国家的分类情况，如表4-1所示。

表4-1　　　　　　　　　　43个样本国家分类情况

按发达程度划分	发达国家（30个）	韩国、美国、加拿大、澳大利亚、日本、英国、法国、德国、意大利、奥地利、比利时、捷克、丹麦、芬兰、冰岛、爱尔兰、荷兰、新西兰、波兰、葡萄牙、挪威、墨西哥、斯洛伐克、西班牙、瑞典、希腊、匈牙利、瑞士、以色列、塞浦路斯

[①] 根据世界银行2010年的世界各国人口统计数字和联合国开发计划署（UNDP）2010年11月4日发布的《2010年人文发展报告》的世界国家分组，共有89个，其中：人口一千万以上的发达国家（地区）共17个，分别是：美国、日本、德国、英国、法国、意大利、加拿大、澳大利亚、比利时、捷克、波兰、荷兰、葡萄牙、西班牙、匈牙利、韩国、希腊；全部是OECD国家。人口一千万以上的发展中国家（地区）54个，分别是：中国、乌克兰、乌兹别克斯坦、乌干达、也门、伊拉克、伊朗、俄罗斯、加纳、南非、卢旺达、印度、印度尼西亚、危地马拉、厄瓜多尔、古巴、哈萨克斯坦、哥伦比亚、喀麦隆、土耳其、坦桑尼亚、墨西哥、委内瑞拉、孟加拉国、安哥拉、尼日利亚、尼泊尔、巴基斯坦、巴西、摩洛哥、斯里兰卡、智利、朝鲜、柬埔寨、沙特阿拉伯、泰国、津巴布韦、科特迪瓦、秘鲁、突尼斯、缅甸、罗马尼亚、肯尼亚、苏丹、莫桑比克、菲律宾、赞比亚、越南、阿尔及利亚、叙利亚、埃及、阿根廷、马来西亚、马达加斯加。人口一千万以上的最不发达国家8个，分别是：乍得、刚果（金）、埃塞俄比亚、尼日尔、布基纳法索、阿富汗、马里、马拉维。

[②] 截至2012年10月30日，世界经济合作与发展组织成员国一共34个，分别是：澳大利亚、奥地利、比利时、加拿大、捷克、丹麦、芬兰、法国、德国、希腊、匈牙利、冰岛、爱尔兰、意大利、日本、韩国、卢森堡、墨西哥、荷兰、新西兰、挪威、波兰、葡萄牙、斯洛伐克、西班牙、瑞典、瑞士、土耳其、英国、美国、智利、爱沙尼亚、以色列、斯洛文尼亚。其中智利是2010年1月11日加入，爱沙尼亚、以色列和斯洛文尼亚三国是2010年5月10日加入。本书所选的研究年份为1998年到2009年，智利、以色列、斯洛文尼亚在本研究选取的时间范围中还未加入OECD，所以本书的OECD国家统计中仍然把这三国列为非OECD国家。爱沙尼亚、卢森堡这两个国家的相关统计数据未满足本研究数据选择的"完整记录"要求。因此，在本书统计中的OECD国家仅记为29个。

续表

按发达程度划分	发展中国家（13 个）	阿根廷、哥伦比亚、秘鲁、印度、中国、印度尼西亚、俄罗斯、保加利亚、拉脱维亚、立陶宛、斯洛文尼亚、巴拉圭、智利
按人口一千万以上划分	人口一千万以上国家（26 个）	韩国、美国、加拿大、澳大利亚、日本、英国、法国、德国、意大利、比利时、捷克、波兰、荷兰、葡萄牙、墨西哥、西班牙、希腊、匈牙利、阿根廷、哥伦比亚、秘鲁、印度、中国、印度尼西亚、俄罗斯、智利
	人口一千万以下国家（17 个）	奥地利、丹麦、芬兰、冰岛、爱尔兰、新西兰、挪威、斯洛伐克、瑞士、瑞典、以色列、塞浦路斯、保加利亚、拉脱维亚、立陶宛、斯洛文尼亚、巴拉圭
按是否是 OECD 国家划分	OECD 国家（29 个）	韩国、美国、加拿大、澳大利亚、日本、英国、法国、德国、意大利、奥地利、比利时、捷克、丹麦、芬兰、冰岛、爱尔兰、荷兰、新西兰、波兰、葡萄牙、挪威、墨西哥、斯洛伐克、西班牙、瑞典、希腊、匈牙利、瑞士、以色列
	非 OECD 国家（14 个）	阿根廷、哥伦比亚、秘鲁、印度、中国、印度尼西亚、俄罗斯、保加利亚、拉脱维亚、立陶宛、斯洛文尼亚、巴拉圭、智利、塞浦路斯

二、统计分析工具的选择和依据

本书选择统计分析工具主要考虑的因素是：科学性、学术性和拓展性以及研究成本，综合比较了 SAS、SPSS 和 R 语言之后，本研究选定统计软件中自由、免费、源代码开放的 R 语言作为分析工具。R 最先是由来自新西兰奥克兰大学的 Ross Ihaka 和 Robert Gentleman 开发，用于统计分析、绘图的语言和操作环境，它是一个用于统计计算和统计制图的优秀工具。与 SAS、SPSS 相比，R 在社会科学领域更具优势。R 的功能齐全与 SAS 不相上下，SPSS 与 SAS 仅免费提供基础分析模块，R 全线免费。[①] 选择 R 一方面有效地控制了研究工具的购买成本，另一方面为下一阶段研究走向国际交流打下基础。

---

① Robert A. Muenchen, *Comparison of SAS and SPSS Products with R Packages and Functions*, http://www.unt.edu/rss/class/mike/5030/Rrelated/RforSAS&SPSSproducts.pdf。

第二节 高等教育社会投入的一般规律与影响机理

对所有的样本记录进行回归分析，或可发现高等教育社会投入的一般规律和影响机理。基于第二章的趋势观察、理论推导与客观分析所得的模型中，对高等教育社会投入（Y）产生影响的因素可能主要有四个：高等教育毛入学率（X1）、人均 GDP（X2）、高等教育财政投入（X3）、国家财政支出（X4），由于未能确定自变量 X 对因变量 Y 是如何影响的，所以本研究使用不同数据进行回归，不仅考虑自变量的一次项 X1、X2、X3、X4，还考虑各个自变量的平方项 $X1^2$、$X2^2$、$X3^2$、$X4^2$，通过两次回归分析，剖析自变量 X 对 Y 的影响机理。首先，把 X1、X2、X3、X4、$X1^2$、$X2^2$、$X3^2$、$X4^2$ 都写进回归方程，得到的第一个回归方程：$Y = aX1 + bX2 + cX3 + dX4 + eX1^2 + fX2^2 + gX3^2 + hX4^2$；对数据进行第一次回归分析后，如果发现不是所有的自变量 X 都对因变量 Y 有显著影响，那么，需要对回归模型进行变量筛选研究；根据赤池信息准则（AIC 准则）[①]进行变量筛选后，再进行逐步回归；逐步回归得到的第二个回归方程，可以较准确地反映方程中的自变量 X 对因变量 Y 的影响机理。

样本数据中共有记录 516 条，其中缺少高等教育毛入学率、人均 GDP、高等教育财政投入、国家财政支出四个自变量中一项及一项以上记录的共 188 条，即含有缺失变量的记录达 188 条，故有效记录为 328 条。

第一次回归：假设 X 对 Y 影响不显著，置信水平 0.05，采用所有的自变量及其平方项（包括：X1、X2、X3、X4、$X1^2$、$X2^2$、$X3^2$、$X4^2$），对 328 条有效记录进行回归分析，输出的模型及结果如图 4-1 所示。

[①] 赤池信息量准则（Akaike information criterion、简称 AIC）是衡量统计模型拟合优良性的一种标准，是由日本统计学家赤池弘次创立和发展的。赤池信息量准则建立在熵的概念基础上，可以权衡所估计模型的复杂度和此模型拟合数据的优良性。参见 Akaike, Hirotsugu, "A new look at the statistical model identification," *IEEE Transactions on Automatic Control*, No. 19 (6) (1974), pp. 716~723。

```
> wh11.lm=lm(Y~X1+X2+X3+X4+I(X1^2)+I(X2^2)+I(X3^2)+I(X4^2),data=e.data)
> summary(wh11.lm)

Call:
lm(formula = Y ~ X1 + X2 + X3 + X4 + I(X1^2) + I(X2^2) + I(X3^2) +
    I(X4^2), data = e.data)

Residuals:
     Min       1Q   Median       3Q      Max
-0.95612 -0.19955 -0.05482  0.13903  1.27982

Coefficients:
              Estimate Std. Error t value Pr(>|t|)
(Intercept)  1.972e+00  1.426e-01  13.827  < 2e-16 ***
X1           1.808e-02  5.480e-03   3.300  0.00108 **
X2           2.421e-06  3.885e-06   0.623  0.53370
X3          -1.204e+00  1.852e-01  -6.499 3.10e-10 ***
X4          -8.672e-02  8.802e-03  -9.852  < 2e-16 ***
I(X1^2)     -3.933e-05  4.587e-05  -0.857  0.39185
I(X2^2)     -7.491e-11  5.536e-11  -1.353  0.17700
I(X3^2)      3.548e-01  6.970e-02   5.090 6.12e-07 ***
I(X4^2)      1.040e-03  1.119e-04   9.298  < 2e-16 ***
---
Signif. codes:  0 '***' 0.001 '**' 0.01 '*' 0.05 '.' 0.1 ' ' 1

Residual standard error: 0.3255 on 319 degrees of freedom
Multiple R-squared: 0.5559,     Adjusted R-squared: 0.5448
F-statistic: 49.92 on 8 and 319 DF,  p-value: < 2.2e-16
```

图 4 - 1　第一次回归

回归结果分析：输出结果最后一行的 p 值（如下划线数值所示）小于 2.2 的负 16 次方，远远小于置信水平 0.05，所以假设不成立，故 X 对 Y 有显著影响。输出结果的最后一列 p 值（如方框数据所示）是分别检验自变量 X1、X2、X3、X4、$X1^2$、$X2^2$、$X3^2$、$X4^2$ 对因变量 Y 的影响结果，结果显示，X3、X4、$X3^2$、$X4^2$ 对 Y 的影响非常显著（标记为"***"），X1 对 Y 的影响比较显著。根据回归结果，并不是 8 个自变量都对 Y 存在影响，故采用 AIC 准则对自变量进行筛选，进行逐步回归。

第二次回归：逐步回归。

假设 X 对 Y 影响不显著，置信水平 0.05，采用经过 AIC 准则筛选所得的自变 X1、X3、X4、$X2^2$、$X3^2$、$X4^2$，对 328 条有效记录进行回归分析，输出的模型及结果如图 4 - 2 所示。

逐步回归结果分析：输出结果中的最后一行的 p 值（如下划线数据所示）是各项自变量的 T 检验的综合结果，P 小于 2.2 的负 16 次方，远远小于置信水平 0.05，说明假设不成立，故 X 对 Y 有显著影响。X1、X3、X4、$X2^2$、$X3^2$、$X4^2$

对应的最后一列 p 值（如方框数据所示）是对各项自变量回归系数进行 T 检验的结果，T 检验的原假设是自变量 X 对因变量 Y 的影响不显著。回归结果显示，X1、X3、X4、$X2^2$、$X3^2$、$X4^2$ 对应的 p 值都小于置信水平 0.05，所以假设不成立，因此 X1、X3、X4、$X2^2$、$X3^2$、$X4^2$ 对 Y 都存在影响，其中 X1、X3、X4、$X3^2$、$X4^2$ 对 Y 的影响水平非常显著（标记为"***"），$X2^2$ 对 Y 的影响水平显著（标记为"*"）。回归结果中未出现的 X2、$X1^2$ 是由于检验结果呈现出对 Y 影响极为不显著的情况，回归过程中系统根据 AIC 准则进行了自动筛选并过滤。进一步分析回归结果，X1、$X3^2$、$X4^2$ 的回归系数为正数，解释为这三个自变量增长时，Y 值也随着增长；X2、X4、$X2^2$ 的回归系数为负数，解释为这三个自变量增长时，Y 值会下降。

```
> summary(swhll.lm)

Call:
lm(formula = Y ~ X1 + X3 + X4 + I(X2^2) + I(X3^2) + I(X4^2),
    data = e.data)

Residuals:
     Min       1Q   Median       3Q      Max
-0.94404 -0.19849 -0.05122  0.14452  1.28644

Coefficients:
              Estimate Std. Error t value Pr(>|t|)
(Intercept)  2.010e+00  1.240e-01  16.210  < 2e-16 ***
X1           1.398e-02  1.140e-03  12.256  < 2e-16 ***
X3          -1.213e+00  1.804e-01  -6.722 8.20e-11 ***
X4          -8.247e-02  7.557e-03 -10.914  < 2e-16 ***
I(X2^2)     -4.155e-11  2.089e-11  -1.989   0.0476 *
I(X3^2)      3.568e-01  6.890e-02   5.178 3.97e-07 ***
I(X4^2)      9.982e-04  9.889e-05  10.094  < 2e-16 ***
---
Signif. codes:  0 '***' 0.001 '**' 0.01 '*' 0.05 '.' 0.1 ' ' 1

Residual standard error: 0.3251 on 321 degrees of freedom
Multiple R-squared: 0.554,      Adjusted R-squared: 0.5457
F-statistic: 66.46 on 6 and 321 DF,  p-value: < 2.2e-16
```

图 4-2 第二次回归

基本结论：基于对所有记录的回归分析，1998~2009 年，高等教育毛入学率、高等教育财政投入、国家财政支出三个因素对高等教育社会投入存在影响，高等教育社会投入会随高等教育毛入学率的增长而呈增长趋势，随高等教育财政投入增长、国家财政总支出增长而呈下降趋势。具体而言,第一,回归结果与现实情况基本吻合,高等教育毛入学率不断增长时,大部分的国家财政无法满足高等教育经费需求,就会开拓社会投入的渠道,社会投入会以私立高校增多、捐赠增多、学杂费增多等方式不断增长。第二,与约翰斯通所讲的"高等教育的公共投入与私人投入进行着你增我减的零和游戏"吻合,当高等教育财政投入增长时,社会投入比重会有所降低;反之,社会投入比重就会上升。第三,与本研究第二章中的理论推测相吻合,国家财政支出增长时,高等教育投入并不会获得相应的增长,即高等教育投入的增长率可能低于国家财政支出的增长率,在与其他公共部门如军事、公共医疗卫生等竞争财政经费时,高等教育处于劣势。

第三节 高等教育社会投入在人均GDP不同发展阶段的情况分析

高等教育社会投入在不同的人均GDP发展分布不同,但其中不同之处在哪,在各阶段的发展机理有何变化,需要进一步剖析。根据第三章的分析与推测形成的理论模型,高等教育社会投入占GDP比重可能与人均GDP、高等教育财政投入占GDP比重、国家财政支出占GDP比重以及高等教育毛入学率相关,本研究尝试用现有的样本数据做一检验,进一步剖析高等教育社会投入占GDP比重与其他因素的关系,揭示高等教育社会投入的发展机理。

一、高等教育社会投入随人均GDP发展呈阶段性特征的检验分析

为了更好地考察高等教育社会投入与人均GDP之间的关系,观察并检验高等教育社会投入是否随人均GDP的发展阶段变化而产生不同的表现,本研究在此处暂时先把高等教育财政投入占GDP比重、高等教育毛入学率等其他可能对高等教育社会投入产生影响的因素剥离,仅考虑人均GDP对高等教育社会投入的影响。

(一) 样本总体趋势

本研究采用43个国家1998~2009年共516条记录绘制高等教育投入占GDP比重与人均GDP关系散点图（见图4-3）、高等教育财政投入占GDP比重与人均GDP关系散点图（见图4-4）、高等教育社会投入与人均GDP关系散点图（见图4-5），从这三个图中散点的分布看，样本总体趋势是：高等教育总投入和高等教育财政投入随着人均GDP的增长而呈总体上升趋势；高等教育社会投入在人均GDP高于3000美元的时候，高位点（大于样本均值0.5%）的散点逐渐增加，高于均值0.5%的记录一共129个，其中，对应的人均GDP在3000美元以上的109个，占84.5%。为了更准确地观察人均GDP发展过程中各个阶段的情况，本研究分别考察不同的人均GDP发展阶段中高等教育社会投入占GDP比重的情况。

(二) 阶段划分：以人均GDP为1000美元、3000美元、10000美元为分界点划分为四个阶段

世界银行的经济发展阶段划分依据，是按人均国民总收入（GNI），对世界各国经济发展水平进行分组。通常把世界各国分成四组，即低收入国家、中低等收入国家、中上等收入国家和高收入国家。这一划分标准非常明确但不是固定不变的，而是每年调整一次。1999年分类标准是：人均GNI在755美元以下的为低收入国家；人均GNI在756~2995美元之间的为中下等收入国家；人均GNI在2996~9265美元之间的为中高收入国家；人均GNI在9266美元以上的为高收入国家。2002年分类标准是：人均GNI在735美元以下的为低收入国家；人均GNI在736~2935美元之间的为中下等收入国家；人均GNI在2936~9075美元之间的为中高收入国家；人均GNI在9076美元以上的为高收入国家。2008年分类标准是：人均GNI在975美元以下的为低收入国家；人均GNI在976~3855美元之间的为中下等收入国家；人均GNI在3856~11905美元之间的为中高收入国家；人均GNI在11906美元以上的为高收入国家。各年分组情况如表4-2所示。

第四章 高等教育社会投入占 GDP 比重的阶段性发展特征分析

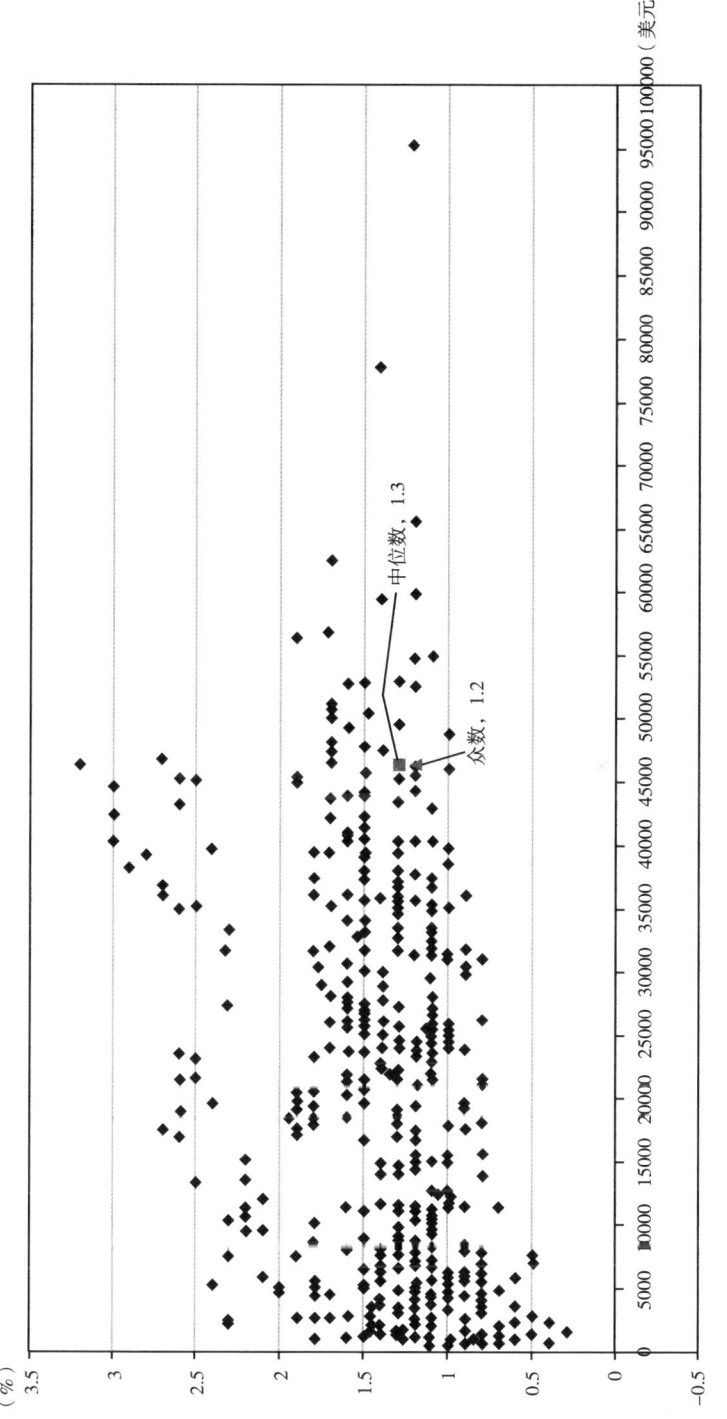

图 4-3 高等教育总投入占 GDP 的比重与人均 GDP 发展关系散点图（1998～2009 年）

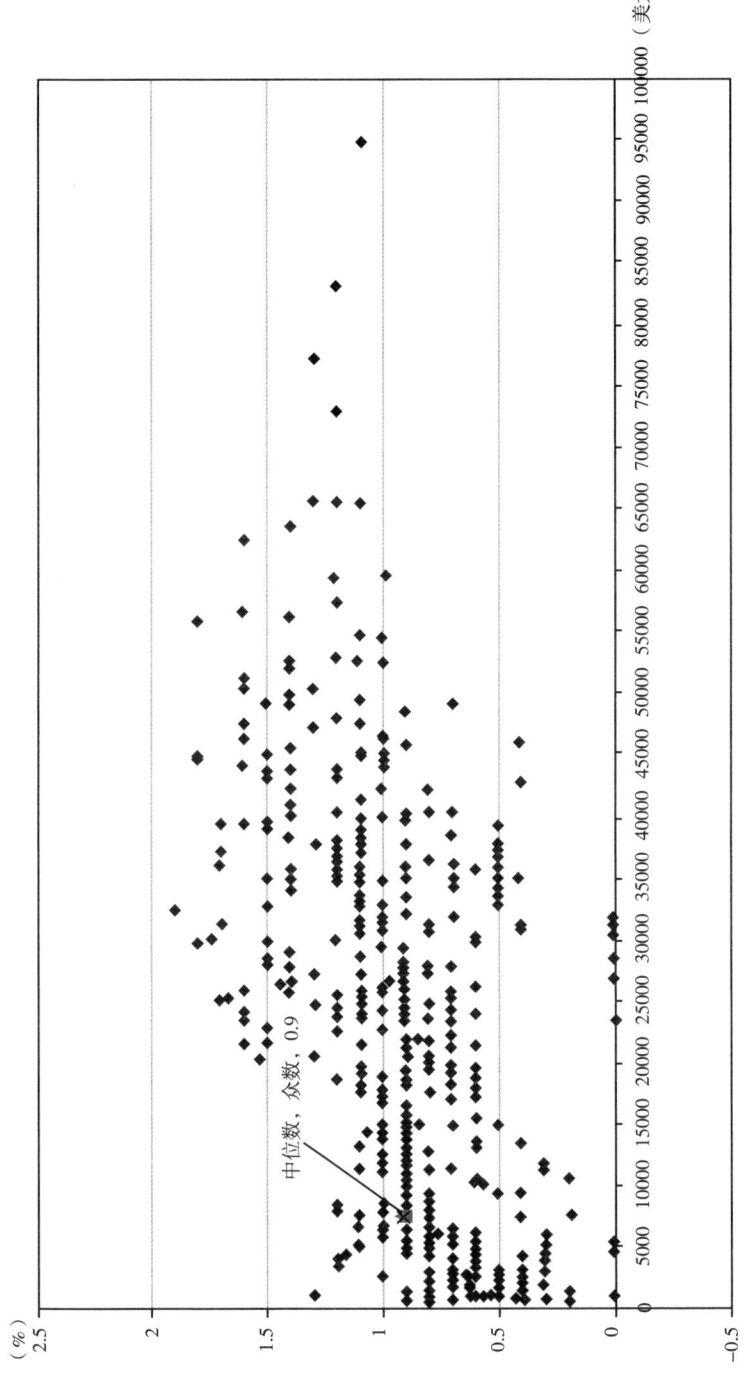

图 4-4 高等教育财政投入占 GDP 比重与人均 GDP 发展关系散点图（1998～2009 年）

第四章 高等教育社会投入占GDP比重的阶段性发展特征分析

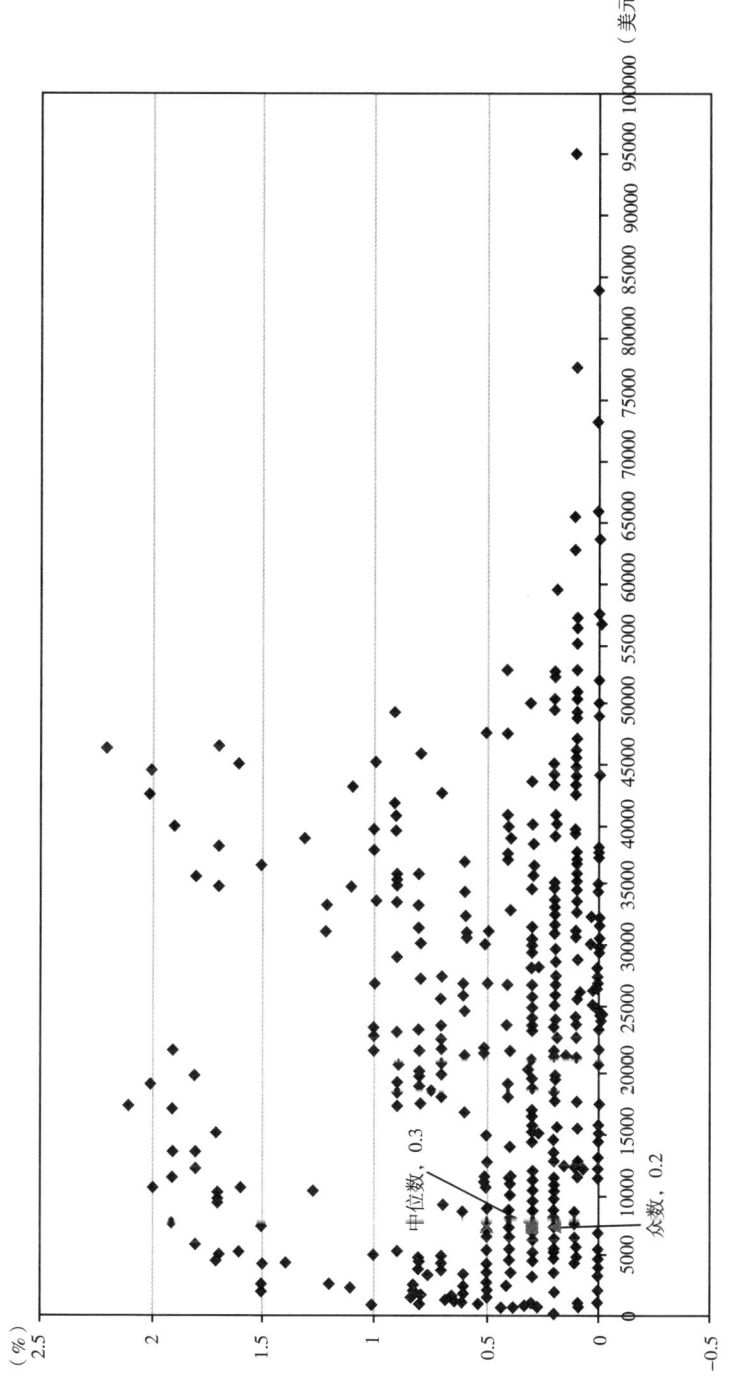

图4-5 高等教育社会投入占GDP比重与人均GDP发展关系散点图（1998～2009年）

表4-2　　　　　世界银行对世界国家或地区的分组情况

年份	人均国民总收入分组	人均GNI划分标准（当年现价美元）
1999	低收入国家	755美元以下
	中下等收入国家	756~2995美元
	中上等收入国家	2996~9265美元
	高收入国家	9266美元以上
2002	低收入国家	735美元以下
	中下等收入国家	736~2935美元
	中上等收入国家	2936~9075美元
	高收入国家	9076美元以上
2008	低收入国家	975美元以下
	中下等收入国家	976~3855美元
	中上等收入国家	3856~11905美元
	高收入国家	11906美元以上

资料来源：根据世界银行的专题统计数据"经济政策与外债"整理所得，http://data.worldbank.org.cn/topic/economic - policy - and - external - debt。

按照上述标准，一个国家或地区人均GDP处于1000美元以下、1000~3000美元、3000~10000美元、10000美元以上时，分别属于低收入国家、中下等收入国家、中上等收入国家和高收入国家。本研究根据世界银行的划分标准，结合马斯格雷夫和罗托斯的公共支出发展阶段理论中的经济发展阶段划分情况，分别把人均GDP 1000美元以下、1000~3000美元、3000~10000美元、10000美元以上这四个阶段，对应为经济发展早期、经济发展中前期、经济发展中后期、经济发达时期。本研究为了便于论述，下文有需要之处分别将这四个时期简称为"第一阶段""第二阶段""第三阶段""第四阶段"（如表4-3所示）。

表4-3　　　　　人均GDP发展阶段划分情况

分类依据	人均GDP			
按世界银行标准划分	1000美元以下	1000~3000美元（含1000美元）	3000~10000美元（含3000美元）	10000美元以上（含10000美元）
按马斯格雷夫和罗托斯的"公共支出发展阶段理论"划分	经济发展早期	经济发展中前期	经济发展中后期	经济发达时期
论述中简称	第一阶段	第二阶段	第三阶段	第四阶段

第四章　高等教育社会投入占 GDP 比重的阶段性发展特征分析

（三）计量分析：高等教育社会投入占 GDP 比重在人均 GDP 发展各个阶段是否显著不同

样本记录一共 516 条，其中缺失高等教育社会投入或人均 GDP 的数据 100 条，有效数据 416 条，有效数据占样本记录总数的 81%。将 416 条数据按照人均 GDP 处于 1000 美元以下、1000~3000 美元、3000~10000 美元、10000 美元以上分成四组，检验高等教育社会投入在按人均 GDP 划分成四个阶段时是否有显著不同的检验结果。四个阶段的有效记录条数分别是：小于 1000 美元的 13 条、1000~3000 美元的 29 条、3000~10000 美元的 87 条、10000 美元以上 287 条。第一组小于 1000 美元的记录条数仅 13 条，与其他组的样本容量相差较大，为了提高检验水平，把第一组记录和第二组记录合并，即人均 GDP 小于 3000 美元的作为一组，最后进入检验的数据是三组：第一组为人均 GDP 小于 3000 美元（42 条记录），第二组为人均 GDP 在 3000 美元到 10000 美元之间（87 条记录），第三组是人均 GDP 大于 10000 美元（287 条记录）。

令高等教育社会投入占 GDP 比重为 Y，三组数据分别为：fst.dataY、scd.dataY、thd.dataY。首先采用正态分布检验，判断 Y 是否呈正态分布，如果呈正态分布则采用参数检验方法检验 Y 在三个阶段显著不同；如果未通过正态分布检验则采用非参数检验方法。

1. 假设三组数据分别呈正态分布，采用 Shapiro – Wilk 检验法分别对三组数据进行正态分布检验，显著性水平为 0.05，如果三组数据分别呈正态分布，p 值大于 0.05，则在 0.05 水平上不能推翻 Y 服从正态分布的假设，认为 Y 服从正态分布；反之，认为 Y 不服从正态分布。结果如图 4 – 6 所示。

Shapiro – Wilk 检验结果分析：三组数据在正态检验中的 p 值分别为：0.006038、4.524e – 10、2.2e – 16，均远远没达到 0.05 显著水平，未能通过 Shapiro – Wilk 正态检验，所以有理由认为三组数据不服从正态分布，故选择采用非参数检验中的秩和检验分别检验高等教育社会投入在按人均 GDP 为 3000 美元、10000 美元为分界点划分为三个阶段时是否有显著不同的检验结果。具体是：三组检验采用 Kruskal – Wallis 法，三组间两两比较采用 Wilcoxon 法。

```
> shapiro.test(fst.data$Y)

        Shapiro-Wilk normality test

data:  fst.data$Y
W = 0.92, p-value = 0.006038

> shapiro.test(scd.data$Y)

        Shapiro-Wilk normality test

data:  scd.data$Y
W = 0.7803, p-value = 4.524e-10

> shapiro.test(thd.data$Y)

        Shapiro-Wilk normality test

data:  thd.data$Y
W = 0.7696, p-value < 2.2e-16
```

图 4-6 Shapiro – Wilk 检验

2. 假设高等教育社会投入占 GDP 比重在按人均 GDP 为 3000 美元、10000 美元为分界点划分成三个阶段时，三个阶段的高等教育社会投入占 GDP 比重分布相同，采用 Kruskal – Wallis 检验方法进行三组检验，置信水平为 0.05，如果 p 值大于 0.05，表示三个阶段的 Y 分布无显著不同；反之，则显著不同。结果如图 4-7 所示。

```
> T.Y=list(early=fst.data$Y,middle=scd.data$Y,advance=thd.data$Y)
> kruskal.test(T.Y)

        Kruskal-Wallis rank sum test

data:  T.Y
Kruskal-Wallis chi-squared = 15.52, df = 2, p-value = 0.0004264
```

图 4-7 Kruskal – Wallis 检验

Kruskal – Wallis 检验结果分析：p 值为 0.0004264，远远小于 0.05 检验水平，假设不成立，说明三个阶段的 Y 分布显著不同。

3. 假设高等教育社会投入占 GDP 比重在按人均 GDP 为 3000 美元、10000 美元为分界点划分成三个阶段时，在三个分组中两两相同，采用 Wilcoxon 检验进行三组间两两检验,置信水平为 0.05,如果 p 值大于 0.05 时,表示被测的两组 Y 无显著不同;反之,则分布显著不同。结果如图 4 – 8 所示。

```
> wilcox.test(fst.data$Y,scd.data$Y,exact=F,correct=F)

        Wilcoxon rank sum test

data:  fst.data$Y and scd.data$Y
W = 2142.5, p-value = 0.1109
alternative hypothesis: true location shift is not equal to 0

> wilcox.test(fst.data$Y,thd.data$Y,exact=F,correct=F)

        Wilcoxon rank sum test

data:  fst.data$Y and thd.data$Y
W = 7770, p-value = 0.002275
alternative hypothesis: true location shift is not equal to 0

> wilcox.test(scd.data$Y,thd.data$Y,exact=F,correct=F)

        Wilcoxon rank sum test

data:  scd.data$Y and thd.data$Y
W = 14684, p-value = 0.0121
alternative hypothesis: true location shift is not equal to 0
```

图 4 – 8 **Wilcoxon 检验**

Wilcoxon 检验结果分析:由 p 值可知,检验一、二组获得的 p 值为 0.1109,大于 0.05,假设成立,即第一与第二阶段的 Y 分布相同;检验一、三组和二、三组获得的 p 值分布为 0.002275、0.0121,说明假设不成立,即一、三组和二、三组的 Y 分布显著不同。换而言之,第一、二阶段的 Y 分布差异不显著;第二与第三阶段、第一与第三阶段的 Y 分布显著不同。即,高等教育社会投入占 GDP 比重在人均 GDP 小于 3000 美元阶段和 3000 ~ 10000 美元阶段的差异不显著,但人均 GDP 小于 3000 美元阶段和人均 GDP 大于 10000 美元阶段差异显著,3000 ~ 10000 美元阶段与 10000 美元以上阶段差异也显著。

针对第一、第二两个阶段差异不显著的检验结果,根据数据记录本身观察,第一阶段的记录条数仅有 42 条,一方面有可能是样本量不足无法通过计量分析以更精确地反映事实情况,另一方面有可能是 3000 美元作为分界点的原因。本研究做了一个调整,根据世界银行对国家最新分类(基于 2011 年数据),约以人均 GDP 的 4000 美元为界划分，故本研究用人均 GDP 4000 美元、10000 美元作为分阶段的分界点，再次进行检验。

假设高等教育社会投入占 GDP 比重在按人均 GDP 为 4000 美元和 10000 美元为分界点划分成三个阶段时，三个阶段的高等教育社会投入占 GDP 比重分布相同，采用 Kruskal–Wallis 检验方法进行三组检验，置信水平为 0.05，如果 p 值大于 0.05 时，表示三个阶段的 Y 分布无显著不同；反之，则显著不同。其中，第一阶段样本记录 55 条，第二阶段样本记录 74 条，第三阶段与第一次检验的记录条数一样，都是 287 条。结果如图 4–9 所示。

```
> T1=4000
> T2=10000
> fst.data=e.data[which(e.data$X2<T1),]
> scd.data=e.data[which(e.data$X2<T2&e.data$X2>=T1),]
> thd.data=e.data[which(e.data$X2>=T2),]
> dim(fst.data)
[1] 55  2
> dim(scd.data)
[1] 74  2
> dim(thd.data)
[1] 287  2


> shapiro.test(fst.data$Y)

        Shapiro-Wilk normality test

data:   fst.data$Y
W = 0.9232, p-value = 0.001781

> shapiro.test(scd.data$Y)

        Shapiro-Wilk normality test

data:   scd.data$Y
W = 0.7609, p-value = 1.228e-09

> shapiro.test(thd.data$Y)

        Shapiro-Wilk normality test

data:   thd.data$Y
W = 0.7696, p-value < 2.2e-16
```

图 4–9　Kruskal–Wallis 检验

Kruskal – Wallis 检验结果分析：p 值均远远小于 0.05 检验水平，假设不成立，以 4000 美元和 10000 美元划分成三个阶段的 Y 分布显著不同。则进一步采用 Wilcoxon 秩和检验三组分布是否相同。

假设高等教育社会投入占 GDP 比重在按人均 GDP 为 4000 美元和 10000 美元为分界点划分成三个阶段时，在三个分组中两两分布相同，采用 Wilcoxon 检验进行三组间两两检验，置信水平为 0.05，如果 p 值大于 0.05 时，表示被测的两组的 Y 无显著不同；反之，则分布显著不同。结果如图 4 – 10 所示。

```
> wilcox.test(fst.data$Y,scd.data$Y,exact=F,correct=F)

        Wilcoxon rank sum test

data:  fst.data$Y and scd.data$Y
W = 2489, p-value = 0.02972
alternative hypothesis: true location shift is not equal to 0

> wilcox.test(fst.data$Y,thd.data$Y,exact=F,correct=F)

        Wilcoxon rank sum test

data:  fst.data$Y and thd.data$Y
W = 10261, p-value = 0.0003815
alternative hypothesis: true location shift is not equal to 0

> wilcox.test(scd.data$Y,thd.data$Y,exact=F,correct=F)

        Wilcoxon rank sum test

data:  scd.data$Y and thd.data$Y
W = 12193, p-value = 0.0474
alternative hypothesis: true location shift is not equal to 0
```

图 4 – 10　Wilcoxon 检验

从检验结果可见，p 值均小于 0.05，所以在 0.05 的置信水平下，可以认为按 4000 美元和 10000 美元划分所得的三个阶段差异显著。

（四）计量分析发现与局限

基于上述计量结果，本研究认为：高等教育社会投入占 GDP 比重随人均 GDP 发展呈现阶段性特征；在以人均 GDP 3000 美元和 10000 美元为划分点划分出的三个阶段中，高教育社会投入占 GDP 比重分布各不相同。本研究第三章中的推测一：高等教育社会投入随人均GDP发展呈阶段性特征，得到了实证检验，高等教育社会投入占GDP比重在不同的人均GDP发展阶段确实分布不同。

但在三个阶段的两两比较中，第一、二阶段差异不显著；以人均GDP 4000美元、10000美元为划分点划分出来的三个阶段，高教育社会投入占GDP比重分布显著不同。其中，人均GDP超过3000美元时，高等教育社会投入占GDP比重大于0.5%的国家、年份开始增加，0.5%为样本均值。这些结果仅仅基于416条有效记录所得，空间跨度是43个国家，时间跨度是1998～2009年，"高等教育社会投入占GDP比重随人均GDP发展呈现阶段性特征"，这一个初步研究的结论是否能够解释更长时空跨度的情况，有待进一步检验。同时，这一结果仅仅说明人均GDP发展各阶段的高等教育社会投入不同，至于到底不同在哪里，导致各阶段显著不同的机理是什么，将在下一部分通过进一步的回归分析与阐释来逐步探讨。

二、人均GDP 1000美元以下时期的高等教育社会投入

由于人均GDP 1000美元以下的样本记录中不含缺失记录[①]的较少（各项指标齐全的记录不足10条），未进行回归分析，所以本研究从有限数据中结合各国的具体情况，采用描述性统计分析方法探讨高等教育社会投入在这一阶段的机理。1998～2009年人均GDP 1000美元以下的样本记录来自四个国家：印度、中国、印度尼西亚、巴拉圭。表4-4中1998～2009年期间，这四个国家在人均GDP 1000美元以下的年份中，高等教育总投入占GDP比重的均值为0.95%，中位数是0.9%，众数是1.1%；高等教育财政投入的均值为0.62%，中位数是0.7%，众数是0.9%。由数据可以推断：人均GDP 1000美元以下时，高等教育财政投入为高等教育经费的主要来源。高等教育社会投入占GDP比重均值为0.33%，低于样本总体（1998～2009年43个国家516条记录）的均值0.5%；中位数为0.24%，众数为0.2%，均低于本组样本均值0.33%，说明大部分在本

---

① 不含缺失记录指每组记录同时包括五项指标：高等教育社会投入占GDP比重、人均GDP、高等教育毛入学率、高等教育财政投入占GDP比重、国家财政支出占GDP比重，如果每组记录中缺失五个指标中的任何一个以上（含一个），该组记录记为缺失记录，不进入回归分析使用的样本。

组样本均值 0.33% 以下；仅有巴拉圭在 2002 年、2003 年分别为 1% 和 0.8%；说明本组样本均值是由于受少数比重较高国家（巴拉圭）拉高而得，大部分国家的高等教育社会投入占 GDP 比重水平都在 0.2% 左右（如表 4-5）。进一步分析各国的数据可知，在人均 GDP 1000 美元以下时，大部分记录的高等教育投入以财政投入为主（占 17 条记录中的 11 条），高等教育财政投入基本在高等教育总投入的 6 成以上，而且这些记录所对应的年份的高等教育毛入学率都在 15% 以下，说明所对应的国家的高等教育处在"精英教育"阶段。关于印度、中国的情况在第二章的趋势分析中已经阐释，在此不再赘述。

表 4-4　　人均 GDP 1000 美元以下组国家的高等教育投入变化情况

序号	年份	国家	人均 GDP（现价美元）	高等教育毛入学率	高等教育社会投入占 GDP 比重（%）	高等教育财政投入占 GDP 比重（%）	高等教育社会投入占高等教育总投入的比重（%）	高等教育财政投入占高等教育总投入的比重（%）
1	1999	印度	448	—	0.2	0.9	18.18	81.82
2	2000	印度	450	9	0.2	0.9	18.18	81.82
3	2001	印度	460	10	0.2	0.9	18.18	81.82
4	2002	印度	480	10	0.2	0.8	20.00	80.00
5	2003	印度	558	11	0.2	0.75	21.05	78.95
6	2004	印度	643	11	0.2	0.7	22.22	77.78
7	2005	印度	732	11	0.1	0.7	12.50	87.50
8	2006	印度	820	12	0.1	0.6	14.29	85.71
9	1998	中国	821	6	0.275	0.421	39.51	60.49
10	1999	中国	865	7	0.344	0.496	40.95	59.05
11	2000	中国	949	8	0.44	0.534	45.17	54.83
12	1999	印度尼西亚	665	—	0.2	0.2	50.00	50.00
13	2000	印度尼西亚	773	15	0.4	0.4	50.00	50.00
14	2001	印度尼西亚	742	14	0.3	0.4	57.14	42.86
15	2002	印度尼西亚	893	15	0.4	0.3	57.14	42.86
16	2002	巴拉圭	907	26	1	0.8	55.56	44.44
17	2003	巴拉圭	978	24	0.8	0.8	50.00	50.00

资料来源："人均 GDP、高等教育毛入学率"的统计数据来自世界银行官方网站的数据库，"高等教育社会投入占 GDP 比重、高等教育财政投入占 GDP 比重"来自联合国教科文组织每年出版的《全球教育统计摘要》（2000~2012 年），但有些年份的两个指标中都未有记录或缺少其中一个，所以数据并不完全连贯。"—"表示没有获得该项统计数据。

表 4-5　　人均 GDP 1000 美元以下组的高等教育社会投入分布情况

高等教育社会投入占 GDP 比重	记录条数（条）	占本组记录条数的比重	备注
0.5%（样本均值）以下	15	88.2%	
0.5%~1.0%（含0.5%）	1	5.9%	巴拉圭
1.0%以上（含1.0%）	1	5.9%	巴拉圭
0.33%（本组均值）以下	10	58.8%	
本组有效记录条数：17			
中位数：0.24%			
众数：0.2%			

虽然印度尼西亚与巴拉圭的高等教育财政投入与社会投入从数据上显示"旗鼓相当"，但是，印度尼西亚与巴拉圭所处的高等教育发展阶段已经进入"大众化"发展时期，毛入学率都在15%以上，2000年、2001年、2002年印度尼西亚的高等教育毛入学率分别为15%、14%、15%，巴拉圭在2002年和2003年分别为26%、24%。同时，印度尼西亚私立高等教育的学生数占高等教育学生总数的70%以上。[①] 换而言之，印度尼西亚的高等教育毛入学的增长可能大部分由私立高校贡献，这也是印度尼西亚高等教育社会投入比重较大的原因。这与1940年前后，美国的高等教育毛入学率达到15%，进入"大众化"的情况相似（如表4-6所示）。美国在1933~1941年，人均GDP都在1000美元以下，由于20世纪30年代美国中等教育的快速发展，促使1940年前后美国的高等教育毛入学率大幅上涨，出现了大量的初级学院；政府在第二次世界大战中斥资巨大，高等教育主要以私人投入为主，私立高校数量显著多于公立高校（如表4-7、4-8所示）。此外，巴拉圭人口在2002年和2003年时分别仅556.5万人和567.6万人，[②] 全国仅有2所公立大学：亚松森国立大学和天主教大学，另有10所私立大学，[③] 私立大学数量是公立大学的五倍，这是促使高等教育社会投入比重较大的主要原因。相对于人口较多的、人均GDP在1000美元以下的其他发展中国家而言，巴拉圭并不具规模意义。

---

① 袁本涛：《亚洲三国高等教育新政策述略》，《高等工程教育研究》2004年第2期。
② 世界银行：《世界各国人口统计数字》，http://data.worldbank.org.cn/indicator/SP.POP.TOTL?page=1。
③ 中华人民共和国外交部：《国家介绍》，http://www.fmprc.gov.cn/chn/pds/gjhdq/gj/nmz/1206_47/。

表4-6 美国人均GDP 1000美元以下年份的高等教育投入情况（1933~1941年）

年份	人均GDP（现价美元）	高等教育毛入学率（%）	高等教育财政投入占GDP比重（%）	社会投入占高等教育总投入（%）	财政投入占高等教育总投入（%）
1933	448.72	—	0.24	28.25	71.75
1934	521.8	—			
1935	575.53	—	0.25	30.77	69.23
1936	653.76	—			
1937	712.62	—	0.21	29.48	70.52
1938	662.47	—			
1939	703.67	—	0.23	29.99	70.01
1940	767	15			
1941	949.76		0.20	32.13	67.87

资料来源：根据 National Center of Education Statistics, 120 *Years of American Education*, *A Statistical Portrait* p97. Table33, "Current - fund revenue of institutions of higher education, bysource of funds: 1889 - 1890 to 1989 - 1990" 有关数据整理而成。表中"财政投入"包括了联邦、州和地方三级政府的拨款，本应还包括政府对学生的资助，但由于该项数据的有较多年份的值无法获得，故未计入。

表4-7 1900~1940年美国中学发展概况

年份	中学数量（所）	中学在校生数（人）
1900	7983	630048
1920	16419	2383542
1930	22237	4400000
1940	23337	6600000

资料来源：杨孔炽著：《美国公立中学发展研究》，湖北人民出版社，1996，第132~133页。

表4-8 20世纪前半期美国初级学院数量发展情况

年份	初级学院数量（所）			招生人数（人）
	总数	公立	私立	
1900	8	0	8	100
1915~1916	74	19	55	
1921~1922	207	70	137	16000
1929~1930	436	178	258	74088
1936~1937	553	244	309	137000
1939~1940				236162

资料来源：（1）Steven Brint, *The Diverted Dream Community College and the Promise of Education Opportunity in American 1900~1985*（Oxford University Press, New York, 1989）, pp. 27~28。
（2）续润华：《美国社区学院发展研究》，中国档案出版社，2000，第48页。

数据同时显示，在这一阶段中，高等教育社会投入占高等教育总投入的比重随人均 GDP 的增长而呈总体增长趋势（如图 4-11 所示）。人均 GDP 650 美元以下时，高等教育社会投入占高等教育投入比重主要在 25% 以下；人均 GDP 650 美元以上后，大部分国家、年份的高等教育社会投入比重增长到 50% 左右。这与这些国家大力发展高等教育的战略相关，1998~2009 年这一时期，是世界经济全球化、高等教育国际化的繁荣时期，世界各国争相发展高等教育。为经济快速发展储备高素质人才，各国不断加大财政投入发展高等教育，但当财政投入不足以支付高等教育快速发展所需要的资金时，政府不得不把资金来源扩展到私人部门，例如，大力发展私立高等教育、学杂费不断增长等，这些举措都会促使社会投入比重增长。

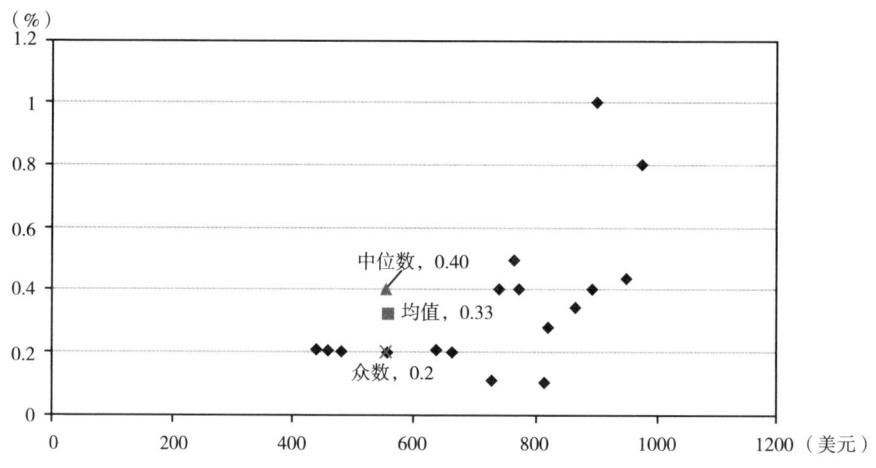

图 4-11 人均 GDP 1000 美元以下时的高等教育社会投入分布散点图

综上所述，本研究认为：在人均 GDP 1000 美元以下阶段，高等教育投入来源主要以财政投入为主，高等教育社会投入为辅。同时，高等教育投入的结构具有以下特征：在人均 GDP 1000 美元以下时就进入了高等教育"大众化"阶段的国家，高等教育投入中的社会投入比重比较高，财政投入相对比重较低，社会投入比重从现有的数据看一般都在 60% 以上（如图 4-12 所示）；如果人均 GDP 1000 美元以下并还处在"精英教育"阶段的国家，高等教育投入以财政投入为主，社会投入为辅助，财政投入从现有的数据看一般在 60% 以上；但随着人均

GDP 的增长、高等教育的毛入学率的提高,社会投入比重会逐步上升,如图 4-13 所示。

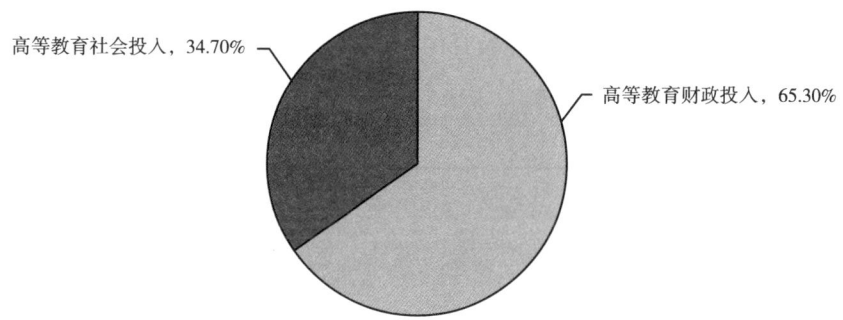

图 4-12 人均 GDP 1000 美元以下、高等教育进入"大众化"阶段的
国家高等教育投入结构图 (1998~2009 年平均值)

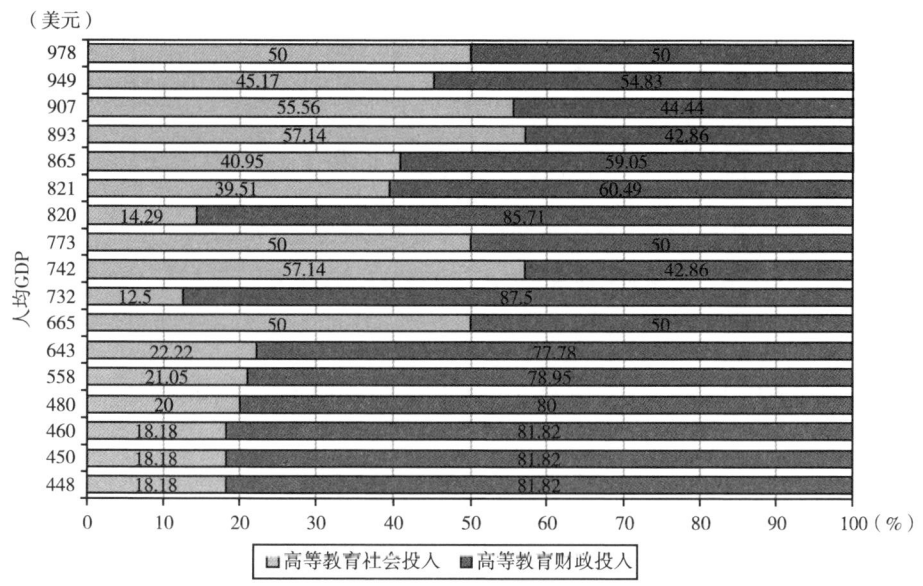

图 4-13 人均 GDP 1000 美元以下、高等教育处在"精英教育"阶段的
国家高等教育投入结构变化与人均 GDP 增长关系

在这一时期中,高等教育财政投入与社会投入之间的"资源拉锯"并不明显,原因可能是:一方面,各国的经济发展水平较低,财政收入有限,同时需要公共支出促进发展的部门、行业也相对较少,处在瓦格纳公共支出增长曲线的低

端（如图 4－14 深色部分所示），各国的经济社会发展急需高水平人才，所以在财政投入上也有所"优先发展"；另一方面，人均 GDP 1000 美元以下时期的大部分国家的高等教育处在"精英教育"阶段，这一阶段中的高等教育是更接近"私人物品"的准公共物品，高等教育的收益率比较高，社会大众特别是学生或者家庭非常愿意通过投资高等教育来获取更优厚的职业收入回报。

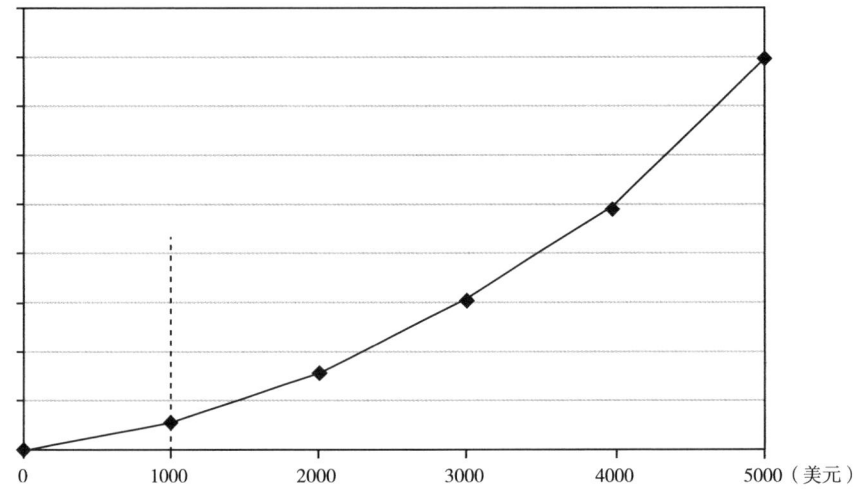

图 4－14 人均 GDP 1000 美元以下阶段的高等教育财政
投入曲线与"瓦格纳法则"曲线示意图

三、人均 GDP 1000～3000 美元时期的高等教育社会投入

（一）描述性分析发现：高等教育财政投入比重下降到高等教育总投入的一半以下，社会投入比重增长至一半以上

样本记录中处在人均 GDP 1000～3000 美元阶段的国家主要包括阿根廷、哥伦比亚、秘鲁、印度、中国、印度尼西亚、俄罗斯、保加利亚、拉脱维亚、巴拉圭。收集到的数据如表 4－9 所示。

从表 4－10 中可以看到，1998～2009 年期间，这些国家在人均 GDP 1000～3000 美元的年份中，高等教育总投入占 GDP 比重的均值为 1.29%，中位数是 1.28%，众数是 1.2%；高等教育财政投入的均值为 0.62%，中位数是 0.62%，众数是 0.7%。由数据可以推断：在人均 GDP 1000~3000 美元阶段，与人均 GDP 1000 美元以下阶段相比，高等教育财政投入占 GDP 比重的均值虽然没有明显变化，都是 0.62%，但是高等教育财政投入占高等教育总投入的比重已经下降到 48.4%，与人均 GDP 1000 美元以下阶段相比，下降了 17.5 个百分点；中位数和众数下降程度也较明显，分别从 0.7%、0.9% 下降 0.62% 和 0.7%。高等教育社会投入占 GDP 比重均值为 0.67%，高于样本总体（1998~2009 年 43 个国家 516 条记录）的均值 0.5%，中位数为 0.62%，众数为 0.5%；占高等教育总投入的 51.9%；与人均 GDP 1000 美元以下阶段相比，均值增长了 103%，而且中位数、众数的位置在 Y 轴上的位置都大幅提高，与均值的差距在缩小（如图 4-15 所示），说明均值 0.67% 并非由少数国家较高的值拉动所得，而是更接近大部分国家的真实水平。

表 4-9　人均 GDP 1000~3000 美元时样本国家高等教育投入的变化情况（1998~2009 年）

序号	年份	国家	高等教育社会投入占GDP比重（%）	高等教育毛入学率（%）	人均GDP（现价美元）	高等教育财政投入占GDP比重（%）	国家财政支出占GDP比重（%）	高等教育财政投入占国财政支出（%）	高等教育社会投入占高等教育总投入（%）	高等教育财政投入占高等教育总投入（%）
1	2002	阿根廷	0.4	62	2710	0.7	19.7	3.6	36.36	63.64
2	1998	哥伦比亚	1.5	21	2561	0.8	—	—	65.22	34.78
3	1999	哥伦比亚	1.5	22	2204	0.8	—	—	65.22	34.78
4	2000	哥伦比亚	1.1	24	2524	0.7	—	—	61.11	38.89
5	2001	哥伦比亚	1.2	25	2443	0.7	19.6	3.6	63.16	36.84
6	2002	哥伦比亚	1.1	25	2391	0.6	17.6	3.4	64.71	35.29
7	2003	哥伦比亚	—	25	2274	—	21.4	0.0	—	—
8	2004	哥伦比亚	—	28	2765	0.5	22.3	2.2	—	—
9	1998	秘鲁	—	26	2263	—	16.5	0.0	—	—
10	1999	秘鲁	—	29	2022	0.7	17.4	4.0	—	—
11	2000	秘鲁	—	—	2061	—	17.9	0.0	—	—
12	2001	秘鲁	0.5	32	2056	0.7	17.6	4.0	41.67	58.33
13	2002	秘鲁	0.2	32	2136	0.4	17	2.4	33.33	66.67
14	2003	秘鲁	—	32	2279	0.4	17	2.4	—	—

续表

序号	年份	国家	高等教育社会投入占GDP比重（%）	高等教育毛入学率（%）	人均GDP（现价美元）	高等教育财政投入占GDP比重（%）	国家财政支出占GDP比重（%）	高等教育财政投入占国财政支出（%）	高等教育社会投入占高等教育总投入（%）	高等教育财政投入占高等教育总投入（%）
15	2004	秘鲁	0.5	34	2559	0.4	16.6	2.4	55.56	44.44
16	2005	秘鲁	0.5	34	2881	0.3	17.3	1.7	62.50	37.50
17	2007	印度	0.1	13	1055	0.6	15	4.0	14.29	85.71
18	2008	印度	m	15	1028	m	16.9	—	—	—
19	2009	印度	m	16	1127	1.3	16.5	7.9	—	—
20	2001	中国	0.53	10	1042	0.577	—	—	47.88	52.12
21	2002	中国	0.642	13	1135	0.627	10.7	5.9	50.59	49.41
22	2003	中国	0.691	15	1274	0.618	10.4	5.9	52.79	47.21
23	2004	中国	0.676	18	1490	0.604	11.1	5.4	52.81	47.19
24	2005	中国	0.835	19	1731	0.616	—	—	57.55	42.45
25	2006	中国	0.828	21	2069	0.615	—	—	57.38	42.62
26	2007	中国	0.821	22	2651	0.641	—	—	56.16	43.84
27	2003	印度尼西亚	—	16	1058	—	15.3	0.0	—	—
28	2004	印度尼西亚	—	16	1143	—	15.8	0.0	—	—
29	2005	印度尼西亚	0.3	16	1258	0.2	16.5	1.2	60.00	40.00
30	2006	印度尼西亚	m	16	1586	0.3	17.8	1.7	—	—
31	2007	印度尼西亚	m	17	1859	0.3	17.2	1.7	—	—
32	2008	印度尼西亚	m	20	2172	0.4	18.4	2.2	—	—
33	2009	印度尼西亚	0.2	22	2273	0.5	15.7	3.2	28.57	71.43
34	1998	俄罗斯	m	48	1844	—	—	—	—	—
35	1999	俄罗斯	m	51	1339	—	—	—	—	—
36	2000	俄罗斯	m	55	1775	0.5	—	—	—	—
37	2001	俄罗斯	m	61	2101	0.5	—	—	—	—
38	2002	俄罗斯	m	66	2375	0.7	22.6	3.1	—	—
39	2003	俄罗斯	m	66	2976	0.7	23	3.0	—	—
40	1998	保加利亚	0.5	43	1582	0.4	29	1.4	55.56	44.44
41	1999	保加利亚	—	45	1611	—	30.4	0.0	—	—
42	2000	保加利亚	—	44	1579	—	31.6	0.0	—	—
43	2001	保加利亚	0.8	43	1729	0.5	30.7	1.6	61.54	38.46

续表

序号	年份	国家	高等教育社会投入占GDP比重（%）	高等教育毛入学率（%）	人均GDP（现价美元）	高等教育财政投入占GDP比重（%）	国家财政支出占GDP比重（%）	高等教育财政投入占国财政支出（%）	高等教育社会投入占高等教育总投入（%）	高等教育财政投入占高等教育总投入（%）
44	2002	保加利亚	0.6	41	2031	0.5	31.7	1.6	54.55	45.45
45	2003	保加利亚	0.5	41	2642	0.7	32.7	2.1	41.67	58.33
46	1998	拉脱维亚	0.6	43	2746	1	31.3	3.2	37.50	62.50
47	1998	巴拉圭	—	—	1545	—	15	0.0	—	—
48	1999	巴拉圭	—	13	1393	0.8	17.5	4.6	—	—
49	2000	巴拉圭	0.5	16	1323	0.9	17.5	5.1	35.71	64.29
50	2001	巴拉圭	0.6	18	1182	0.9	17.1	5.3	40.00	60.00
51	2004	巴拉圭	0.6	25	1201	0.6	13.7	4.4	50.00	50.00
52	2005	巴拉圭	—	25	1267	—	15.5	0.0	—	—
53	2006	巴拉圭	—	—	1544	—	15.6	0.0	—	—
54	2007	巴拉圭	0.6	29	1997	0.8	14.6	5.5	42.86	57.14
55	2008	巴拉圭	—	34	2710	—	13.6	0.0	—	—
56	2009	巴拉圭	—	37	2254	—	17	0.0	—	—

资料来源："人均GDP、高等教育毛入学率、国家财政支出占GDP比重"的统计数据来自世界银行官方网站的数据库，"高等教育社会投入占GDP比重、高等教育财政投入占GDP比重"来自联合国教科文组织每年出版的《全球教育统计摘要》（2000～2012年），但有些年份的两个指标中都未有记录或缺少其中一个，所以数据并不完全连贯。"高等教育财政投入占国家财政支出""高等教育社会投入占高等教育总投入""高等教育财政投入占高等教育总投入"这三项数据由表中对应的数据计算所得。另："—"表示没有显示该项统计数据；"m"表示统计机构称没有获得该项统计数据。

表4-10 人均GDP发展各个阶段的高等教育投入占GDP比重描述性统计分析结果（1998～2009年）

人均GDP（现价美元）	高等教育总投入占GDP比重（%）			高等教育财政投入占GDP比重（%）			高等教育社会投入占GDP比重（%）			高教育财政投入占高等教育总投入比重（%）	高教育社会投入占高等教育总投入比重（%）
	均值（11）	中位数（12）	众数（13）	均值（21）	中位数（22）	众数（23）	均值（31）	中位数（32）	众数（33）	（21）/（11）	（31）/（11）
1000以下	0.95	0.9	1.1	0.62	0.7	0.9	0.33	0.24	0.2	65.3	34.7
1000～3000	1.29	1.28	1.2	0.62	0.62	0.7	0.67	0.6	0.5	48.1	51.9

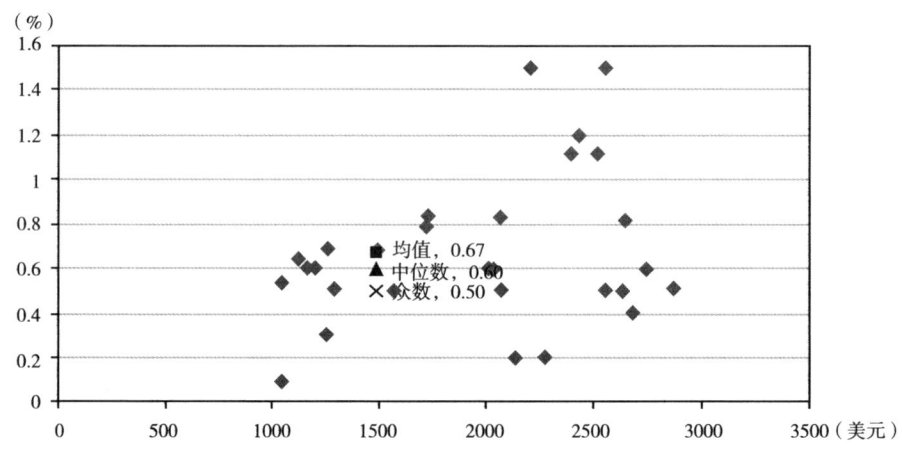

图4-15　人均GDP在1000~3000美元时的高等教育社会投入分布散点图

进一步分析，在人均GDP 1000~3000美元阶段，高等教育社会投入占GDP比重大部分集中在0.5%~1%之间，占本组样本记录总数的64%，与人均GDP 1000美元以下阶段相比（88.2%在0.5%以下），整体显著提高（如表4-11、图4-16所示）。

表4-11　人均GDP 1000~3000美元组的高等教育社会投入分布情况

高等教育社会投入占GDP比重	记录条数	占本组记录的比重	备注
0.5%（样本均值）以下	4	16%	阿根廷、秘鲁、印度、印度尼西亚
0.5%~1.0%（含0.5%）	16	64%	
1.0%以上（含1.0%）	5	20%	
0.67%（本组均值）以下	13	52%	
本组有效记录条数：25			
本组中位：0.6%			
本组众数：0.5%			

可以推断，在人均GDP 1000~3000美元阶段，与人均GDP 1000美元以下阶段相比，高等教育财政投入占GDP比重并没有显著上升，两个阶段基本持平；高等教育社会投入占GDP比重翻了一番；在高等教育投入的来源中，高等教育

财政投入的比重下降，高等教育社会投入的比重上涨。特别值得一提的是，在这一阶段中各国的高等教育都进入了"大众化"发展时期，极少数的国家（阿根廷、俄罗斯①）进入了"普及化"发展时期，样本中近90%的国家的高等教育毛入学率都在15%~50%之间。

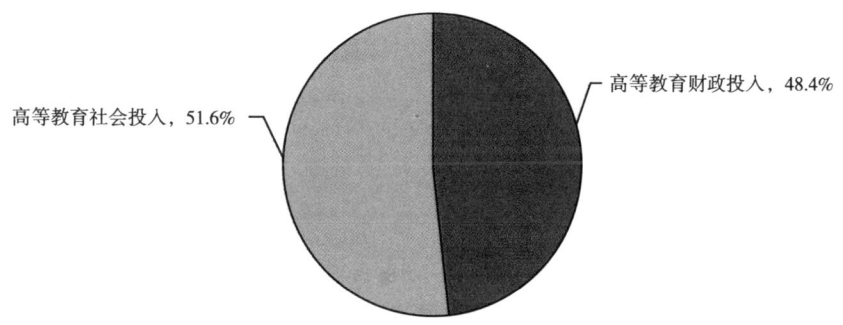

图4-16 人均GDP 1000~3000美元阶段高等教育投入结构图（1998~2009年平均值）

（二）回归分析发现：在人均GDP 3000美元以下阶段，高等教育社会投入受人均GDP、高等教育毛入学率、高等教育财政投入、国家财政支出等因素的影响并不显著

在描述性统计分析的基础上，进一步用回归分析探讨这一阶段中高等教育社会投入的影响机理。由于人均GDP 1000~3000美元的样本记录中不含缺失记录②的仅16条，回归分析的意义不大，所以本研究把人均GDP 3000美元以下的所有样本记录归纳到一起进行了回归分析，人均GDP 3000美元以下的记录共28条。回归分析后，再单独对人均GDP 1000~3000美元的阶段进行分析。

---

① 人均GDP 1000~3000美元组的样本记录中，仅有1条记录是高等教育毛入学率高于50%的进入统计，即2002年，阿根廷，62%。俄罗斯的记录中虽然也有多条记录的高等教育毛入学高于50%，但由于俄罗斯的高等教育社会投入占GDP比重数据项缺失严重，并未进入统计。

② 不含缺失记录指每组记录同时包括五项指标：高等教育社会投入占GDP比重、人均GDP、高等教育毛入学率、高等教育财政投入占GDP比重、国家财政支出占GDP比重，如果每组记录中缺失五个指标中的任何一个以上（含一个），该组记录记为缺失记录，不进入回归样本。

第一次回归：假设 X 对 Y 的影响不显著，考虑所有的自变量及其平方项（包括：X1、X2、X3、X4、$X1^2$、$X2^2$、$X3^2$、$X4^2$），置信水平 0.05，对人均 GDP 3000 美元以下的记录共 28 条进行回归，回归模型和结果输出如图 4-17 所示。

```
> summary(fst.lm)

Call:
lm(formula = Y ~ X1 + X2 + X3 + X4 + I(X1^2) + I(X2^2) + I(X3^2) +
    I(X4^2), data = fst.data)

Residuals:
     Min       1Q   Median       3Q      Max
-0.45687 -0.11539 -0.02271  0.14601  0.45589

Coefficients:
              Estimate Std. Error t value Pr(>|t|)
(Intercept) -8.900e-01  9.507e-01  -0.936   0.3609
X1           3.836e-02  2.425e-02   1.582   0.1301
X2           4.437e-04  4.876e-04   0.910   0.3742
X3           1.561e+00  1.422e+00   1.098   0.2860
X4           1.271e-04  6.946e-02   0.002   0.9986
I(X1^2)     -5.658e-04  3.082e-04  -1.836   0.0821 .
I(X2^2)     -1.075e-07  1.294e-07  -0.831   0.4164
I(X3^2)     -9.475e-01  1.178e+00  -0.804   0.4311
I(X4^2)     -1.160e-04  1.474e-03  -0.079   0.9381
---
Signif. codes:  0 '***' 0.001 '**' 0.01 '*' 0.05 '.' 0.1 ' ' 1

Residual standard error: 0.2542 on 19 degrees of freedom
Multiple R-squared: 0.4213,     Adjusted R-squared: 0.1777
F-statistic: 1.729 on 8 and 19 DF,  p-value: 0.1558
```

图 4-17 第一次回归

回归结果分析：输出结果中的最后一行的 p 值（如下划线数据所示）为 0.1558，大于置信水平 0.05，说明假设成立，故 X 总体上对 Y 影响不显著。从自变量 X1 到 $X4^2$ 对应的最后一列 p 值（如方框数据所示）都大于置信水平 0.05，最接近置信水平的是 $X1^2$ 的 p 值：0.0821，在置信水平 0.1 上显著（标记为"."）。从回归结果发现，并非 8 个自变量都对因变量 Y 存在影响，因此需要对模型进行变量筛选。采用 AIC 准则对自变量进行筛选后，进行逐步回归。

第二次回归：逐步回归。假设 X 对 Y 的影响不显著，置信水平 0.05，AIC 准则筛选后所得的自变量为 X1、X3、$X1^2$，对人均 GDP 3000 美元以下的记录共 28 条进行逐步回归，回归结果输出如图 4-18 所示。

```
> summary(sfst.lm)

Call:
lm(formula = Y ~ X1 + X3 + I(X1^2), data = fst.data)

Residuals:
     Min       1Q   Median       3Q      Max
-0.42105 -0.15017 -0.04506  0.17658  0.53589

Coefficients:
              Estimate Std. Error t value Pr(>|t|)
(Intercept) -0.3586046  0.2761074  -1.299  0.20636
X1           0.0484729  0.0145474   3.332  0.00278 **
X3           0.3503016  0.2364988   1.481  0.15156
I(X1^2)     -0.0006949  0.0002277  -3.052  0.00548 **
---
Signif. codes:  0 '***' 0.001 '**' 0.01 '*' 0.05 '.' 0.1 ' ' 1

Residual standard error: 0.242 on 24 degrees of freedom
Multiple R-squared: 0.3374,    Adjusted R-squared: 0.2546
F-statistic: 4.074 on 3 and 24 DF,  p-value: 0.01795
```

图 4-18 第二次回归：逐步回归

逐步回归结果分析：输出结果中的最后一行的 p 值（如下划线数据所示）为 0.01795，小于置信水平 0.05，说明假设不成立，故 X 总体上对 Y 影响显著。从自变量 X1、$X1^2$ 对应的最后一列 p 值（如方框数据所示）分别为 0.00278、0.00548，都小于置信水平 0.05，说明假设不成立，故 X1、$X1^2$ 在 0.05 水平上对 Y 影响比较显著（标记为 "**"）；X3 对应的 P 值为 0.15156，大于置信水平 0.05，说明假设成立，故 X3 在 0.05 水平上对 Y 影响不显著。

基本结论：1998~2009 年，在人均 GDP 3000 美元以下阶段，高等教育毛入学率对高等教育社会投入影响比较显著，人均 GDP、高等教育财政投入、国家财政支出对高等教育社会投入的影响并不显著。本研究认为，这个回归结果仅部分反映了人均 GDP 3000 美元以下高等教育社会投入的情况，与上文描述性统计分析中的一些情况并不太符合，例如，中国的高等教育社会投入占 GDP 比重就从 1998 年的 0.275% 上升到 2005 年的 0.835%（1998~2009 年峰值）后又缓慢回落至 2007 年的 0.821%，占高等教育总投入的比重分别对应为：1998 年 39.51%、2005 年 57.55%、2007 年 56.16%；同时，高等教育财政投入比重呈下降趋势。由于中国高等教育毛入学率从 1999 年的 6.7% 增长到 2009 年的 24.3%，在 11 年内增长了近 18 个百分点，财政投入很难满足高等教育发展的需要，所以不得不通过提高学杂费、举办独立学院等方式提高社会投入的比重。中国的情况并不是特例，再如，秘鲁的高等教育财政投入占GDP比重在1999年是0.7%，2005年下降到0.3%，缩水一倍有余；但秘鲁的高等教育社会投入一直维持在GDP的0.5%，说明秘鲁政府正逐步地将高等教育投入主要来源从财政转移到社会。而事实证明，秘鲁确实压缩了教育的公共开支，以缓解国内的财政危机。秘鲁公立大学为弥补因政府直接拨款和信贷额下降造成的经费不足和提高自身的办学自主权，自20世纪80年代起开始走形式多样的自筹资金之路。20世纪90年代以来，秘鲁公立大学自筹经费额呈逐年上升趋势。[①] 这些事实可以说明，在这一阶段中，财政投入无法满足快速增长的高等教育需求，政府财政投入不足对社会投入产生影响，政府在开始重视从社会资金中获得高等教育经费。因此，至少高等教育毛入学的增长、高等教育财政投入这两个因素会对高等教育社会投入产生影响，只是在不同国家影响程度不同，对毛入学率刚刚迈过15%"门槛"并继续上升的国家（如中国）而言尤为明显。

进一步观察样本数据发现，回归结果与现实情况不太相符的原因可能有两方面：一是由于人均GDP 3000美元回归的样本记录仅28条，未能更有效地通过回归获得更全面的情况；另一方面，可能是样本国家所处的高等教育发展阶段不同，虽然按人均GDP划分都处在3000美元以下水平，但从高等教育毛入学率看，这一组中各个国家所处的阶段存在显著差异（见表4-12）。例如，2007年阿根廷人均GDP为2710美元，但高等教育毛入学率已经高达62%，处于高等教育"普及化"阶段。俄罗斯、保加利亚也属于这种情况，人均GDP 3000美元以下，高等教育毛入学率都接近或超过50%。哥伦比亚从1998年到2004年，人均GDP均值为2452美元，高等教育毛入学率从21%增长到28%，处于高等教育"大众化"发展阶段前期，属于这种情况的还有秘鲁、印度尼西亚、巴拉圭。中国1998年人均GDP为821美元，高等教育毛入学率为6%，2007年人均GDP增长至2651美元，高等教育毛入学率为22%，期间经历了从"精英教育"阶段向"大众化"发展阶段迈进的过程，印度也属于这种情况。

---

① 王留栓：《拉美国家的高等教育改革与发展》，《拉丁美洲研究》1999年第4期，第41~45页。

因此，仅仅以人均 GDP 为高等教育社会投入发展阶段的划分指标，而未考虑高等教育毛入学率等因素的影响，可能也是导致回归结果与现实存在差别的原因。

表 4-12　　　　人均 GDP 3000 美元以下国家的高等教育

毛入学率比较（1998~2009 年）

高等教育毛入学率变化情况	国家	高等教育发展阶段
从 15% 以下到超过 15%	中国、印度	从"精英教育"进入"大众化"
从 15% 到 50%	哥伦比亚、秘鲁、印度尼西亚、巴拉圭	"大众化"
50% 以上	阿根廷、俄罗斯、保加利亚	"普及化"

此外，如果把人均 3000 美元以下的记录再细分为人均 1000 美元以下、人均 GDP 1000~3000 美元两组，可以发现：各个国家的高等教育社会投入占 GDP 比重在 1998~2009 年间的波动不大，但是，仍然存在高等教育社会投入占 GDP 比重随高等教育毛入学率增长而增长的情况，如中国、巴拉圭等。

（三）本组结论的理论解释

综合上述分析，在人均 GDP 1000~3000 美元阶段，样本国家都进入了"大众化"发展时期，高等教育投入结构发生了改变，与人均 GDP 1000 美元阶段相比，高等教育财政投入的比重下降，高等教育社会投入比重上升，二者大约各占一半；但从占 GDP 比重上看，高等教育财政投入并没有显著上升，高等教育社会投入占 GDP 比重翻了一番。换而言之，在人均 GDP 1000~3000 美元阶段，高等教育投入占 GDP 比重的增长主要来源于社会投入。尽管可能由于数据不足，仅按人均 GDP 分类等原因导致理论模型回归的结果并不理想，未能反映出高等教育社会投入受高等教育毛入学率、人均 GDP、高等教育财政投入、国家财政支出等因素的影响；但从现实的资料看，高等教育社会投入的发展机理出现了变化，高等教育毛入学率增长、高等教育财政投入不能满足高等教育发展的需求等因素对高等教育社会投入产生了影响，促使高等教育社会投入快速增长。

这一实证分析结果,与第三章的理论分析中的基于瓦格纳法则、马斯格雷夫与罗托斯的公共支出发展阶段论的高等教育社会投入发展阶段的理论推导基本吻合。

按照瓦格纳法则,公共支出占GNP比重会随着人均GNP的增长而不断增长,相应地,在高等教育经费投入中,高等教育财政投入也应该随着人均GDP的增长而不断增长,但在人均GDP 1000~3000美元这一阶段中,高等教育财政投入均值占GDP的0.62%与人均1000美元以下阶段的该均值持平,所以,本应由公共支出"买单"的部分不得不由高等教育社会投入"消化"(如图4-19所示),所以导致了高等教育社会投入占GDP翻一番的急剧增长。同时,这也验证了本研究的一个观点:高等教育在与其他公共部门竞争公共经费时,处于劣势。这首先是由高等教育的准公共物品属性决定的,高等教育中的"私人属性成分"很容易成为财政转嫁投入的"借口"。

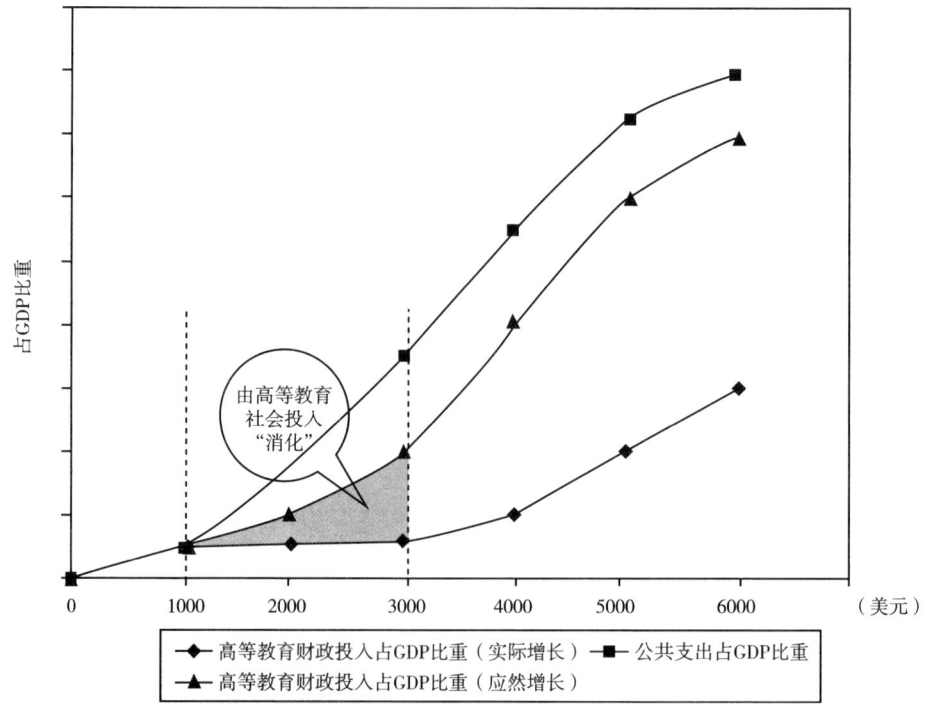

图4-19 人均GDP 1000~3000美元阶段的高等教育
财政投入曲线与"瓦格纳法则"曲线示意图

按照马斯格雷夫与罗托斯的公共支出发展阶段论,人均 GDP 1000 美元以下的时期可以看作是经济发展的早期,公共部门要为经济发展提供社会基础设施,政府投资在总投资中占有较高的比重;对高等教育投入而言,亦然,政府在早期的高等教育投入中必须保证基础设施的建设需求,而基础设施一般由私人捐赠、学生或家庭等社会力量很难实现全国性的提高,必须由政府组织完成,因此,这一时期的高等教育财政投入显著高于社会投入。人均 GDP 1000~3000 美元时期,可以看作在经济发展的中期的前半段,或称之为"中前期",在公共物品供给中,私人投资比重上涨,政府投资比重下降;对高等教育而言,在这一阶段中,高等教育毛入学率增长,高等教育需求扩大,政府无法支付所有的高等教育需求时,就只能由私人、社会出资来满足需求,所以,高等教育财政投入比重下降,社会投入比重上升。在经济发展的中后期和经济发展的成熟阶段,高等教育投入结构变化是否能用马斯格雷夫与罗托斯的公共支出发展阶段论进行解释,在下述内容中将进一步探讨。

四、人均 GDP 3000~10000 美元时期的高等教育社会投入

(一) 描述性分析发现:人均 GDP 3000~10000 美元阶段中的高等教育财政投入比重上涨至近六成,社会投入比重下降至四成

样本记录中处在人均 GDP 3000~10000 美元阶段的国家主要包括韩国、智利、捷克、波兰、墨西哥、斯洛伐克、匈牙利、阿根廷、哥伦比亚、秘鲁、中国、俄罗斯、保加利亚、拉脱维亚、立陶宛。同时具有高等教育社会投入、高等教育财政投入、人均 GDP 三项指标的样本记录一共 85 条。数据显示(如表 4-13 所示),1998~2009 年期间,这些国家在人均 GDP 3000~10000 美元的年份中,高等教育总投入占 GDP 比重的均值为 1.30%,中位数是 1.2%,众数是 1.1%;高等教育财政投入占 GDP 比重的均值为 0.77%,中位数是 0.8%,众数是 0.8%;高等教育社会投入占 GDP 比重的均值为 0.52%,中位数为 0.4%,众数为 0.4%。与人均 GDP 1000~3000 美元阶段相比,在人均 GDP 3000~10000 美元阶段中,高等教育总投入占 GDP 比重的均值没有显著增长,仅从 1.29% 略

提高到1.30%，但是，高等教育财政投入与社会投入分别占总投入的比重再次出现"位置转换"：高等财政投入比重大于社会投入比重。高等教育财政投入占GDP比重均值为0.77%，与人均GDP 1000~3000美元阶段的均值0.62%相比，有明显提高。同时，高等教育财政投入占高等教育总投入的比重也提高到59.5%，与人均GDP 1000~3000美元阶段的48.1%相比，上升了11.4个百分点；中位数和众数提高程度也较明显，分别从0.62%和0.7%提高到0.8%和0.8%。高等教育社会投入占GDP比重均值有所下降，从为0.67%下降到0.52%，但高于样本总体（1998~2009年43个国家516条记录）的均值0.5%，中位数和众数的位置也有所下滑，分别从0.62%、0.5%下滑至0.4%、0.4%。同时，高等教育社会投入占高等教育总投入的比重也从51.9%下滑到40.5%（如图4-20所示），下降了11.4个百分点。高等教育社会投入占GDP比重的中位数和众数的值都低于本组均值，说明，均值0.52%可能是由少数国家较高的值拉动所得，而大部分国家的高等教育社会投入占GDP的真实水平都在GDP的0.4%左右。

表4-13　　人均GDP发展各个阶段的高等教育投入占GDP比重描述性统计分析结果（1998~2009年）

人均GDP（现价美元）	高等教育总投入占GDP比重（%）			高等教育财政投入占GDP比重（%）			高等教育社会投入占GDP比重（%）			高等教育财政投入占高等教育总投入比重（%）(21)/(11)	高等教育社会投入占高等教育总投入比重（%）(31)/(11)
	均值(11)	中位数(12)	众数(13)	均值(21)	中位数(22)	众数(23)	均值(31)	中位数(32)	众数(33)		
1000以下	0.95	0.9	1.1	0.62	0.7	0.9	0.33	0.24	0.2	65.3	34.7
1000~3000（含1000）	1.29	1.28	1.2	0.62	0.62	0.7	0.67	0.6	0.5	48.1	51.9
3000~10000（含3000）	1.30	1.2	1.1	0.77	0.8	0.8	0.52	0.4	0.4	59.5	40.5

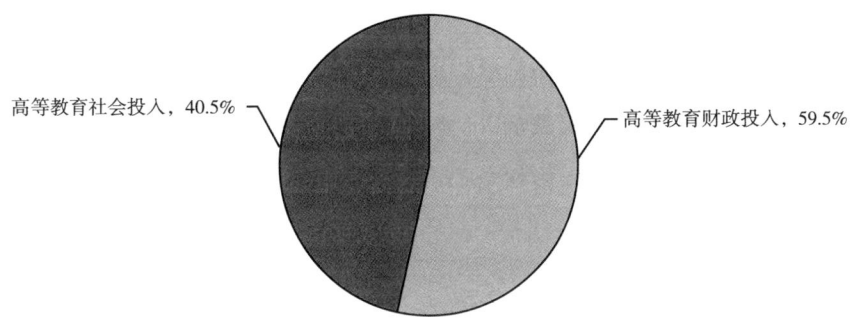

图 4-20　人均 GDP 3000～10000 美元阶段高等教育

投入结构图（1998～2009 年平均值）

进一步分析发现，在人均 GDP 3000～10000 美元阶段，高等教育社会投入占 GDP 比重大部分集中在 0.5%（样本均值）以下，占本组样本记录总数的 61%，与人均 GDP 1000 美元以下阶段的该项水平相当（64% 的记录在 0.5% 以下），与人均 GDP 1000～3000 美元相比（64% 的记录在 0.5%～1% 之间），整体比重下降（如表 4-14、图 4-21 所示）。

表 4-14　人均 GDP 3000～10000 美元组的高等教育社会投入分布情况

高等教育社会投入占 GDP 比重	记录条数	占本组记录条数的比重	备注
0.5%（样本均值）以下	52	61%	第三阶段中逾六成国家高等教育社会投入在样本平均水平以下
0.5%～1.0%（含 0.5%）	22	26%	
1.0% 以上（含 1.0%）	11	13%	
0.52%（本组均值）以下	60	71%	
本组（第三阶段）中位数：0.4%			均低于本组均值
本组（第三阶段）众数：0.4%			

可以推断，在人均 GDP 3000～10000 美元阶段，与人均 GDP 1000～3000 美元阶段相比，高等教育总投入占 GDP 比重的均值并未见明显上升，但来源结构发生了变化：高等教育财政投入占 GDP 比重均值上升，涨幅为 24.2%；高等教育社会投入占 GDP 比重均值下降，降幅为 22.4%；在高等教育投入的来源结构中，高等教育财政投入的比重重新返回到 60% 左右，高等教育社会投入的下降到 40%，与人均 GDP 1000 美元以下阶段的比重分配情况相当。从

高等教育毛入学率观察，在这一阶段（第三阶段）中，近90%的国家的高等教育都处在"大众化"中后期（25%以上）和"普及化"中前期之间（75%以下），仅墨西哥、中国等国家的11条记录的高等教育毛入学率是在25%以下；最低是17%（1998年，墨西哥），最高是76%（2009年，俄罗斯；2005和2006年，立陶宛）。

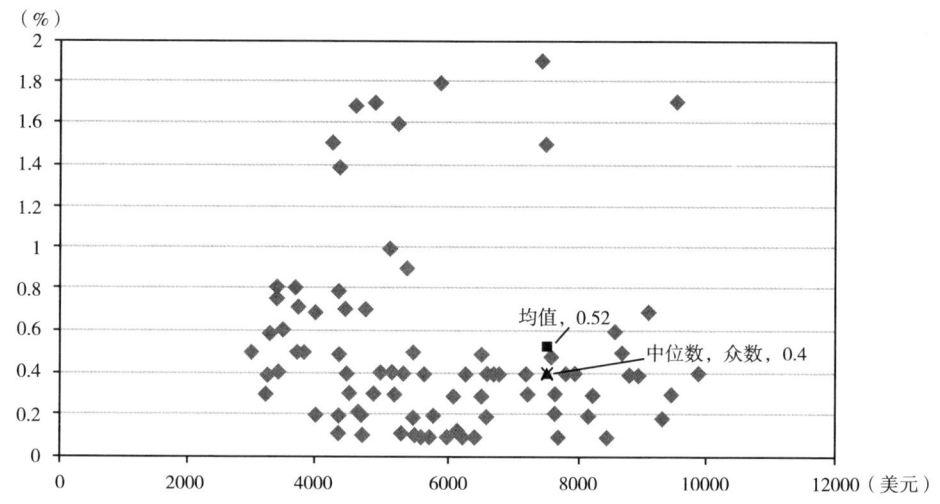

图4-21 人均GDP在3001~10000美元时的高等教育社会投入分布散点图

（二）回归分析发现：在人均GDP 3000~10000美元阶段，高等教育社会投入受人均GDP、高等教育毛入学率、高等教育财政投入、国家财政支出四因素的影响显著

为进一步剖析本阶段（第三阶段）中高等教育社会投入的影响因素，本研究在描述性统计分析的基础上，继续进行回归分析探讨高等教育社会投入在人均GDP 3000~10000美元阶段的发展机理。

假设X对Y影响不显著，考虑所有的自变量及其平方项（包括：X1、X2、X3、X4、$X1^2$、$X2^2$、$X3^2$、$X4^2$），置信水平0.05，对人均GDP在3000~10000美元阶段的54个样本进行回归，结果输出如图4-22所示。

```
> summary(scd.lm)

Call:
lm(formula = Y ~ X1 + X2 + X3 + X4 + I(X1^2) + I(X2^2) + I(X3^2) +
    I(X4^2), data = scd.data)

Residuals:
     Min       1Q   Median       3Q      Max
-0.83016 -0.10922 -0.01856  0.15478  0.63180

Coefficients:
              Estimate Std. Error t value Pr(>|t|)
(Intercept) -3.810e-01  7.019e-01  -0.543 0.589982
X1           7.680e-02  1.825e-02   4.209 0.000121 ***
X2           4.561e-04  1.579e-04   2.889 0.005932 **
X3          -1.486e+00  4.077e-01  -3.645 0.000691 ***
X4          -9.010e-02  3.159e-02  -2.852 0.006539 **
I(X1^2)     -6.818e-04  1.884e-04  -3.620 0.000744 ***
I(X2^2)     -3.110e-08  1.253e-08  -2.482 0.016848 *
I(X3^2)      4.308e-01  1.175e-01   3.665 0.000650 ***
I(X4^2)      1.074e-03  5.214e-04   2.059 0.045264 *
---
Signif. codes:  0 '***' 0.001 '**' 0.01 '*' 0.05 '.' 0.1 ' ' 1

Residual standard error: 0.2696 on 45 degrees of freedom
Multiple R-squared: 0.7647,    Adjusted R-squared: 0.7229
F-statistic: 18.28 on 8 and 45 DF,  p-value: 8.281e-12
```

图 4-22 回归分析

从回归结果可见，输出结果最后一行的 p 值（如下划线数据所示）为 8.281 的负 12 次方，远远小于置信水平 0.05，说明假设不成立，因此整体而言自变量 X 对因变量 Y 有显著影响，即 X1、X2、X3、X4、$X1^2$、$X2^2$、$X3^2$、$X4^2$ 整体对 Y 都存在显著影响。从自变量 X1 到 $X4^2$ 对应的最后一列 p 值（如方框内数据所示）都小于置信水平 0.05，故假设不成立，说明 X1、X2、X3、X4、$X1^2$、$X2^2$、$X3^2$、$X4^2$ 在 0.05 水平上对 Y 都存在影响，影响机制是：X1、X3、$X1^2$、$X3^2$ 对 Y 的影响水平都非常显著（记为"***"），X2、X4 对 Y 的影响水平比较显著（记为"**"），$X2^2$、$X4^2$ 对 Y 的影响水平显著（记为"*"）；其中，从输出结果的第二列看，X1、X2 的回归系数为正值，说明 Y 随 X1、X2 增长而增长；X3、X4 的回归系数为负值，说明 Y 随 X3、X4 的增长而下降。总体而言，8 个自变量都对 Y 存在显著影响，不再需要采用 AIC 准则对自变量进行筛选，因此不再进行逐步回归。

回归较好地反映出，1998～2009 年，处在人均 GDP 3000～10000 美元阶段的国家中，高等教育毛入学率、高等教育财政投入对高等教育社会投入有非常显著的影响，人均 GDP、国家财政支出对高等教育社会投入有比较显著的影响，总体而言，四个因素对高等教育社会投入的影响都在 0.05 水平上显著。其中，高等教育社会投入可能随高等教育毛入学率、人均 GDP 的增长而增长；随高等教育财政投入、国家财政支出增长而减少。回归结果与描述性统计分析结果基本一致，在人均 GDP 3000～10000 美元阶段，高等教育毛入学率前两个阶段大幅增长，高等教育财政投入占 GDP 比重、占高等教育总投入的比重都分别较第二阶段明显增长，而社会投入的这两项比重都较第二阶段明显下降。

当然，上述结论也存在着局限性，结果是基于人均 GDP 3000～10000 美元阶段国家总体状况的分析，各个国家的实际情况未必都与本组样本总体情况相一致，这一方面与本研究考虑的影响因素相关，另一方面也与样本容量相关。在现实状况中，对高等教育社会投入产生影响的因素可能远远不止本研究中考虑的四个因素，对此，在未来的研究中再进一步深化探讨。

(三) 本组结论的理论解释

综合上述分析，在人均 GDP 3000～10000 美元阶段，样本国家 90% 以上处在"大众化"中后期到"普及化"中前期阶段，高等教育总投入占 GDP 比重并未显著上升，但高等教育投入结构再次发生了改变：高等教育财政投入比重上升，高等教育社会投入比重下降，二者的比重分配再次"反转"，由人均 GDP 1000～3000 美元阶段的"平分秋色"，回归到与人均 GDP 1000 美元阶段相当的水平，即"财政∶社会≈6∶4"，财政投入再次成为高等教育经费投入的主要来源。

由此，本研究第三章中的理论推导得到了证实。根据马斯格雷夫与罗托斯的公共支出发展阶段论，在经济发展的成熟阶段，要求政府提高高质量的社会服务，政府投资相对又上升，公共支出的重点将从基础设施转向增加教育、保健与福利服务的支出。在人均 GDP 3000～10000 美元时期，各国的经济社会发展相对成熟，世界银行将处在这一阶段的国家称为"中等发达国家"，随着经济社会的进一步发展，各国的高等教育毛入学率也进一步提高，从"大众化"阶段进入"普及化"阶段，社会对高等教育的质量要求也进一步提高，所以政府财政投入必须在"数量增长"和"质量提升"上加大投入，保证高等教育的持续发展。

所以，高等教育财政投入在经历了人均 GDP 1000~3000 美元的"稳定期"后，在人均 GDP 3000~10000 美元阶段再次"走高"成为高等教育经费来源的"主角"（如图 4-23 所示）。高等教育社会投入的比重虽然下降，但并没有下降回到人均 GDP 1000 美元时的低水平，第三阶段的均值 0.52% 依然在样本均值 0.5% 之上，中位数、众数（0.4%、0.4%）也都在人均 GDP 1000 美元以下阶段（0.24%、0.2%）之上，说明高等教育社会投入的总体水平其实也在发展，只是在第三阶段中的发展速度不及财政投入快。这也正符合了瓦格纳法则的解释。

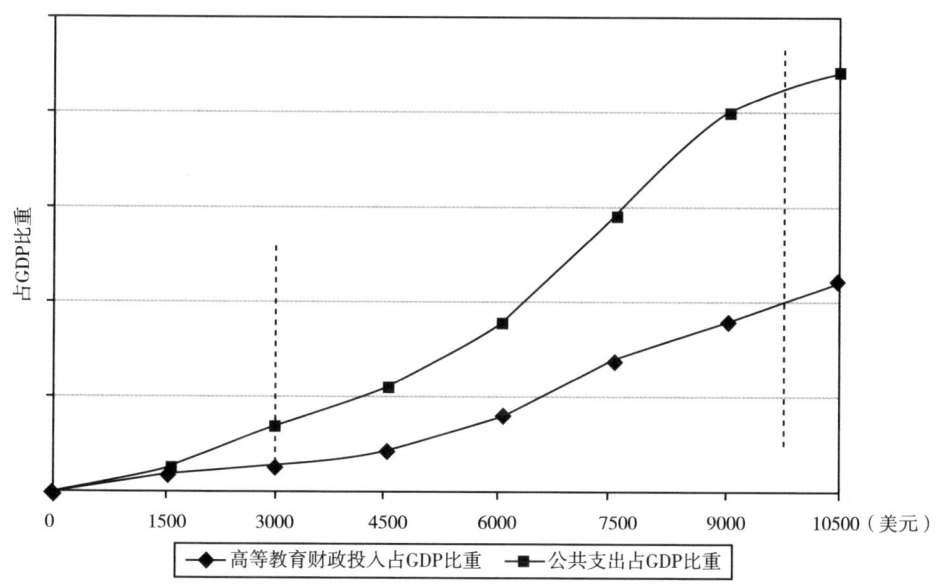

图 4-23　人均 GDP 3000~10000 美元阶段的高等教育
财政投入曲线与瓦格纳法则曲线示意图

五、人均 GDP 10000 美元以上时期的高等教育社会投入

（一）描述性分析发现：人均 10000 美元以上阶段的高等教育财政投入比重上涨至近七成，社会投入比重下降至三成

样本记录中处在人均 GDP 10000 美元以上阶段的国家主要包括所有的 OECD 国家和部分发展中国家。同时具有高等教育社会投入、高等教育财政投入、人均

GDP 三项指标的样本记录一共 281 条，主要来自：韩国、美国、加拿大、澳大利亚、日本、英国、法国、德国、意大利、智利、奥地利、比利时、捷克、丹麦、芬兰、冰岛、爱尔兰、荷兰、新西兰、波兰、葡萄牙、挪威、斯洛伐克、西班牙、瑞典、希腊、匈牙利、以色列、俄罗斯、拉脱维亚、立陶宛、斯洛文尼亚、塞浦路斯。数据显示（如表 4-15 所示），1998~2009 年期间，这些国家在人均 GDP 10000 美元以上的年份中，高等教育总投入占 GDP 比重的均值为 1.48%，中位数是 1.4%，众数是 1.3%；高等教育财政投入的均值为 0.99%，中位数是 0.9%，众数是 0.9%；高等教育社会投入占 GDP 比重的均值为 0.49%，中位数为 0.3%，众数为 0.1%。与人均 GDP 3000~10000 美元阶段相比，在人均 GDP 10000 美元以上阶段中，高等教育总投入占 GDP 比重的均值出现了明显增长，从 1.30% 略提高到 1.48%，增幅为 13.8%。高等教育财政投入进一步增长，高等教育社会投入继续下滑：高等教育财政投入占 GDP 比重均值为 0.99%，与人均 GDP 3000~10000 美元阶段的均值 0.77% 相比，有明显提高，增幅 28.6%；同时，高等教育财政投入占高等教育总投入的比重也提高到 70.6%，与人均 GDP 3000~10000 美元阶段的 59.5% 相比，上升了 19.1 个百分点。高等教育财政投入的中位数和众数提高程度也较明显，分别从 0.8%、0.8% 提高到 0.9%、10.9%。高等教育社会投入占 GDP 比重均值继续下降，从 0.52% 下降到 0.49%，与样本总体（1998~2009 年 43 个国家 516 条记录）的均值 0.5% 基本持平，中位数和众数的位置也有所下滑，分别从 0.4%、0.4% 下滑至 0.3%、0.1%；同时，高等教育社会投入占高等教育总投入的比重也从 GDP 的 40.5% 下滑到 29.4%（如图 4-24 所示），下降了 11.1 个百分点；中位数和众数的值都低于本组均值，说明，均值 0.49% 可能是由少数国家较高的值拉动所得，而大部分国家的高等教育社会投入占 GDP 的真实水平都在 GDP 的 0.49% 以下。

进一步分析发现，在人均 GDP 10000 美元以上阶段，高等教育社会投入占 GDP 比重大部分集中在 0.5%（样本均值）以下，占本组样本记录总数的 66%，与人均 GDP 3000~10000 美元阶段的该项指标（61% 的记录在 0.5% 以下）相比，比重更大，说明高等教育社会投入的整体比重下降（如表 4-16、图 4-25 所示）。

第四章　高等教育社会投入占 GDP 比重的阶段性发展特征分析

表 4-15　人均 GDP 发展各个阶段的高等教育投入占 GDP 比重
描述性统计分析结果（1998~2009 年）

人均 GDP（现价 美元）	高等教育总投入占 GDP 比重（%）			高等教育财政投入占 GDP 比重（%）			高等教育社会投入占 GDP 比重（%）			高等教育财政投入占高等教育总投入比重（%）(21)/(11)	高等教育社会投入占高等教育总投入比重（%）(31)/(11)
	均值（11）	中位数（12）	众数（13）	均值（21）	中位数（22）	众数（23）	均值（31）	中位数（32）	众数（33）		
1000 以下	0.95	0.9	1.1	0.62	0.7	0.9	0.33	0.24	0.2	65.3	34.7
1000~3000（含 1000）	1.29	1.28	1.2	0.62	0.62	0.7	0.67	0.6	0.5	48.1	51.9
3000~10000（含 3000）	1.30	1.2	1.1	0.77	0.8	0.8	0.52	0.4	0.4	59.5	40.5
10000 以上	1.48	1.4	1.3	0.99	0.9	0.9	0.49	0.3	0.1	70.6	29.4

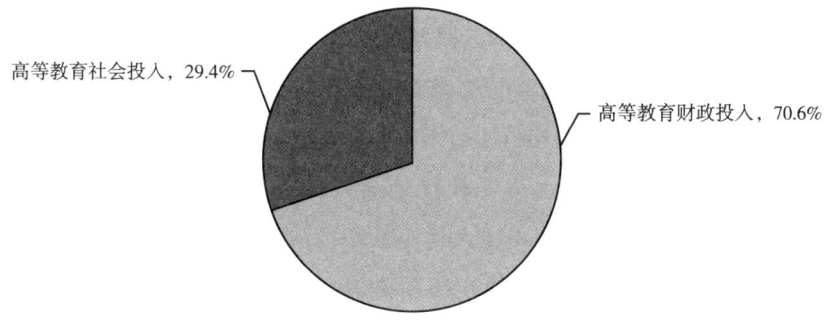

图 4-24　人均 GDP 10000 美元以上阶段高等教育
投入结构图（1998~2009 年平均值）

表 4-16　人均 GDP 10000 美元以上组的高等教育社会投入分布情况

高等教育社会投入占 GDP 比重	记录条数	占本组记录条数的比重	备注
0.5%（样本均值）以下	185	66%	
0.5%~1.0%（含 0.5%）	59	21%	
1.0% 以上（含 1.0%）	37	13%	
0.49%（本组均值）以下	185	66%	
本组（第四阶段）中位数：0.3%			均低于本组均值
本组（第四阶段）众数：0.1%			

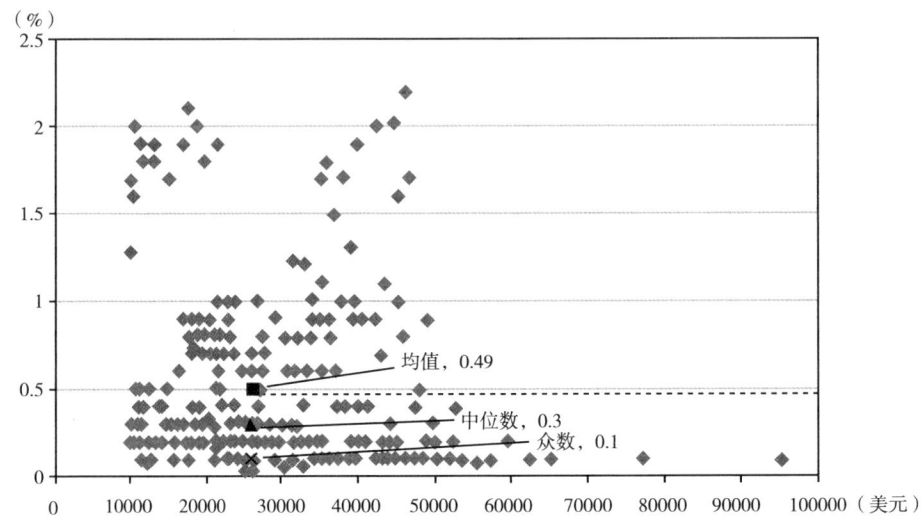

图4-25 人均GDP大于10000美元时的高等教育社会投入分布散点图

可以推断，在人均GDP 10000美元以上阶段，与人均GDP 3000~10000美元阶段相比，高等教育总投入的总量与结构均发生了变化。高等教育总投入占GDP比重的均值上升13.8%，高等教育财政投入占GDP比重均值增幅为28.6%，高等教育社会投入占GDP比重均值下降6%。高等教育财政投入进一步扩大比重，占到高等教育总投入的七成；高等教育社会投入继续下滑，仅保留三成左右；"7∶3"的构成说明财政投入比重比人均GDP 1000美元以下阶段（"6∶4"）的比重更高。从高等教育毛入学率看，在这一阶段（第四阶段）中，近95%的国家的高等教育都进入"普及化"发展阶段（50%以上），其中高等教育毛入学率75%以上的占19.2%；高等教育毛入学率80%以上的国家包括：韩国、美国、丹麦、芬兰、新西兰、瑞典、斯洛文尼亚；最低是20%（2000年，塞浦路斯），最高是104%[①]（2008和2009年，韩国）。

（二）回归分析发现：人均GDP 10000美元以上阶段的高等教育社会投入受国家财政支出的显著影响

进一步采用回归分析，剖析本阶段（第四阶段）中高等教育社会投入的影

---

① 主要是韩国高等教育中出现了一部分非18~25岁组的学生，高等教育毛入学率计算时，把这部分学生也计入学生总数，高等教育学生总数大于适龄人口组（学龄组）人数，所以出现了大于100%的情况。

响因素，探讨高等教育社会投入在人均 GDP 10000 美元以上阶段的发展机理，分析如下：

第一次回归：假设 X 对 Y 影响不显著，考虑所有的自变量及其平方项（包括：X1、X2、X3、X4、$X1^2$、$X2^2$、$X3^2$、$X4^2$），置信水平 0.05，对人均 GDP 在 10000 美元以上共有 246 个样本进行回归，结果输出如图 4-26。

```
> summary(thd.lm)

Call:
lm(formula = Y ~ X1 + X2 + X3 + X4 + I(X1^2) + I(X2^2) + I(X3^2) +
    I(X4^2), data = thd.data)

Residuals:
     Min       1Q   Median       3Q      Max
-0.62359 -0.17114 -0.04853  0.11244  1.14308

Coefficients:
              Estimate Std. Error t value Pr(>|t|)
(Intercept)  2.609e+00  3.543e-01   7.365 2.91e-12 ***
X1          -1.182e-02  1.075e-02  -1.100   0.2725
X2           8.302e-06  5.089e-06   1.631   0.1042
X3          -1.755e-01  3.522e-01  -0.498   0.6188
X4          -9.724e-02  9.861e-03  -9.861  < 2e-16 ***
I(X1^2)      1.855e-04  7.837e-05   2.366   0.0188 *
I(X2^2)     -1.231e-10  6.502e-11  -1.893   0.0596 .
I(X3^2)     -1.591e-01  1.600e-01  -0.994   0.3211
I(X4^2)      1.107e-03  1.235e-04   8.969  < 2e-16 ***
---
Signif. codes:  0 '***' 0.001 '**' 0.01 '*' 0.05 '.' 0.1 ' ' 1

Residual standard error: 0.3049 on 237 degrees of freedom
Multiple R-squared: 0.6266,    Adjusted R-squared: 0.614
F-statistic: 49.72 on 8 and 237 DF,  p-value: < 2.2e-16
```

图 4-26 第一次回归

从回归结果可见，输出结果最后一行的 p 值（如下划线数据所示）小于 2.2 的负 16 次方，远远小于检验假设的置信水平 0.05，说明假设不成立，因此自变量 X 总体上对因变量 Y 有显著影响。从输出结果的最后一列看，X1 到 $X4^2$ 对应的 p 值（如方框内数据所示）大小相差较大，其中，X4、$X1^2$、$X2^2$、$X4^2$ 对 Y 都存在影响，影响机制是：X4、$X4^2$ 对应的 p 值分别都小于 2 的负 16 次方，远远小于置信水平 0.05，说明假设不成立，因此 X4、$X4^2$ 对 Y 存在显著影响，影响水平在 0.05 水平上非常显著（记为"***"）；$X1^2$ 对应的 p 值为 0.0188，小于置信水平 0.05，说明假设不成立，说明 $X1^2$ 对 Y 存在显著影响，影响在 0.05 水平上显著（记为"*"）；$X2^2$对应的 p 值为 0.0596，大于置信水平 0.05，假设成立，$X2^2$对 Y 的影响不显著，但在置信水平为 0.1 水平上显著（记为"."）。此外，X4 的回归系数为负值，说明 Y 随 X4 的增长而可能呈下降趋势。从回归结果发现，并非 8 个自变量都对因变量 Y 存在显著影响，需要对模型进行变量筛选。因此采用 AIC 准则对自变量进行筛选后，进行逐步回归。

第二次回归：逐步回归。假设 X 对 Y 的影响不显著，置信水平 0.05，AIC 准则筛选后所得的自变量为 X2、X4、$X1^2$、$X2^2$、$X3^2$、$X4^2$，对人均 GDP 在 10000 美元以上共有 246 个样本进行回归，结果输出如图 4-27 所示。

```
> summary(sthd.lm)

Call:
lm(formula = Y ~ X2 + X4 + I(X1^2) + I(X2^2) + I(X3^2) + I(X4^2),
    data = thd.data)

Residuals:
     Min      1Q   Median      3Q     Max
-0.62016 -0.17086 -0.04687 0.11435 1.29881

Coefficients:
              Estimate Std. Error t value Pr(>|t|)
(Intercept)  2.235e+00  2.066e-01  10.817  < 2e-16 ***
X2           7.190e-06  4.984e-06   1.443   0.1504
X4          -1.032e-02  8.709e-03 -11.850  < 2e-16 ***
I(X1^2)      1.017e-04  1.271e-05   7.999 5.41e-14 ***
I(X2^2)     -1.150e-10  6.443e-11  -1.784   0.0756 .
I(X3^2)     -2.337e-01  3.437e-02  -6.801 8.26e-11 ***
I(X4^2)      1.196e-03  1.033e-04  11.583  < 2e-16 ***
---
Signif. codes:  0 '***' 0.001 '**' 0.01 '*' 0.05 '.' 0.1 ' ' 1

Residual standard error: 0.3048 on 239 degrees of freedom
Multiple R-squared: 0.6239,    Adjusted R-squared: 0.6144
F-statistic: 66.08 on 6 and 239 DF,  p-value: < 2.2e-16
```

图 4-27 第二次回归：逐步回归

逐步回归结果分析：输出结果中的最后一行的 p 值（如下划线数据所示）为 2.2 的负 16 次方，远远小于置信水平 0.05，说明假设不成立，因此 X 总体上对 Y 影响显著。自变量 X2、X4、$X1^2$、$X2^2$、$X3^2$、$X4^2$对应的最后一列 p 值（如方框内数据所示）大小差异较大，其中，X4、$X1^2$、$X3^2$、$X4^2$对应的 p 值分别为 2 的负 16 次方、5.41 的负 14 次方、8.26 的负 11 次方、2 的负 16 次方，都远远小于置信水平 0.05，说明假设不成立，因此 X4、$X1^2$、$X3^2$、$X4^2$对 Y 的影响显著，且都在

0.05水平上非常显著（记为"***"）；X2对应的p值为0.1504，大于置信水平0.05，说明假设成立，因此X2对Y的影响不显著；$X2^2$仅在0.1水平上对Y影响显著（记为"."）。

回归结果反映：在人均GDP 10000美元以上阶段中，国家财政支出对高等教育社会投入有显著影响；高等教育毛入学率、人均GDP、高等教育财政投入对高等教育社会投入的影响并不显著；高等教育社会投入可能随国家财政支出增长而减少。回归结果与描述性统计分析结果基本一致，在人均GDP 10000美元以上阶段，高等教育毛入学率、高等教育财政投入占GDP比重较前一阶段（人均GDP 3000~10000美元阶段）明显增长，但高等教育社会投入占GDP比重仅从0.52%下降大了0.49%，变化不大。

基于回归结果分析，高等教育社会投入比重下降的主要原因是，国家财政支出的总体增长，高等教育从国家财政中获得更多经费支持，高等教育社会投入需承担的份额因此下降了。例如，1998~2009年美国、英国、法国的国家财政支出确实不断增长，增幅都接近或超过了10%；美国从19.6%（2001年）增长到26.7%（2009年），英国从36.3%（1998年）增长到46.3%（2009年），法国从45.9%增长到48.3%。本组中的其他国家的财政支出占GDP比重也有不同水平的增长，本组国家的财政支出占GDP比重均值为35.3%，中位数为35.8%，众数为31.8%，最低的是14.8%（日本，2007年），最高是73.8%（塞浦路斯，2005年）；说明在人均GDP 10000美元以上的阶段，大部分国家三分之一以上的财富都归由财政分配。由表4-17，比较四个阶段的高等教育财政投入与国家财政支出分别占GDP的比重和增速，可以发现：在人均GDP 1000美元以下、1000~3000美元这两个阶段，国家财政支出占GDP比重的增长速度（24.7%、44.8%）要明显高于高等教育财政投入占GDP比重的增长速度（0、24.2%）；进入人均GDP 10000美元以上阶段时，国家财政投入占GDP比重的增长速度为27%，低于高等教育财政投入占GDP比重的增长速度28.6%。这再一次验证了，在高等教育财政投入增长"跑不赢"国家财政支出增长的情况下，面对高等教育投入需求不断增长的现实，只能由高等教育社会投入来补充。所以，与人均GDP 1000美元以下阶段相比，在人均GDP 1000~3000美元阶段出现了高等教育社会投入"双增长"(指占 GDP 比重、占高等教育总投入比重两个值都"增长")的情况。从表中最后一列数值——高等教育财政投入占国家财政支出百分比看,在前三阶段,高等教育财政投入占国家财政投入的比重一直下降,从 4% 下降到 3.2% 后,继续下降到 2.8%,但在第四阶段"跌停",维持在 2.8% 的位置,由于第四阶段中国家财政投入占 GDP 比重的大幅上涨,实际上第四阶段的高等教育财政投入比第三阶段的要高。

表 4-17　　　　　高等教育财政投入与国家财政支出变化情况(1998~2009 年)　　　　单位:%

人均 GDP（现价美元）	高等教育财政投入占 GDP 比重（1）				国家财政支出占 GDP 比重（2）				(1)/(2)值
	均值		中位数	众数	均值		中位数	众数	
	值	增速			值	增速			
1000 以下	0.62	—	0.7	0.9	15.4	—	15.3	14.6	4
1000~3000	0.62	0	0.62	0.7	19.2	24.7	17.2	17.6	3.2
3000~10000	0.77	24.2	0.8	0.8	27.8	44.8	28.3	17	2.8
10000 以上	0.99	28.6	0.9	0.9	35.3	27	35.8	31.8	2.8

同样,上述回归结果分析也存在着局限,结果是基于人均 GDP 10000 美元以上阶段国家平均状况的分析,未反映国别差距。在这一阶段(第四阶段)中,高等教育社会投入的差异较大,例如美国、韩国等国家的高等教育社会投入比重最高值接近 GDP 的 2%,德国以及北欧国家芬兰、丹麦等的高等教育社会投入最低值在 GDP 的 0.08%,换而言之,各国的高等教育投入模式选择存在显著差异。对此,在第五章"典型模型"中将进一步分类研究。

(三) 本组结论的理论解释

综合上述分析,在人均 GDP 10000 美元以上阶段,样本国家 90% 以上进入"普及化"发展时期,高等教育总投入占 GDP 比重明显上升,高等教育投入来源继续以财政投入为主,高等教育财政投入比重继续上升,高等教育社会投入比重持续下降,二者的比重分配差距扩大,由人均GDP 3000~10000美元阶段的"财政：社会≈6：4",扩大到"财政：社会≈7：3"财政投入再次成为高等教育经费投入的主要来源。

用瓦格纳法则和马斯格雷夫与罗托斯的公共支出发展阶段论对本组实证结果进行解释,可以阐述为：1998~2009年,人均GDP 10000美元以上时期是经济发展的成熟阶段,本组(第四组)样本国家是世界银行国家发展分类中的"发达国家",要维持经济、社会、教育的高水平持续发展,政府需要继续提高社会服务品质,政府投资公共支出会继续上升,公共支出的重点将是教育、保健与福利服务的支出。高等教育作为高素质人才培养的领域,已经成为各国的国家发展战略,从国家战略的层面上必将进一步提高高等教育财政投入的比重,高等教育财政投入占GDP比重的增长速度开始大于国家财政支出占GDP比重的增长速度(如图4-28所示)。

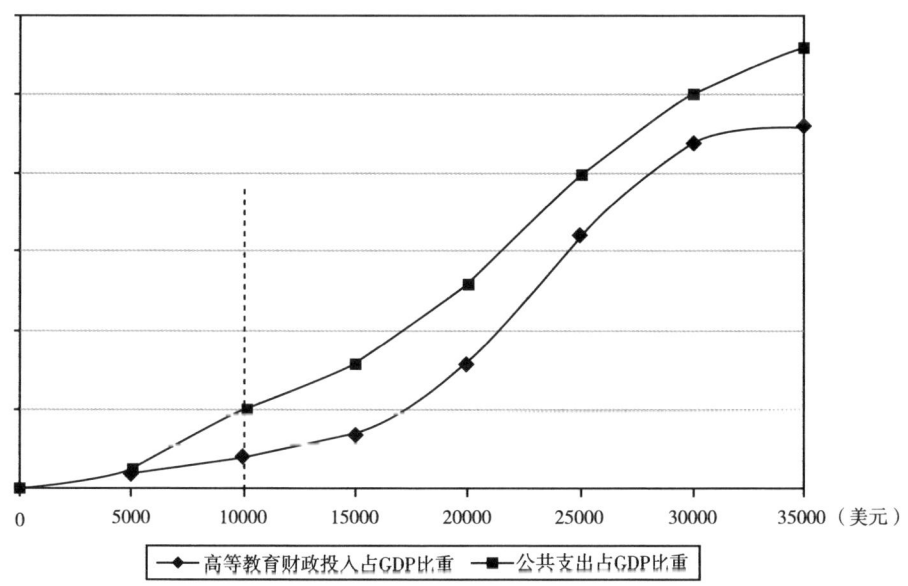

图4-28 人均GDP 10000美元以上阶段的高等教育财政投入曲线和瓦格纳法则曲线意图

第四节　高等教育社会投入在高等教育毛入学率不同发展阶段的情况分析

在按人均GDP划分阶段分析高等教育社会投入发展变化及影响机理的过程中发现，高等教育毛入学率在各个阶段也显著不同，高等教育毛入学率从人均GDP 1000美元以下到10000美元以上的四个阶段中，呈现出了逐步增长趋势，经历了"精英教育""大众化""普及化"的历程。在研究高等教育社会投入发展机理的回归分析中，人均GDP 3000~10000美元的回归结果显示，高等教育毛入学率对高等教育社会投入影响显著。仅以人均GDP为划分指标来考察高等教育社会化投入的阶段性特征，也比较单一，不足以揭示高等教育社会投入与高等教育毛入学率之间的关系。从理论方面看，在马丁·特罗的高等教育发展阶段论中，也提出了高等教育规模扩张与制度保障之间的关系理论，认为：高等教育规模扩张必然要求高等教育结构和制度做出适应性调整；必然要求高等教育的多样化发展，仅靠公立或者私立大学是无法持续支撑规模扩张的需要；只有通过高等教育结构的分化，才能满足高等教育多样化的需求；只有通过分散管理和学校办学自主权为特征的市场机制来加以实现，集中管理的科层体制不利于实现系统分化目标。这在第三章中已经论述，在此不再赘述。

为了更全面地剖析高等教育社会投入与高等教育毛入学率的关系，本研究尝试以高等教育毛入学率作为划分阶段的依据，分别探讨"精英教育""大众化""普及化"三个阶段中的高等教育社会投入总量变化和影响机理。

一、高等教育投入随高等教育毛入学率增长呈阶段性特征的检验分析

（一）高等教育投入与毛入学率的关系

教育经济学的理论研究与实践证明：教育与经济发展相互促进，又相互

制约。① 教育与经济的相互关系，在高等教育与经济发展的关系中表现得尤为充分。一方面，经济发展对高等教育起决定性的作用，包括经济体制决定高等教育体制、经济结构决定高等教育结构、经济总量规模决定高等教育总量规模、市场供求决定高等教育供求等；另一方面，高等教育对经济发展也有反作用，包括全面的适应和主动的适应。② 其中，规模与毛入学率密切相关，随着马丁·特罗的"精英—大众化—普及化"高等教育发展阶段论的广泛传播，毛入学率已经成为衡量一个国家高等教育发展规模的重要指标。受经济基础影响的高等教育投入进一步影响着高等教育毛入学率。

一般情况下，根据市场经济学的观点，投入越多，产出越多，那么，高等教育经费投入越多，就有越多人获得高等教育，高等教育毛入学率也会越高。但事实并非如此，高等教育作为准公共产品，由政府和市场（社会）共同提供，而且消费与收益又存在外部性，所以，高等教育规模不仅受到一般市场规律的影响，而且受到公共财政投入能力和政府投入态度的影响，同时也受到受教育者购买意愿与支付能力的影响。在高等教育发展过程中，高等教育规模越大，所需的高等教育投入就越多，如果财政来源不足以满足庞大的社会需求，那么高等教育社会投入就不得不弥补这一缺口。

（二）按三分法："精英教育—大众化—普及化"的高等教育社会投入占 GDP 比重差异并不显著

样本记录一共 516 条，删去缺失高等教育社会投入或高等教育毛入学率的记录后剩下有效记录 382 条，有效数据占样本记录总数的 74%。将 382 条记录按照马丁·特罗的高等教育发展阶段划分为三组：第一组高等教育毛入学率低于 15%（fst_rxl. data）的有 11 条记录；第二组高等教育毛入学率在 15% ~ 50% 之间（scd_rxl. data）的有 112 条记录；第三组高等教育毛入学率高于 50%（thd_rxl. data）的有 259 条记录。三组记录未通过正态分布检验，因此仍然采用秩和

---

① 潘懋元：《新编高等教育学》，北京师范大学出版社，2009，第 12 页。
② 武毅英：《高等教育与经济发展的相互关系及其形式》，《煤炭高等教育》2002 年第 2 期，第 7 ~ 12 页。

检验方法检验高等教育社会投入在按高等教育毛入学率划分成三个阶段时是否有显著不同。

假设高等教育社会投入占 GDP 比重在按高等教育毛入学率为 15%、50% 为分界点划分成三个阶段时，三个阶段的高等教育社会投入占 GDP 比重分布相同，分别采用 Kruskal–Wallis 检验方法进行三组检验、采用 Wilcoxon 检验进行三组间两两检验，置信水平为 0.05，如果 p 值大于 0.05 时，表示三个阶段的 Y 分布无显著不同；反之，则显著不同。输出的检验结果如图 4-29 所示。

```
> kruskal.test(T_rxl.Y)

        Kruskal-Wallis rank sum test

data:  T_rxl.Y
Kruskal-Wallis chi-squared = 2.0396, df = 2, p-value = 0.3607

> wilcox.test(fst_rxl.data$Y,scd_rxl.data$Y,exact=F,correct=F)

        Wilcoxon rank sum test

data:  fst_rxl.data$Y and scd_rxl.data$Y
W = 469.5, p-value = 0.1923
alternative hypothesis: true location shift is not equal to 0

> wilcox.test(fst_rxl.data$Y,thd_rxl.data$Y,exact=F,correct=F)

        Wilcoxon rank sum test

data:  fst_rxl.data$Y and thd_rxl.data$Y
W = 1237, p-value = 0.456
alternative hypothesis: true location shift is not equal to 0

> wilcox.test(scd_rxl.data$Y,thd_rxl.data$Y,exact=F,correct=F)

        Wilcoxon rank sum test

data:  scd_rxl.data$Y and thd_rxl.data$Y
W = 15508, p-value = 0.2865
alternative hypothesis: true location shift is not equal to 0
```

图 4-29　Kruskal–Wallis 检验和 Wilcoxon 检验

输出结果显示，p 值都大于 0.05，所以，按高等教育毛入学率划分的三个阶段间的高等教育社会投入分布差异并不显著。

从样本构成看，计量分析结果存在一定的局限。原因主要是：一方面，样本记录仅局限在 1998~2009 年 12 年间的 43 个国家，时空间距不足；另一方面，由于三个阶段的样本记录数量差距较悬殊，影响了检验结果。因此，这一结果可能仅部分反映出高等教育社会投入和高等教育毛入学率之间的关系：高等教育社会投入占 GDP 比重在高等教育毛入学率不同发展阶段的差异可能不显著；在高等教育毛入学率不同的阶段中高等教育社会投入的发展机理的差异是否也不显著，还需进行回归分析进一步探讨。

（三）按五分法："精英教育—大众化前期—大众化后期—普及化前期—普及化后期"的高等教育社会投入占 GDP 比重差异显著

根据现有资料分析，高等教育从毛入学率 15% 到 50% 的时期中，各国的人均 GDP、高等教育投入来源、国家财政支出都存在着"跨越性"发展，"大众化"的后期与前期相比，差异较为明显。一些国家从"低收入水平国家"进入"中下等收入水平国家"行列，例如印度、印度尼西亚、中国；一些国家从"中下等收入水平"进入"中上等收入水平"行列，例如阿根廷、捷克。同样，高等教育毛入学率 50% 以上的时期中，各国的发展情况呈现出"跨越"的特征。如果把高等教育毛入学率跨度较大的"大众化""普及化"两个时期再分别划分为"中前期""中后期"，分界点分别为高等教育毛入学率的 30%、75%，高等教育社会投入等相关数据显示出了更细致、明显的阶段特征。用描述性统计分析方法，按照"五分法"，分别研究"精英教育"（15% 以下）、"大众化前期"（15%～30%）、"大众化后期"（30%～50%）、"普及化前期"（50%～75%）、"普及化后期"（75% 以上）的高等教育社会投入的变化，结果呈现出了明显的阶段性特征。

如表 4-18 和图 4-30 所示，在五个时期中，高等教育总投入和高等教育财政投入分别占 GDP 比重总体呈上升趋势，高等教育社会化投入占 GDP 比重出现了"两起两伏"，"两起是"在"大众化前期""普及化后期"，"两伏"是在"大众化后期""普及化前期"。从占高等教育总投入的比重看，高等教育财政投入比重在"大众化前期""普及化后期"出现了下降，相反地，高等教育社会投入在这两个时期中比重增长。

表4-18 人均GDP发展各个阶段的高等教育投入占GDP比重描述性统计分析结果（1998~2009年）

高等教育毛入学率	高等教育总投入占GDP比重（%）			高等教育财政投入占GDP比重（%）			高等教育社会投入占GDP比重（%）			高等教育财政投入占高等教育总投入比重（%）(21)/(11)	高等教育社会投入占高等教育总投入比重（%）(31)/(11)	备注：样本记录条数（条）
	均值(11)	中位数(12)	众数(13)	均值(21)	中位数(22)	众数(23)	均值(31)	中位数(32)	众数(33)			
精英时期：15%以下	0.92	0.9	0.7	0.64	0.6	0.9	0.28	0.2	0.2	69.57	30.43	15
大众化前期：15%~30%（含15%）	1.28	1.24	1.4	0.71	0.73	0.8	0.57	0.4	0.4	55.47	44.53	43
大众化后期：30%~50%（含30%）	1.26	1.1	1.1	0.79	0.8	0.9	0.47	0.3	0.2	62.70	37.30	68
普及化前期：50%~75%（含50%）	1.37	1.3	1.3	0.95	0.9	0.9	0.42	0.3	0.2	69.34	30.66	201
普及化后期：75%以上（含75%）	1.87	1.7	1.7	1.1	1	0.9	0.79	0.5	0.1	58.82	42.25	59

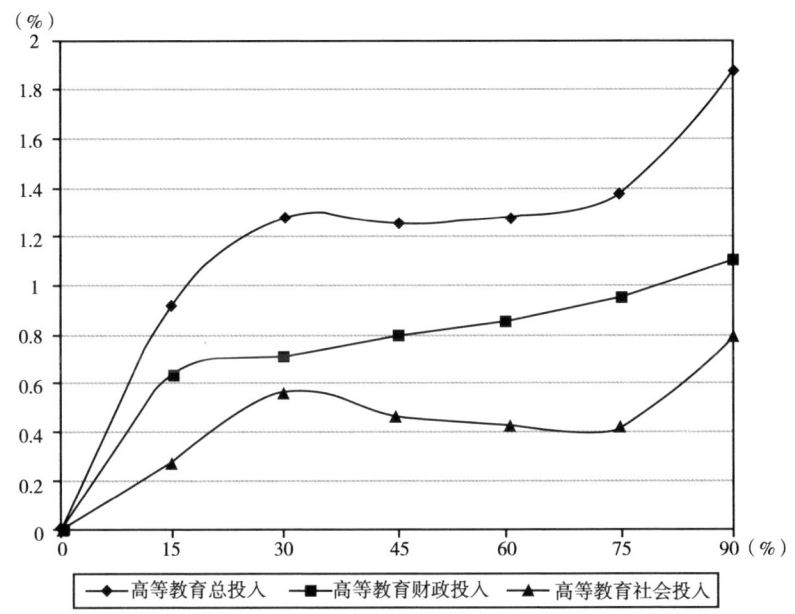

图 4-30 高等教育毛入学率与高等教育投入占 GDP
比重变化曲线（1998~2009 年）

用瓦格纳法则、马斯格雷夫和罗托斯的公共支出发展阶段理论、马丁·特罗的高等教育规模扩张与制度保障之间的关系理论可以解释为：在高等教育领域中，高等教育毛入学率增长的过程，也是经济领域中人均 GDP 增长的过程和公共支出占 GDP 比重增长的过程；高等教育财政投入占 GDP 比重的持续增长，是公共支出不断增长在高等教育领域中的具体表现；高等教育财政投入的阶段性特征受到了公共支出发展阶段性特征的影响；以高等教育毛入学率为衡量指标的高等教育规模扩张，必然带来以经费投入为重要指标的制度保障的变化，高等教育投入总量和结构的变化正是经费投入这一重要指标变化的证据。当高等教育毛入学率低于 15% 的时候，政府需要投入大量的经费进行高等教育发展的基础设施建设，因此财政投入占高等教育投入比重较大。当高等教育进入"大众化前期"的时候，毛入学率的划时代意义的增长会使财政投入不足以应对，所以高等教育社会投入比重增长。当高等教育进入"大众化后期"，一直到"普及化前期"，一方面，政府必须做出相应的财政支持确保高等教育"量"的持续发展，使高等教育可以顺利地从"大众化"进入"普及化"；另一方面，随着社会对高等教育品质要求的提升，政府又必须提高高等教育财政投入比重来全面提高高等教育的质量，确保"质"的飞跃，例如：把基础建设提高到新的水平、促进高等教育的多样化发展等；因此，这两个时期中，社会投入比重会相对减少。当高等教育进入"普及化后期"，高等教育已经非常普及，政府的财政经费投入会趋于稳定，国家财政经费增长的份额则将投向高等教育领域外的其他领域，所以财政比重又相对下降，但这"下降"与"大众化前期"的"下降"意义不同，"大众化前期"是"未能满足需要导致的下降"，"普及化后期"是"需求相对饱和后的下降"。

进一步分析数据发现，五个阶段中的高等教育财政投入的中位数、众数基本与均值持平，差距并不大，说明高等教育财政投入的均值较大程度反映了各个阶段的总体情况。但是，五个阶段中的高等教育社会投入的中位数、众数基本与均值差距不一，相对高等教育财政投入的情况而言，整体差距较大，说明高等教育社会投入的均值未必能反映出各个阶段的总体情况。在五个阶段中，高等教育社会投入发展可能出现两极分化的情况，即一部分国家的社会投入持续走高，一部分国家持续走低，在求均值的过程中，走高的国家的值"拉高"了走低国家的值。例如，如表4-18所示，在"大众化后期""普及化前期""普及化后期"，高等教育社会投入的均值、中位数、众数分别是：0.47%、0.3%、0.2%，0.42%、0.3%、0.2%、0.79%、0.5%、0.1%，均值和众数的差距（均值和众数之差再除以均值）分别约为1.35倍、1.1倍、6倍，可见，这三个阶段的均值已经不再能反映这三个时期内大部分国家的情况，大部分国家的情况如众数所示，均值确实被少部分国家极高的高等教育社会投入值"拉高"，高等教育社会投入情况出现了"两极分化"，高等教育社会投入的"典型国家"可能由此产生。

二、高等教育社会投入在高等教育毛入学率不同发展阶段发展机理的回归分析

与以人均GDP为指标划分阶段一样，分别进行两次回归来剖析以高等教育毛入学率为指标划分出的三个阶段中高等教育社会投入的影响机理。

样本记录一共 516 条，同时具备高等教育社会投入占 GDP 比重、高等教育毛入学率、人均 GDP、高等教育财政投入占 GDP 比重、国家财政支出占 GDP 比重等五项指标的有效记录 328 条，有效数据占样本记录总数的 64%。按照马丁·特罗的高等教育发展阶段划分为三组：第一组高等教育毛入学率低于 15%（fst_rxl. data）的有 6 条记录；第二组高等教育毛入学率在 15% 到 50% 之间（scd_rxl. data）的有 82 条记录；第三组高等教育毛入学率高于 50%（thd_rxl. data）的有 240 条记录。第一组仅 6 条记录，回归意义不大，所以仅对第二、第三组记录进行回归分析。

一、高等教育毛入学率 15% ~50% 组的回归结果

第一次回归：检验是否所有的自变量 X 对因变量 Y 都有显著影响。

假设 X 对 Y 影响不显著，置信水平 0.05，不仅考虑自变量 X1、X2、X3、X4，还考虑各个自变量的平方项 $X1^2$、$X2^2$、$X3^2$、$X4^2$，对第二组 82 条有效记录进行回归分析，输出的模型及结果如图 4 – 31 所示。

```
> dim(scd.data)
[1] 82  6
> scd.lm=lm(Y~X1+X2+X3+X4+I(X1^2)+I(X2^2)+I(X3^2)+I(X4^2),data=scd.data)
> summary(scd.lm)

Call:
lm(formula = Y ~ X1 + X2 + X3 + X4 + I(X1^2) + I(X2^2) + I(X3^2) +
    I(X4^2), data = scd.data)

Residuals:
     Min       1Q   Median       3Q      Max
-0.63814 -0.14765 -0.05955  0.05316  1.38694

Coefficients:
              Estimate Std. Error t value Pr(>|t|)
(Intercept)  1.512e+00  4.271e-01   3.539 0.000702 ***
X1           1.269e-02  2.764e-02   0.459 0.647513
X2          -3.121e-05  1.811e-05  -1.723 0.089087 .
X3          -7.921e-01  3.240e-01  -2.444 0.016924 *
X4          -6.297e-02  1.405e-02  -4.481 2.70e-05 ***
I(X1^2)      8.700e-05  4.189e-04   0.208 0.836064
I(X2^2)      4.803e-10  4.362e-10   1.101 0.274371
I(X3^2)      2.996e-02  9.738e-02   3.077 0.002944 **
I(X4^2)      8.142e-04  1.647e-04   4.945 4.72e-06 ***
---
Signif. codes:  0 '***' 0.001 '**' 0.01 '*' 0.05 '.' 0.1 ' ' 1

Residual standard error: 0.3189 on 73 degrees of freedom
Multiple R-squared: 0.5048,    Adjusted R-squared: 0.4505
F-statistic: 9.301 on 8 and 73 DF,  p-value: 9.601e-09
```

图 4 – 31　第一次回归

从回归结果可见,输出结果最后一行的 p 值(如下划线数据所示)小于 9.601 的负 9 次方,远远小于检验假设的置信水平 0.05,说明假设不成立,因此自变量 X 总体上对因变量 Y 有显著影响。从输出结果的最后一列看,X1 到 $X4^2$ 对应的 p 值(如方框内数据所示)大小相差较大,其中,X3、X4、$X3^2$、$X4^2$ 对应的 p 值分别为:0.016924、2.7 的负 5 次方、0.002944、4.72 的负 6 次方,远远小于置信水平 0.05,说明假设不成立,因此 X3、X4、$X3^2$、$X4^2$ 对 Y 都存在影响,影响机制是:X4、$X4^2$ 在 0.05 水平上非常显著(标记为"***");$X3^2$ 在 0.05 水平上比较显著(标记为"**");X3 在 0.05 水平上显著(标记为"*"),$X2^2$ 仅在 0.1 水平上显著(标记为".")。此外,X2、X3、X4 的回归系数为负值,说明 Y 随 X2、X3、X4 的增长而可能呈下降趋势。从回归结果发现,并非 8 个自变量都对因变量 Y 存在显著影响,需要对模型进行变量筛选。因此采用 AIC 准则对自变量进行筛选后,进行逐步回归。

第二次回归:逐步回归。假设 X 对 Y 的影响不显著,置信水平 0.05,经过 AIC 准则筛选后所得的自变量为 X1、X2、X3、X4、$X3^2$、$X4^2$,对第二组 82 条有效记录进行回归分析,输出的模型及结果如图 4-32 所示。

```
> summary(sscd.lm)

Call:
lm(formula = Y ~ X1 + X2 + X3 + X4 + I(X3^2) + I(X4^2), data = scd.data)

Residuals:
     Min       1Q   Median       3Q      Max
-0.63581 -0.16729 -0.06765  0.08805  1.36650

Coefficients:
              Estimate Std. Error t value Pr(>|t|)
(Intercept)  1.460e+00  2.103e-01   6.941 1.20e-09 ***
X1           1.747e-02  5.264e-03   3.318  0.00140 **
X2          -1.227e-05  5.598e-06  -2.191  0.03153 *
X3          -8.077e-01  3.194e-01  -2.529  0.01355 *
X4          -6.582e-02  1.374e-02  -4.791 8.18e-06 ***
I(X3^2)      2.994e-01  9.659e-02   3.099  0.00273 **
I(X4^2)      8.209e-04  1.626e-04   5.047 3.05e-06 ***
---
Signif. codes:  0 '***' 0.001 '**' 0.01 '*' 0.05 '.' 0.1 ' ' 1

Residual standard error: 0.3172 on 75 degrees of freedom
Multiple R-squared: 0.4965,    Adjusted R-squared: 0.4562
F-statistic: 12.33 on 6 and 75 DF,  p-value: 1.32e-09
```

图 4-32 第二次回归:逐步回归

从回归结果可见,输出结果最后一行的 p 值(如下划线数据所示)为 1.32 的负 9 次方,远远小于检验假设的置信水平 0.05,说明假设不成立,因此自变量 X 总体上对因变量 Y 有显著影响。从输出结果的最后一列看,X1、X2、X3、X4、$X3^2$、$X4^2$ 对应的 p 值(如方框内数据所示)的值都小于置信水平 0.05,说明假设不成立,因此 X1、X2、X3、X4、$X3^2$、$X4^2$ 对 Y 都有显著影响。其中,X4、$X4^2$ 对 Y 的影响在 0.05 水平上非常显著(标记为"***");X1、$X3^2$ 对 Y 的影响在 0.05 水平上比较显著(标记为"**");X2、X3 对 Y 的影响在 0.05 水平上显著(标记为"*")。此外,X2、X3、X4 的回归系数为负值,说明 Y 随 X2、X3、X4 的增长而可能呈下降趋势。

(二)高等教育毛入学率在 50% 以上组的回归结果

第一次回归:检验是否所有的自变量 X 对因变量 Y 都有显著影响。

假设 X 对 Y 影响不显著,置信水平 0.05,不仅考虑自变量 X1、X2、X3、X4,还考虑各个自变量的平方项 $X1^2$、$X2^2$、$X3^2$、$X4^2$,对第三组 240 条有效记录进行回归分析,输出的模型及结果如图 4-33 所示。

```
> dim(thd.data)
[1] 240   6
> dim(thd.data)
[1] 240   6
> thd.lm=lm(Y~X1+X2+X3+X4+I(X1^2)+I(X2^2)+I(X3^2)+I(X4^2),data=thd.data)
> summary(thd.lm)

Call:
lm(formula = Y ~ X1 + X2 + X3 + X4 + I(X1^2) + I(X2^2) + I(X3^2) +
    I(X4^2), data = thd.data)

Residuals:
    Min      1Q  Median      3Q     Max
-1.0555 -0.1459 -0.0082  0.1323  1.0061

Coefficients:
              Estimate Std. Error t value Pr(>|t|)
(Intercept)  4.743e+00  6.028e-01   7.868 1.38e-13 ***
X1          -3.058e-02  1.634e-02  -1.871  0.06254 .
X2           3.998e-06  3.727e-06   1.073  0.20459
X3           3.751e-01  3.243e-01   1.157  0.24859
X4          -2.163e-01  1.790e-02 -12.088  < 2e-16 ***
I(X1^2)      3.202e-04  1.126e-04   2.845  0.00484 **
I(X2^2)     -6.216e-11  5.199e-11  -1.196  0.23309
I(X3^2)     -3.743e-01  1.469e-01  -2.547  0.01151 *
I(X4^2)      2.989e-03  2.720e-04  10.991  < 2e-16 ***
---
Signif. codes:  0 '***' 0.001 '**' 0.01 '*' 0.05 '.' 0.1 ' ' 1

Residual standard error: 0.2789 on 231 degrees of freedom
Multiple R-squared: 0.7031,     Adjusted R-squared: 0.6928
F-statistic: 68.37 on 8 and 231 DF,  p-value: < 2.2e-16
```

图 4-33 第一次回归

从回归结果可见,输出结果最后一行的 p 值(如下划线数据所示)小于 2.2 的负 16 次方,远远小于检验假设的置信水平 0.05,说明假设不成立,因此自变量 X 总体上对因变量 Y 有显著影响。从输出结果的最后一列看,X1 到 $X4^2$ 对应的 p 值(如方框内数据所示)大小相差较大,其中,X4、$X1^2$、$X3^2$、$X4^2$ 对应的 p 值分别为:2 的负 16 次方、0.00484、0.01151、2 的负 16 次方,都远远小于置信水平 0.05,说明假设不成立,因此 X4、$X1^2$、$X3^2$、$X4^2$ 对 Y 都存在影响,影响机制是:X4、$X4^2$ 在 0.05 水平上非常显著(标记为"***");$X1^2$ 在 0.05 水平上比较显著(标记为"**");$X3^2$ 在 0.05 水平上显著(标记为"*");X1 仅在 0.1 水平上显著(标记为"。")。此外,X2、X3、X4 的回归系数为负值,说明 Y 随 X2、X3、X4 的增长而可能呈下降趋势。从回归结果发现,并非 8 个自变量都对因变量 Y 存在显著影响,需要对模型进行变量筛选。因此采用 AIC 准则对自变量进行筛选后,进行逐步回归。

第二次回归:逐步回归。假设 X 对 Y 的影响不显著,置信水平 0.05,经过 AIC 准则筛选后所得的自变量为 X1、X4、$X1^2$、$X3^2$、$X4^2$,对第三组 240 条有效记录进行回归分析,输出的模型及结果如图 4-34 所示。

```
> summary(sthd.lm)

Call:
lm(formula = Y ~ X1 + X4 + I(X1^2) + I(X3^2) + I(X4^2), data = thd.data)

Residuals:
     Min       1Q   Median       3Q      Max
-1.08527 -0.14855 -0.00904  0.13525  1.05046

Coefficients:
              Estimate Std. Error t value Pr(>|t|)
(Intercept)  4.9201187  0.5879308   8.369 5.33e-15 ***
X1          -0.0318886  0.0160702  -1.984   0.0484 *
X4          -0.2102315  0.0166194 -12.650  < 2e-16 ***
I(X1^2)      0.0003274  0.0001106   2.959   0.0034 **
I(X3^2)     -0.2070283  0.0302573  -6.842 6.76e-11 ***
I(X4^2)      0.0029159  0.0002560  11.391  < 2e-16 ***
---
Signif. codes:  0 '***' 0.001 '**' 0.01 '*' 0.05 '.' 0.1 ' ' 1

Residual standard error: 0.2787 on 234 degrees of freedom
Multiple R-squared: 0.6995,    Adjusted R-squared: 0.6931
F-statistic: 108.9 on 5 and 234 DF,  p-value: < 2.2e-16
```

图 4-34 第二次回归:逐步回归

从回归结果可见，输出结果最后一行的 p 值（如下划线数据所示）小于 2.2 的负 16 次方，远远小于检验假设的置信水平 0.05，说明假设不成立，因此自变量 X 总体上对因变量 Y 有显著影响。从输出结果的最后一列看，$X1$、$X4$、$X1^2$、$X3^2$、$X4^2$ 对应的 p 值（如方框内数据所示）都小于置信水平 0.05，说明假设不成立，因此 $X1$、$X4$、$X1^2$、$X3^2$、$X4^2$ 对 Y 都存在影响，影响机制是：$X4$、$X3^2$、$X4^2$ 在 0.05 水平上非常显著（标记为"***"）；$X1^2$ 在 0.05 水平上比较显著（标记为"**"）；$X1$ 在 0.05 水平上显著（标记为"*"）。此外，$X1$、$X4$ 的回归系数为负值，说明 Y 随 $X1$、$X4$ 的增长而可能呈下降趋势。

（三）以高等教育毛入学率划分阶段进行回归分析的基本结论

根据逐步回归的结果，在高等教育毛入学率 15%～50% 阶段、50% 以上阶段中，高等教育社会投入的影响因素不同，影响程度也不同，简单总结如表 4-19 所示。

表 4-19　以高等教育毛入学率划分所得的高等教育社会投入发展阶段影响机制

	X1	X2	X3	X4	$X1^2$	$X2^2$	$X3^2$	$X4^2$
Y：15%～50% 阶段	**	*	*	***	—	—	**	***
Y：50% 以上阶段	*	—	—	***	**	—	***	***

从表中分析得到的基本结论是：

1998～2009 年，处在高等教育毛入学率 15%～50% 阶段中的国家，高等教育社会投入受到高等教育毛入学率（X1）、人均 GDP（X2）、高等教育财政投入（X3）、国家财政支出（X4）的显著影响；结合第二阶段逐步回归结果呈现的回归系数分析，人均 GDP（X2）、高等教育财政投入（X3）、国家财政支出（X4）的回归系数为负数，高等教育社会投入占 GDP 比重可能随这三个指标的增长而下降。简而言之，在第二阶段中，高等教育投入的经费来源结构变化可能是"财政增、社会降"。

1998～2009 年，处在高等教育毛入学率 50% 以上阶段中的国家，高等教育社会投入受到高等教育毛入学率（X1）、高等教育财政投入（X3）、国家财政支出（X4）的显著影响；结合第三阶段逐步回归结果呈现的回归系数分析，高等教育毛入学率（X1）、高等教育财政投入（X3）的二次项、国家财政支出（X4）的回归系数为负数，高等教育社会投入占GDP比重可能随这三个指标的增长而下降。简而言之，在第三阶段中，高等教育投入的经费来源结构变化可能仍然是"财政增、社会降"。

与以人均GDP为指标划分阶段进行回归所得的高等教育社会投入变化情况相比，以高等教育毛入学率为指标划分所得结论基本吻合（如表4-20所示）。

表4-20 以人均GDP划分阶段所得的高等教育社会投入变化情况

人均GDP（现价美元）	高等教育毛入学率	占高等教育总投入比重（财政投入：社会投入）	与前一阶段相比
1000以下	15%以下	财政：社会≈6：4	
1000~3000	15%~50%	财政：社会≈5：5	财政降、社会增
3000~10000		财政：社会≈6：4	财政增、社会降
10000以上	50%以上	财政：社会≈7：3	财政再增、社会再降

同样，回归结果也存在着一定的局限。回归结果仅反映了同处在一个高等教育毛入学率阶段的国家的情况，国别之间的差异未能较好地反映出来。此外，高等教育毛入学率15%以下记录数量太少未能进行回归分析，也是一个遗憾，未能反映"精英教育"阶段、从"精英教育"迈向"大众化"阶段的情况。因此，在下文的质性分析中将对逐个阶段做进一步阐释。

三、"精英教育"时期：政府"精英供给"与社会"自由购买"并存

在"精英教育"时期，高等教育对于许多国家而言是培养统治人才、复制统治阶级的工具，仅有少数的王贵可以获得高等教育的权利，高等教育并未被当时的政府看成是提升广大劳动阶层劳动水平的工具，高等教育也还未成为国家发展战略。高等教育主要由个人或者直接受益的社会组织购买，自由市场的成分比较浓厚。因此，第一种情况是，高等教育自由购买的市场滋生大量的私立高校，高等教育投入模式在大量的私立高校冲击下，很容易形成"社会投入为主"模式。例如，美国在第二次世界大战之前，相对19世纪中后期而言，

尽管政府已经通过了《莫里尔法案》等多项计划对高等教育的投入大量增长，已经凸显了政府发展高等教育的决心和措施，但高等教育经费来源仍然由社会投入占主导地位。原因是，一方面，政府在第一次世界大战中斥资巨大，未能在短期内恢复国家财政对各个公共部门支出的增长；另一方面，美国的私立高等教育基础非常宽广，大部分初级学院都是私立学院，如1929～1930年，美国共有425所初级学院，其中私立的有258所，占61%[①]。再如，1933年，美国当时的人均GDP仅448.7美元（现价美元），高等教育毛入学率还不足10%，高等教育的财政投入占高等教育总投入的比重不足30%，而社会投入高逾70%，其中学杂费占28.34%，其他社会投入43.20%[②]。（如图4-35所示）因此，美国在高等教育"精英时期"就是"以社会投入为主"的模式，高等教育经费来源主要是私人。

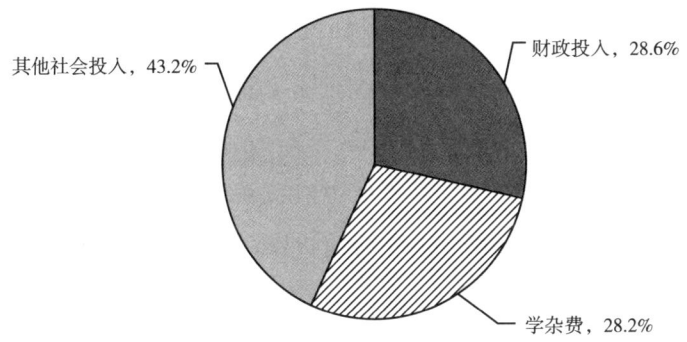

图4-35　1933～1934年美国高等教育经费来源结构饼图
（高等教育毛入学率小于10%阶段）

另一种情况是，大部分国家的高等教育"精英"时期，也是人均GDP 1000美元以下时期，这一时期，政府的公共支出占GDP比重还相对较低，但由于高等教育"精英化"的缘故，国家财政仅需支付很小的份额就可以实现对高等教育投入"财政投入为主"的模式。例如，2000年的印度，高等教育毛入学率为9%，高等教育的财政投入和社会投入占总投入的比重分别为

---

① 续润华：《美国社区学院发展研究》，中国档案出版社，2000，第48页。
② National Center of Education Statistics, 120 *Years of American Education*, *A Statistical Portrait*, 1993.

81.8%、18.2%。再如,中国在1998~2000年,高等教育毛入学率分别为6%、7%、8%,高等教育投入来源结构中,财政投入和社会投入之比值基本维持在6:4。①

因此,在"精英教育"阶段中,既有以财政投入为主的国家,也有以社会投入为主的国家。值得一提的是"精英"时期的高等教育社会投入并非财政投入不足所致,很大程度上是由高等教育市场的自由购买、消费形成的,与具体某一个国家的高等教育发展基础相关,例如,高等教育发展是在私立高校的基础上进行的国家,高等教育投入就会出现"以社会投入为主"。这一时期,高等教育财政投入和社会投入之间还未真正形成资金投入的"拉锯"与"博弈",这与下文"大众化"时期出现的"以社会投入为主"并非同一种内涵。

四、从"精英教育"到"大众化":财政投入主导,社会投入为辅

第二次世界大战后,世界高等教育迎来了第一次规模大发展。一方面,科技革命为社会发展带来了革新性的力量;另一方面,战后发达国家的大规模重建刺激了经济的快速复苏,亚非拉发展中国家也纷纷解放,从殖民统治中摆脱出来,走上了民族独立的道路,并纷纷效仿发达国家大力发展高等教育从而保证经济的持续发展。许多国家在1945~1970年间,实现了高等教育从"精英教育"到"大众化"的转变,高等教育规模空前膨胀,高等教育毛入学率从个位数上升到或接近15%。例如,1962年英国高等教育毛入学率仅为4%,1972年上升到15%,仅10年时间,就从"精英教育"阶段迈向"大众化"阶段。从1950年到1970年间,全世界的发展中国家初等教育入学人数增加了211%,中等教育的入学人数增加了465%,高等教育的入学人数增加了511%。② 阿特巴赫认为战后世界高等教育扩张主要原因为:一是现代社会和经济日益复杂化,导致对高素质劳动力的需求;二是当代社会人类自身素质提升的

---

① 联合国教科文组织:《全球教育统计摘要》(2000~2002年),http://www.uis.unesco.org/Education/Pages/ged-2000.aspx。

② W.F.康内尔:《二十世纪教育史》,人民教育出版社,1990,第891页。

需求。① 值得一提的是，美国在第二次世界大战前的 1940 年就实现了高等教育毛入学率 15% 的目标，率先进入高等教育 "大众化" 发展阶段。比许多其他发达国家早了近 20~40 年，例如，比英国、法国、日本、韩国分别早了约 32 年、20 年、30 年和 40 年。

从 "精英教育" 到 "大众化" 时期，大多数国家的高等教育发展都得益于政府的大量投入，即使是在美国、日本（如表 4-21 所示）、韩国等主要依靠私立高等教育大发展完成 "大众化" 国家，政府也对私立高等教育增加大量投入，或者给予十分优厚的政策支持。在这一时期，不管是公立高等教育还是私立高等教育，政府投入都是高等教育经费的重要来源。1955~1968 年间，德国、法国高等教育经费支出占 GNP 的比重分别从 0.4%、0.3% 提高到 0.9% 和 0.5%。②

以美国为例，美国的高等教育从 "精英" 到 "大众化" 过渡时期，财政投入比重就骤然增长，如表 4-22 和图 4-36 所示，1933~1934 年美国高等教育毛入学率还处在 10% 以下，政府高等教育投入占高等教育总投入的比重为 28.25%，在 1940 年高等教育毛入学率达到 15% 并迈进 "大众化" 后，1941~1942 年财政投入增长到 32.13% 仍继续攀升，1941~1969 年期间基本保持在 40% 以上；在 1970 年高等教育毛入学率达到 50% 并迈进 "普及化" 后财政投入继续上涨。可见，美国的高等教育 "大众化" 得益于政府投入的持续增长。同时，从数据中还可以看出，在迈进 "大众化" 后，美国高等教育的学杂费占总投入的比重一直呈上升趋势；但是，在 "大众化" 前出现了 "大幅跳水"，1933~1934 年学生学杂费占总投入比重的 28.43%，但 1943~1944 年则几乎减半，仅为 14.75%。这反映了当时美国政府的高额学生资助、第二次世界大战结束前后推行军人免费入学的政策改革成效。

---

① 阿特巴赫：《比较高等教育》，文化教育出版社，1985。
② 张振助等：《高等教育大发展的国际经验及启示》，《外国教育研究》2003 年第 4 期，第 35~39 页。

表 4-21   美国、日本各个阶段中高等教育投入结构对比

	"精英"	"大众化"前	"大众化"后		"普及化"前	"普及化"后
美国	1933年 毛入学率:— 财政投入:28.46% 学杂费:28.34% 其他投入:43.20% ■ 财政投入 ■ 学杂费 □ 其他投入	1940年 毛入学率:15% 财政投入:29.99% 学杂费:28.09% 其他投入:41.92%	1944年 毛入学率:— 财政投入:48.68% 学杂费:36.57% 其他投入:14.75%	1960年 毛入学率:31.5% 财政投入:44.30% 学杂费:20.01% 其他投入:35.69%	1972年 毛入学率:50% 财政投入:45.64% 学杂费:21.01% 其他投入:33.35%	1990年 毛入学率:71% 财政投入:40.11% 学杂费:24.30% 其他投入:35.60%	2009年 毛入学率:89% 财政投入:38.10% 学杂费:45.30% 其他投入:16.60%
日本		1970年 毛入学率:17% 财政投入:52.20% 社会投入:47.80%		1980年 毛入学率:31% 财政投入:53% 社会投入:47%	2001年 毛入学率:50% 财政投入:43% 社会投入:57%	2009年 毛入学率:59% 财政投入:33% 社会投入:67%	
共性	在"大众化"时期,财政投入比重都增长;在"普及化"时期,财政投入比重都下降。						

资料来源:美国的数据根据 National Center of Education Statistics, 120 Years of American Education, A Statistical Portrait, p97. Table33 "Current – fund revenue of institutions of higher education, bysource of funds; 1889 – 90 to 1989 – 90" 有关数据整理而成。日本的数据根据日本文部科学省统计数据计算而成。

表 4-22 美国高等教育经费投入来源分析（1933~1990年） 单位：千美元

年份	总投入	财政投入		学生学杂费		其他投入	
		实际值	占总投入比重	实际值	占总投入比重	实际值	占总投入比重
1933~1934	486362	137378	28.25%	138257	28.43%	210727	43.33%
1935~1936	597585	183869	30.77%	158134	26.46%	255582	42.77%
1937~1938	652631	192395	29.48%	178996	27.43%	281240	43.09%
1939~1940	715211	214474	29.99%	200897	28.09%	299840	41.92%
1941~1942	783720	251821	32.13%	201365	25.69%	330534	42.18%
1943~1944	1047298	509780	48.68%	154485	14.75%	383033	36.57%
1945~1946	1169394	453416	38.77%	214345	18.33%	501633	42.90%
1947~1948	2027051	926278	45.70%	304601	15.03%	796172	39.28%
1949~1950	2374645	1087655	45.80%	394610	16.62%	892380	37.58%
1951~1952	2562451	1134326	44.27%	446591	17.43%	981534	38.30%
1953~1954	2945550	1245338	42.28%	551424	18.72%	1148788	39.00%
1955~1956	3603370	1475006	40.93%	722215	20.04%	1406149	39.02%
1957~1958	4641387	1974826	42.55%	934203	20.13%	1732358	37.32%
1959~1960	5785537	2563179	44.30%	1157481	20.01%	2064877	35.69%
1961~1962	7429379	3397174	45.73%	1499924	20.19%	2532281	34.08%
1963~1964	9543514	4511721	47.28%	1892839	19.83%	3138954	32.89%
1965~1966	12734225	2640641	45.44%	5786187	20.74%	4307397	33.83%
1966~1967	14561039	5977823	41.05%	2972050	20.41%	5611166	38.54%
1967~1968	16825199	7380412	43.87%	3380294	20.09%	6064493	36.04%
1968~1969	18871602	8351491	44.25%	3814160	20.21%	6708951	35.54%
1969~1970	21515242	9709582	45.13%	4419845	20.54%	7385815	34.33%
1970~1971	23879188	10769114	45.10%	5021211	21.03%	8088863	33.87%
1971~1972	26234258	11771522	44.87%	5594095	21.32%	8868641	33.81%

资料来源：根据 National Center of Education Statistics，120 *Years of American Education*，*A Statistical Portrait*，p97. Table33. "Current-fund revenue of institutions of higher education, by source of funds: 1889-90 to 1989-90" 有关数据整理而成。表中"政府投入"包括了联邦、州和地方三级政府的拨款，本应还包括政府对学生的资助，但由于该项数据的有较多年份的值无法获得，故未计入。"其他收入"，指政府投入、学生学杂费以外的所有投入。

高等教育社会投入的政策研究

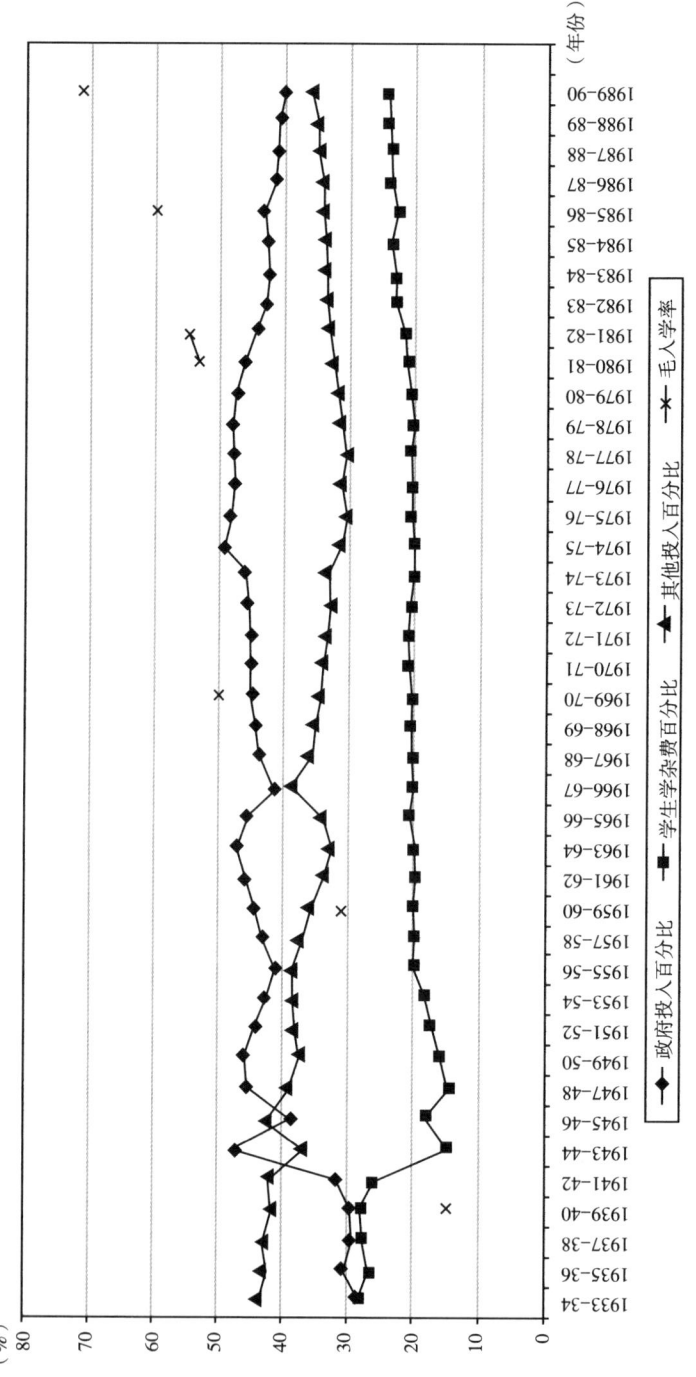

图 4-36 美国高等教育投入结构变化趋势（1933~1990年）

五、从"大众化"到"普及化":财政投入出现不足,社会投入成为"主角"

1970~1999年,欧美、东亚等地区的发达国家先后实现了高等教育"大众化",并迈进"普及化"阶段,毛入学率从15%上升到超过50%(如表4-23所示)。这一时期,高等教育投入增长依然强势增长,即使在20世纪70年代的经济危机期间,许多国家依然保持较高的高等教育投入。充足的资金支持是顺利推进"大众化"进程的重要保障。

表4-23 部分国家高等教育"大众化"时期的高等教育毛入学率增长表　　单位:%

国家\年份	1940	1960	1970	1973	1980	1984	1985	1986	1989	1991	1992	1993	1994	1995	2001
美国	15	31.5		50											
英国			14.1		19	21	21	22		29	33	38		48	
日本			17		31	30	29	28						40	50
韩国						15	28		34		40			49	
法国			19.5		25		29	30	34	40			50		
中国						2	2	3							

数据来源:根据世界银行教育统计数据整理而成,http://data.worldbank.org.cn/indicator/SE.TER.ENRR/countries?page=5。

(一)财政投入持续增长,但并不能满足需求

如表4-22、表4-23所示,美国高等教育发展依然遥遥领先,美国迈进"普及化"的时间比英、法、日等发达国家早了近30年,1973年高等教育毛入学就达到了50%。[①] 在"大众化"向"普及化"发展的阶段,美国高等教育投入一直持续增长,1929~1969年的40年间,高等教育的经费增长了40倍。如表4-24所示,1940年美国高等教育总投入占GDP比重不断增长,从1940年的0.71%增长到1973年的2.07%;其中,高等教育财政投入占GDP的0.21%,

---

① National Center of Education Statistics, 120 *Years of American Education*: *A Statistical Portrait*, 1993, p97.

1973年增长到了0.94%；高等教育社会投入从0.49%增长到1.12%。在这一时期，美国、日本、韩国等发达国家的私立高等教育进一步发展，成为促进本国高等教育发展的重要力量。这些国家的政府也给予私立高等教育前所未有的支持。例如，美国、日本先后颁布了《高等教育设施法》《私立学校振兴助成法》等多个法案，从法律上做出了向非营利的私立学校提供贷款、资助、免税等规定。1950年，美国政府对私立高等学校的补助占其教育经费总额的31%，远远超过1940年4%和1960年5%的水平；1965年美国政府颁布《高等教育法》，将联邦政府对高校建设经费翻了一番。1980年，日本高等教育毛入学率达到31%，日本政府补助金占私立高校经常性费用的比例由1970年的7.2%上升为29.5%，达到最高点。[①] 政府对私立大学的立法资助，不仅在资金上缓解了私立大学的经费不足的状况，而且在一定程度上改善了私立大学的办学条件，提升了私立大学的发展水平。

表4-24　　　　美国高等教育投入变化情况（1940~1973年）　　　　单位：亿美元

年份	毛入学率	GDP	高等教育总投入占GDP比重	高等教育财政投入占GDP比重	高等教育社会投入占GDP比重
1940	15%	1014	0.71%	0.21%	0.49%
1945		2231	0.52%	0.20%	0.32%
1950		2938	0.81%	0.37%	0.44%
1955		4148	0.87%	0.36%	0.51%
1960	31.5%	5264	1.10%	0.49%	0.61%
1965		7191	1.77%	0.37%	1.40%
1970		10385	2.07%	0.93%	1.14%
1973	50%	13827	2.07%	0.94%	1.12%

资料来源：教育投入数据根据 National Center of Education Statistics, 120 *Years of American Education, A Statistical Portrait*, p97. Table33 "Current-fund revenue of institutions of higher education, bysource of funds: 1889-90 to 1989-90" 有关数据整理而成。GDP 数据是美国政府公布的历年名义GDP。

英国、法国、德国等西欧国家依然奉行高等教育的中央集权制，由政府投入为主推进高等教育的大众化进程，虽然最终迈进了"普及化"阶段，但期间已

---

① 张振助等：《高等教育大发展的国际经验及启示》，《外国教育研究》2003年第4期，第35~39页。

经突显出主要依赖政府投入为主的资金来源模式的不足,因此,西欧国家的"大众化"进程较美国、日本都晚。正是由于多元化的资金来源,使得美国、韩国等国家高等教育"大众化"进程得到顺利推进。美国分别用两个 30 年(1911~1941 年、1941~1970 年)成为世界上第一个进入高等教育大众化与普及化阶段的国家;韩国用两个 15 年(1966~1980 年、1981~1995 年),实现了高等教育毛入学率从 5% 到 15% 再到 50% 的飞跃,是世界上高等教育发展速度最快的国家;1996 年韩国、日本的高等教育毛入学率分别达到 67.7% 和 40.5%,已远远超过了英、法、德等西欧发达国家。[①] 英、法、德等西欧国家在 20 世纪 70 年代进入"大众化"阶段后,发展速度变缓,一直到在 20 世纪 80 年代后半期毛入学率才又开始再度快速增长,英、法、德用 25~30 年时间,分别在 20 世纪 90 年代后期才迈进高等教育"普及化"。

(二)社会投入成为成本分担主角

从"大众化"到"普及化"的阶段中,除了政府投入持续增长外,社会投入也日渐增长。如表 4-25、表 4-26 显示,1970~2001 年,日本的高等教育毛入学率从 17% 增长到 50%,期间,高等教育财政投入、高等教育社会投入的绝对金额和占 GDP 的比重都不断增长,但是,从高等教育投入的结构分配上看,逐步从"财政高于社会"转变成"社会高于财政"。1970 年,日本高等教育毛入学率 17% 时,高等教育财政投入和高等教育社会投入分别占高等教育总投入的比重为 52.17% 和 47.83%,到 2001 年,日本高等教育毛入学率达到 50% 时,这两个值更新为 43.31% 和 56.69%。在这一过程中,高等财政投入的比重不断下降,社会投入的比重不断增长。1992 年,日本高等教育经费投入中,非政府财政拨款占 60%。1995~1996 年度,美国高等教育社会投入在公立高等教育机构的资金来源中占 44.9%,在私立高等教育中占 74.5%;韩国政府积极鼓励企业财团捐资办学,现代、大宇、三星、韩进等著名的大企业财团,都纷纷投资兴办专门培养本企业需要的人才的企业大学。

[①] 张振助等:《高等教育大发展的国际经验及启示》,《外国教育研究》2003 年第 4 期,第 35~39 页。

表 4-25 日本高等教育投入变化情况（1970~2001 年） 单位：亿日元

年份	高等教育		GDP (3)	高等教育总投入占GDP比重 (1)/(3)	高等教育财政投入占GDP比重 (2)/(3)	高等教育社会投入占GDP比重 (4)
	毛入学率	总投入 (1)	财政投入 (2)			
1970	17%	6922.93	3642.3	752985	0.92%	0.48%	0.44%
1975	—	17268.62	8542.76	1523616	1.13%	0.56%	0.57%
1980	31%	31442.63	14813.77	2462664	1.28%	0.60%	0.68%
1985	29%	42534.69	18594.03	3274332	1.30%	0.57%	0.73%
1990	—	57635.40	23733.32	4499971	1.28%	0.53%	0.75%
1995	40%	73317.08	32375.9	4964573	1.48%	0.65%	0.83%
2001	50%	77528.66	33704.38	4936447	1.57%	0.68%	0.89%

资料来源：根据日本文部科学省统计数据计算而成。

表 4-26 日本高等教育"大众化"时期的高等教育投入来源结构变化情况 单位：%

年份	毛入学率	高等教育财政投入占高等教育总投入的比重	高等教育社会投入占高等教育总投入的比重
1970	17	52.17	47.83
1975	—	49.56	50.44
1980	31	46.88	53.13
1985	29	43.85	56.15
1990	—	41.41	58.59
1995	40	43.92	56.08
2001	50	43.31	56.69

资料来源：根据日本文部科学省统计数据计算而成。

此外，收取或者提高学杂费也是增加社会投入并实行成本分担的措施之一。1995~1996 年度，美国公立高等教育机构的学费收入占总收入的 18.8%，占私立高等教育机构总收入的 43.0%。英国也进行学费改革，从免费高等教育到收费高等教育，再对收费高等教育进行差异化收费改革，例如，不同的学科采取不同收费标准，1993~1994 学年英国文科学生平均每学年交学费 5500 英镑，理科学生 7360 英镑，医学类学生 13550 英镑。

六、"普及化"时期:高等教育社会投入"多样化"

在"普及化"时期,各国的高等教育发展都走过较漫长的规模扩张历程,高等教育投入模式与政策经过从"精英时期"到"大众化"再到"普及化"的长期调整与发展,基本形成了适合本国的、相对稳定的投入模式。例如,高等教育国家与州分权管理的国家——美国的"财政投入高,社会投入高"模式;高等教育集权管理的国家法国、德国等的"财政投入高、社会投入低"模式;日本、韩国的"财政投入低、社会投入高"模式;以及北欧福利国家的高等教育"免费供给"模式。在基本遵循本国长期形成的模式下,一些国家的高等教育社会投入会因财政紧缩而有所增长。

(一)大部分发达国家的高等教育社会投入占GDP比重"稳中有涨"

从世界银行公布的可获得数据分析,大致2000年前后,大部分发达国家的高等教育毛入学率上升到50%以上,基本实现从高等教育"大众化"向"普及化"迈进。美国作为"领头羊",在1970年前后就率先进入"普及化"阶段,此后1970~1999年的30年间,高等教育毛入学率持续增长,达到73%。[1] 在"普及化"时期,发达国家的高等教育投入呈现了上涨趋势,特别是社会投入的涨势更加明显,财政投入反而表现"冷静"。美国的高等教育投入仍然位居世界前列,"三高模式"继续发挥着平衡与发展的作用,社会投入的增长速度逐渐大于财政投入的增长速度。其他发达国家,如欧洲正发生着一些变化,在保持"以政府投入为主"的前提下,社会投入有所增长,高等教育发展的资金需求不断增长,政府财政投入很难满足这种巨大的需求,所以,传统的"中央集权制"在高等教育发展的现实环境中发生着变革。最典型的国家是英国,在政府财政紧缩的同时,高等教育社会投入的比重一跃而起。这在本研究第二章已经分析过,不再赘述。

---

[1] 世界银行:教育统计,http://data.worldbank.org.cn/indicator/SE.TER.ENRR?page=2。

(二) 少数进入"普及化"的发展中国家的高等教育社会投入情况各异

数据显示，人口一千万以上的发展中国家，2001~2008 年仅有智利（52%，2007 年）和阿根廷（52%，2001 年）进入了高等教育"普及化"阶段，但这两个国家的高等教育社会投入情况差异较大。如表 4-27 所示，智利的高等教育社会投入一直较高，年均占 GDP 的 1.5% 以上；阿根廷的高等教育社会投入较低，一直保持在 GDP 的 0.3% 左右（如表 4-27 所示）。

表 4-27　　智利和阿根廷高等教育投入各项来源占 GDP 比重与毛入学率分析表（2001~2008 年）　　单位：%

年份	智利				阿根廷			
	占 GDP 比重			高等教育毛入学率	占 GDP 比重			高等教育毛入学率
	总投入	公共投入	社会投入		总投入	公共投入	社会投入	
2001	2.2	0.4	1.8	38	0.5	0.2	0.3	52
2002	2.2	0.4	1.8	45	1.1	0.7	0.4	60
2004	2.2	0.4	1.8	43	1.1	0.7	0.4	61
2005	2.0	0.3	1.7	48	0.9	0.6	0.2	65
2006	1.8	0.3	1.5	47	—	—	0.1	64
2007	1.7	0.3	1.4	52	1.0	0.8	0.2	67
2008	1.7	0.3	1.4	52	1.1	0.9	0.2	68

资料来源：根据联合国教科文组织公布的《全球教育统计摘要》（2004~2011 年）相关数据整理所得。

2001~2008 年 8 年间，智利高等教育经历了从"大众化"迈入"普及化"的历史性发展时期，但智利高等教育社会投入占 GDP 比重却逐步下降，毛入学率和社会投入占 GDP 比重分别从 2001 年的 38%、1.8%，变化为 2008 年的 52%、1.4%。从这短短的 8 年时间的面板数据看，智利"普及化"阶段的高等教育毛入学率增长的同时，高等教育社会投入占 GDP 比重反而下降（如图 4-37 所示）。这与上述发达国家有所不同，并不像发达国家的"普及化"阶段的高等教育社会投入有所增长。但是，这并不意味着智利高等教育公共投入的实际值减少。自 2005 年起，政府投入额直线上升，从 3399.24 亿比索猛增至 2009 年

6041.29亿比索（1智利比索=0.01237人民币元，2011年12月1日汇率）。① 在政府的投入中，向学生发放的奖学金和学生贷款额也逐年上升，比如说，在2009年的6041.29亿比索中，60%为学生奖学金和学生贷款，受益学生人数达40万人。②

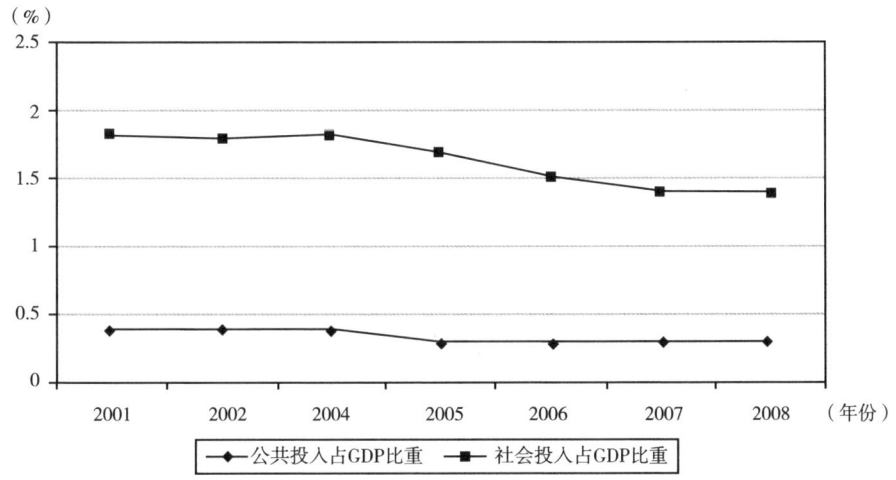

图 4-37　智利高等教育投入结构变化趋势（2001~2008年）

资料来源：根据联合国教科文组织公布的《全球教育统计摘要》（2004~2011年）相关数据整理所得。

对阿根廷而言，2001年以来，进入"普及化"阶段的高等教育投入来源变化较大，2001年毛入学率已经达到52%，但高等教育总投入仅占GDP的0.5%，其中公共投入占0.2%，占总投入的40%；社会投入占0.3%，占总投入的60%。到2002年，高等教育总投入增长了一倍多，高达GDP的1.1%，其中公共投入占0.7%，社会投入占0.4%，分别占总投入的63.6%和36.4%。此后直至2008年，高等教育总投入在GDP中的比重一直没有超过1.1%，但公共投入的比重有所增长，社会投入比重下降，2008年两项数字分别为GDP的0.9%和0.2%，分别占总投入的81.8%和18.2%。在这8年中，随着高等教育毛入学率

---

① Fuente: Sobre la base de MINEDUC, "Sistema de Información de la Educación Superior (SIES)," *Compendio Histrico* (2011), http://mt.educarchile.cl/mt/jjbrunner/archives/JJBrunner_PUC_10052012.pdf.

② 王留栓：《智利高等教育的大众化和普及化》，《世界教育信息》2011年第12期，第38~42页。

的增长,阿根廷的高等教育公共投入占总投入的比重不断走高,社会投入比重却不断走低(如图4-38所示)。

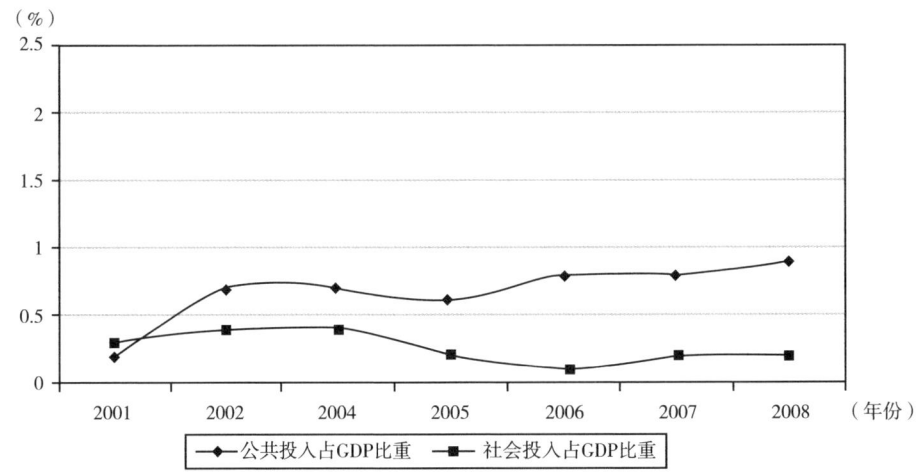

图4-38 阿根廷高等教育投入结构变化趋势(2001~2008年)

资料来源:根据联合国教科文组织公布的《全球教育统计摘要》(2004~2011年)相关数据整理所得。说明:因世界银行未公布阿根廷2006年高等教育公共投入数据,图中的该项数据是2007年数据。

阿根廷与智利的情况截然不同,这与阿根廷高等教育发展历史、体制等密切相关。阿根廷作为拉丁美洲第三大国,不仅是拉美国家中最早发展高等教育的国家之一,而且在世界上高等教育较为发达的国家中排名前列,多样化、私有化和国际化是阿根廷高等教育的重要特征[1]。阿根廷拥有众多公立、私立大学以及非大学的高等教育机构,高等教育入学率位于拉丁美洲国家首位。近代以来,阿根廷的国立大学的主要经费来自政府财政,一度实行免费自由入学政策,使得高等教育入学率尤其是国立大学入学率大增。而私立学校缺乏公共财政补贴,基本依靠私人经费,较高的学费限制了其生源。[2][3] 但由于资本主义周期性的经济危机

---

[1] 王留栓:《阿根廷高等教育扫描》,《上海教育》2006年第01B期,第40~41页。
[2] Ana M. García de Fanelli, "International Handbook of Higher Education," *Springer Netherlands* (2006), pp. 573~585.
[3] Clemencia Cosentinode Cohen, "Diversification in Argentine Higher Education: Dimensions and Impact of Private Sector Growth," *Higher Education*, No. 46, (1) (2003), pp. 1~35.

的存在，原本极大依赖财政拨款的国立大学受到严重影响，特别是 20 世纪 80~90 年代的宏观经济的不稳定性极大地影响了阿根廷政府的高等教育支出。在这一经济状况下，免费自由入学的高等教育政策引起的入学人数增长与短缺的财政资源导致了教学研究条件的恶化。1980~2003 年，生均经费下降了 32.6%。在这样的形势下，阿根廷私立高等教育得到了良好的发展契机，随着人们需求的增长私立高等教育规模不断扩张，同时，也为阿根廷联邦政府的财政减轻了沉重的负担。目前，阿根廷私立高等教育机构数目已经多于公立，但是，其在高等教育领域的地位并没有超过公立学校。[1] 因此，阿根廷高等教育投入更多的是来源政府。此外，在 2006 年，阿根廷教育法（National Education Law No. 26.206）中将大学以外包括职业技术学校和教师教育学校的高等教育机构由 "Non-university Higher Education Institutions" 改称 "Higher Education Institutions"。[2] 这一规定无疑扩大了阿根廷高等教育的体系，这些高等教育机构由省级政府部门管理，提供经费支持和运行监督，这种高等教育体系架构上的拓展，对公共经费投入的需求是巨大的。这也是阿根廷政府对高等教育投入的经费比重逐年增长的重要原因。

（三）福利型国家的高等教育社会投入

丹麦、芬兰等北欧的福利型国家继续维持高等教育"免费供给"的政策，高等教育社会投入占 GDP 比重并没有明显变化，继续维持在 0.1% 以下。

第五节 小 结

对样本数据的描述性分析和回归分析结果显示，1998~2009 年，高等教育社会投入呈阶段性发展特征；在具体某阶段中，高等教育社会投入受到高等教育

---

[1] Ana M. García de Fanelli, "International Handbook of Higher Education," *Springer Netherlands* (2006), pp. 573~585.

[2] National Education Law No. 26.206 (2006), accessed January 5, 2008. http://www.me.gov.ar/doc_pdf/ley_de_educ_nac.pdf.

财政投入、国家财政支出的影响；高等教育社会投入在不同的毛入学率阶段发展机理不同。因此，本研究的三个推测得到证实。本章形成的基本结论是：

第一，高等教育社会投入的阶段性与人均 GDP 的发展密切相关。高等教育社会投入占 GDP 比重在人均 GDP 1000 美元以下、1000～3000 美元、3000～10000 美元、10000 美元以上四个阶段显著不同，发展机理也不同。人均 GDP 1000 美元以下阶段，高等教育社会化投入以"自由投入"为主，受其他因素影响并不显著；1000～3000 美元阶段，高等教育社会投入开始快速增长，但高等教育财政投入也在增长，高等教育社会投入成为高等教育财政投入的重要补充，二者"平分秋色"。高等教育社会投入受高等教育毛入学率影响比较显著，出现随高等教育毛入学率增长而增长的情况。3000～10000 美元阶段，社会投入比重略有下降，财政投入比重增长，社会投入受到高等教育毛入学率、人均 GDP、高等教育财政投入、国家财政支出四个因素的影响且都显著，出现随高等教育财政投入、国家财政支出两项指标增长而下降的情况，说明高等教育经费来源的财政来源、社会来源出现"拉锯"；10000 美元以上阶段，国家财政支出占 GDP 比重总体增长带来高等教育财政投入比重继续增长，高等教育社会投入比重因此逐渐降低。

第二，以高等教育毛入学率 15%、50% 划分为三个阶段的高等教育社会投入占 GDP 比重的差异并不显著，但在三个阶段中的发展机理显著不同。"精英教育"时期的高等教育社会投入是一种"自由购买"的形态；"大众化"时期的高等教育社会投入比重增长，但财政投入比重也不断增长，高等教育投入来源结构中出现社会来源与财政来源"拉锯"的情况，即约翰·斯通所述的"你增我减的零和游戏"；"普及化"时期的高等教育社会投入比重逐渐大于财政投入比重。以高等教育毛入学率 15%、30%、50%、75% 划分为五个阶段的高等教育社会投入占 GDP 比重的差异显著，呈阶段性发展特征。每当高等教育需要进入一个新的时期，政府都会"发力"，在财政上大力支持，一旦进入到某一个时期后，财政投入又趋于下降，不足的份额依赖社会投入弥补。

第五章

高等教育社会投入政策发展与模式选择的典型案例

在研究高等教育社会投入发展规律的过程中发现,高等教育社会投入发展主要有几种典型模式。在遵循高等教育投入与经济发展的一般规律的前提下,考虑各国的文化背景、社会基础、经济格局的特征,采用合适的政策与发展模式实现本国的高等教育发展,这不仅考验了各国执政党的执政智慧,也说明高等教育社会投入在一般发展路径外,存在着其他同样有效的发展道路。例如,美国、韩国、法国、英国以及北欧国家,这些国家的高等教育投入政策各异,投入结构大相径庭,而且高等教育大发展阶段的文化背景和社会基础也不同,但最终都实现了高等教育的发展,许多国家跻身世界一流高等教育国家,这几种典型的政策路径非常值得深入研究。

第一节 美国——财政、社会和个人是高等教育投入的"三个主角"

一、政策背景

如今的美国高等教育财政政策模式并非近年形成,而是经过了长期的发展与调整。1776 年美国建国至今,除 1861~1865 年南北战争外,美国并没有大的战乱和动荡，200多年较为平稳的国内政治军事环境为经济社会发展提供了良好的条件，教育的发展也因此得益其中。美国是一个典型的教育财政投入高，教育社会投入也高的发达国家。从殖民地时期开始，公立和私立的两股高等教育投入力量就不断地产生冲突，并且在冲突和协调中逐渐形成了公立体系和私立体系，殖民政府想通过经费投入干预殖民学院课程、管理，而殖民学院坚持自身的独立、追求高深学问，直到著名的达斯茅斯学院案裁决后，私立院校得以正名。布鲁贝克认为，这是高等教育哲学的两种取向"政治论"和"认识论"使然。美国公立和私立高等教育的投入共同促使了美国高等教育的发展，充足的教育资金使美国教育发展处于世界领先地位。1998~2008年，美国教育投入占GDP比重从6.4%上升到7.2%，2007年甚至高达7.6%。其中，财政投入从4.8%上升到5.1%，2003年曾经高达5.4%。美国的教育投入占其GDP比重几乎每年都高出OECD国家平均值20个百分点（如表5-1所示）。

表5-1　　美国教育和高等教育投入来源占GDP比重变化情况（1998~2008年）　　单位：%

年份	美国					
	高等教育			教育		
	公共	私人	总投入	公共	私人	总投入
2008	1.0	1.7	2.7	5.1	2.1	7.2
2007	1.0	2.1	3.1	5.0	2.6	7.6
2006	1.0	1.9	2.9	5.0	2.4	7.4
2005	1.0	1.9	2.9	4.8	2.3	7.1
2004	1.0	1.9	2.9	5.1	2.3	7.4
2003	1.2	1.6	2.9	5.4	2.1	7.5
2002	1.2	1.4	2.6	5.3	1.9	7.2
2001	0.9	1.8	2.7	5.1	2.3	7.3
2000	0.9	1.8	2.7	4.8	2.2	7.0
1999	1.1	1.2	2.3	4.9	1.6	6.5
1998	1.07	1.22	2.29	4.82	1.61	6.43
平均	1.03	1.68	2.73	5.02	2.13	7.15

资料来源：根据经济合作发展组织《教育概览：OECD指标》（2000~2012年）中美国的相关统计数据计算而成。

在高等教育方面，美国奉行的是"高投入、高学费、高资助"政策，给予高等教育雄厚的资金支持是美国政府、社会大众、家庭和个人的共同选择。如表 5-1 所示，1998~2008 年，美国高等教育总投入大部分都占 GDP 的 2.7% 以上，最低的 1998 年是 2.3%，最高是 2007 年的 3.1%，相当于该年整个印度教育财政投入总额。美国的高等教育投入占其 GDP 比重几乎每年都是 OECD 国家平均值的 3 倍以上。其中，高等教育财政投入基本稳定在 1% 的 GDP，高等教育社会投入呈上升趋势，从 1998 年 1.22% 上升到 2007 年的 2.1% 后（十年几乎翻番），2008 年回落至 1.7%。但仍明显高于其他 OECD 国家。雄厚的资金支持使美国大学处于世界领先地位，英国《泰晤士报高等教育副刊》（*Times Higher Education*）与 IDP 教育集团全球首发 2011~2012 年世界大学排名，前 200 名内，美国 75 所大学稳占团体第一，英国 32 所大学位居第二；2011 年的前 10 排名中，美国占 7 席。

二、发展历程

根据美国高等教育投入的特点，我们将美国高等教育发展粗略划分为三个阶段。

（一）从私人投入合法化到公立投入发展（殖民地时期到 19 世纪末）

直到美国独立战争前，殖民地仅有 9 所学院。[①] 殖民时期的第一所学院是哈佛学院，即今天的哈佛大学。殖民地时期的多数学院获得了殖民地政府的经费支持。这种公共支持有时是以立法专项给予。1630 年 9 月马萨诸塞会议就决议拨出 400 英镑作为哈佛学院建立校舍用。[②] 但同时殖民政府也因此"干预"学院。这种"干预"导致人们认为殖民地学院是公立或者半公立性质，但殖民地学院经费主要来源是私人捐助和学费收入，直到达斯茅斯学院案裁决后，才承认其私立

[①] 王延芳：《美国高等教育史》，福建教育出版社，1995。
[②] "Cotton Mather's History of Harvard," in Richard Hofstadter and Wilson Smith, *American Higher Education: A Documentary History*, vol. I (1702) (The University of Chicago Press, 1968), p12.

地位。美国独立战争前,大量私人捐助来自英国;独立战争后,英国的捐助锐减。美国本土私人的捐助相对较少。① 学费收入亦颇低,哈佛学院有学生交付一双鞋子代替现金的记录。有时学生无力交付学费,学校只好让他们拖欠,学生则向学校交付期票。② 这可以说是现代学生贷款的早期变式。③

美国宣布独立后,学院数量不断增长,18世纪末州立大学的兴起进一步奠定了美国高等教育大发展的基础。如果说1819年达斯茅斯学院案的裁决是私立大学的合法化开端,那么1862年《莫利尔法案》则是公立大学的奠基石。前加州大学校长、卡内基高等教育委员会主席克拉克·科尔(Clark keer)认为,美国现代公立大学体系正是始于此。当前,许多发展中国家的高等教育正经历由精英式教育迈入"大众化"教育阶段,而美国原先的起点较高:1862年就通过土地赠予法案使高等教育向大众开放,从而开始了精英高等教育向大众高等教育过渡的时代。④

在这一阶段,美国高等教育投入主要是以社会投入为主,但开始从私立高等教育为主向公立高等教育为主迈进,政府开始大力投资高等教育。至1860年,美国仅有17所州立大学,占全美264所的6.4%;1862年《莫利尔法案》后到1900年,又相继成立69所州立高校,占1900年高校总数977所的8.8%。⑤《莫利尔法案》后,美国政府从土地资源、经费拨款等方面的大力支持,全面提升了美国教育资源投入保障。自1870年至1900年,短短的30年时间美国教育经费投入增长了16倍,从6300万美元,上升到10亿多美元,⑥强有力地推动了美国高等教育的发展,为高等教育"普及化"打下了坚实的基础。

---

① 王延芳:《美国高等教育史》,福建教育出版社,1995。
② John S. Brubacher and Willis Rudy, *Higher Education in Transition: A History of American Colleges and Universities*, 1636~1976 (Harper & Row, Publishers, Inc., 1976), pp. 36-37.
③ 王延芳:《美国高等教育史》,福建教育出版社,1995。
④ 王英杰:《美国高等教育的发展与改革》,人民教育出版社,1993。
⑤ 顾宝炎:《美国大学管理》,武汉大学出版社,1988,第3~4页。
⑥ 欧文福:《美国西部开发中的教育与人力资源开发及其启示》,《中国教育学刊》2005年第4期,第55~56页。

（二）政府投资推进的"大众化"和"普及化"（第二次世界大战后至20世纪末）

美国著名的高等教育史学家马丁·特罗（Martia Trow）以高等教育毛入学率为标志，将西方工业化国家的高等教育史划分为三个发展阶段：一是精英教育阶段，即毛入学率在15%以内；二是大众教育阶段，毛入学率达到15%～50%；三是普及教育阶段，毛入学率达到50%以上。[①] 19世纪末，美国工业社会的快速发展迫切需要各种人才，加之20世纪上半叶的两次世界大战使美国发现了部队士兵知识技能的不足。第一次世界大战后，政府大力发展中等教育，中等学校的人数膨胀直接影响了高等学校的扩张，到1940年，适龄青年的高等教育毛入学率已经达到了15%。[②] 美国迈进了高等教育"大众化"发展阶段。第二次世界大战即将结束时，美国颁布《军人权利法案》（The G. I. Bill of Rights），安置了大量复员军人进入高等学校，政府将支付其一定的学杂费和生活津贴。[③] 1946年、1947年，退伍军人学生占全美高校学生总数的一半，这批数量庞大的军人学生直接使美国高等教育规模在1940～1950年扩大了一倍。高等教育发展社区学院正是在此时大量诞生，为美国高等教育的"大众化"和"普及化"做出极大贡献。

1957年苏联卫星上天再一次激发了美国教育特别是高等教育的热浪，1958年9月2日通过的《国防教育法》（National Defense Education Act）授权联邦政府拨款2.8亿美元给州立高等院校；创立了学习贷款计划以鼓励大学生学习自然科学、数学和外语；还首创了研究生奖学金计划，每年为上千名研究生提供专项奖学金。这是美国政府首次将高等教育投入与国家安危高度联系在一起，这仅仅是当时政府的各种投资高等教育运动、制定相关规定的一个典型里程碑。在1958～1968年，美国高等学校在校生人数从322万人猛增到692万人，平均年增长率

---

① Martin Trow, Problems in the Transition From Elite to Mass Higher Education, http://www.eric.ed.gov/ERICWebPortal/search/detailmini.jsp?_nfpb=true&_&ERICExtSearch_SearchValue_0=ED091983&ERICExtSearch_SearchType_0=no&accno=ED091983.
② 滕大春：《美国教育史》，人民教育出版社，1994，第410～411页。
③ 王英杰：《美国高等教育的发展与改革》，人民教育出版社，1993，第22页。

达到 7.9%。高等学校在校生在 18～24 岁人中所占的比例由 21.2% 上升到 30.4%。① 伴随 20 世纪 50～60 年代西方发达国家的战后重建和社会经济的高速发展，美国高等教育再度高速扩张，至 1973 年，高等教育毛入学率达 50%，迈进了普及化阶段（如表 5-2 所示）。②③

表 5-2　　美国高等教育经费投入来源分析（1933～1990 年）

年份	总投入（千美元）	财政投入		学生学杂费		其他投入	
		实际值（千美元）	比重（%）	实际值（千美元）	比重（%）	实际值（千美元）	比重（%）
1933～1934	486362	137378	28.25	138257	28.43	210727	43.33
1935～1936	597585	183869	30.77	158134	26.46	255582	42.77
1937～1938	652631	192395	29.48	178996	27.43	281240	43.09
1939～1940	715211	214474	29.99	200897	28.09	299840	41.92
1941～1942	783720	251821	32.13	201365	25.69	330534	42.18
1943～1944	1047298	509780	48.68	154485	14.75	383033	36.57
1945～1946	1169394	453416	38.77	214345	18.33	501633	42.90
1947～1948	2027051	926278	45.70	304601	15.03	796172	39.28
1949～1950	2374645	1087655	45.80	394610	16.62	892380	37.58
1951～1952	2562451	1134326	44.27	446591	17.43	981534	38.30
1953～1954	2945550	1245338	42.28	551424	18.72	1148788	39.00
1955～1956	3603370	1475006	40.93	722215	20.04	1406149	39.02
1957～1958	4641387	1974826	42.55	934203	20.13	1732358	37.32
1959～1960	5785537	2563179	44.30	1157481	20.01	2064877	35.69
1961～1962	7429379	3397174	45.73	1499924	20.19	2532281	34.08
1963～1964	9543514	4511721	47.28	1892839	19.83	3138954	32.89
1965～1966	12734225	2640641	45.44	5786187	20.74	4307397	33.83

　① 黄福涛：《高等教育发展史》，上海教育出版社，2003，第 331 页。
　② National Center for Education Statistics, Digest of Education Statistics, U. S. Department of Education, Office of Education Research and Improvement，1997：181～184，http：//nces. ed. gov/pubsearch/pubsinfo. asp? pubid = 98015.
　③ Bogue, Donald J., *The Population of the United States：Historical Trends and Future Projections* (New-York：The Free Press, 1985), p709.

续表

年份	总投入（千美元）	财政投入		学生学杂费		其他投入	
		实际值（千美元）	比重（%）	实际值（千美元）	比重（%）	实际值（千美元）	比重（%）
1966~1967	14561039	5977823	41.05	2972050	20.41	5611166	38.54
1967~1968	16825199	7380412	43.87	3380294	20.09	6064493	36.04
1968~1969	18874602	8351491	44.25	3814160	20.21	6708951	35.54
1969~1970	21515242	9709582	45.13	4419845	20.54	7385815	34.33
1970~1971	23879188	10769114	45.10	5021211	21.03	8088863	33.87
1971~1972	26234258	11771522	44.87	5594095	21.32	8868641	33.81
1972~1973	28606217	13055844	45.64	6010926	21.01	9539447	33.35
1973~1974	31712452	14621560	46.11	6500101	20.50	10590791	33.40
1974~1975	35686902	17272737	48.40	7232908	20.27	11181257	31.33
1975~1976	39703166	19291707	48.59	8171942	20.58	12239517	30.83
1976~1977	43436827	20642410	47.52	9024932	20.78	13769485	31.70
1977~1978	47034032	22603201	48.06	9855270	20.95	14575561	30.99
1978~1979	51837789	24780538	47.80	10704171	20.65	16353080	31.55
1979~1980	58519982	27737577	47.40	11930340	20.39	18852065	32.21
1980~1981	65584789	30375671	46.32	13773259	21.00	21435859	32.68
1981~1982	72190856	32106277	44.47	15774038	21.85	24310541	33.68
1982~1983	77595726	33278391	42.89	17776041	22.91	26541294	34.20
1983~1984	84417287	35682068	42.27	19714884	23.35	29020335	34.38
1984~1985	92472694	39585444	42.81	21283329	23.02	31603921	34.18
1985~1986	100437616	42922497	42.74	23116605	23.02	34398514	34.25
1986~1987	108809827	45333304	41.66	25705827	23.62	37770696	34.71
1987~1988	117340109	48393361	41.24	27836781	23.72	41109967	35.03
1988~1989	128501638	52232102	40.65	30806566	23.97	45462970	35.38
1989~1990	139635477	56005573	40.11	33926060	24.30	49703844	35.60

资料来源：根据 National Center of Education Statistics, *120 Years of American Education, A Statistical Portrait*, p97, Table33, "Current-fund revenue of institutions of higher education, by source of funds: 1889-90 to 1989-90" 有关数据整理而成。表中"政府投入"包括了联邦、州和地方三级政府的拨款，本应还包括政府对学生的资助，但由于该项数据的有较多年份的值无法获得，故未计入。"其他收入"，指政府投入、学生学杂费以外的所有投入。

(三) 从政府投资热情下降到社会主动理智投资 (20世纪末期至今)

20世纪80年代之前,美国高等教育发展的重点在量的增长,实现高等教育"普及化"之后,美国高等教育发展的重心转到提高质量上。进入"普及化"阶段后,美国的高等教育投入格局产生了变化:政府投资热情有所下降,社会投入不断增长。1970年,公立四年制本科学院的平均学费为1363美元,私立学校平均学费是公立学校的1倍多,达2920美元。在1987~1997年的11年里公立学费平均上涨了20%,而私立大学同期却上涨了31%,1999年已经上涨到11384美元,增长了43.6%。[①] 1991~1999年这10年间,不管是公立还是私立,美国政府对高等教育的投入持续减少,社会投入却不断增长(如表5-3所示)。一方面,美国高等教育已经迈入了从国家需要到社会需要的转型的阶段;另一方面,美国高等教育已经日臻成熟与完善,政府大量投入的回报率趋于稳定甚至有所下降。结合上述1998~2008年的数据分析可见,美国高等教育投入已经趋于稳定,未来的调整更多的是侧重在投入来源结构上的优化。

表5-3 美国高等教育投入各项来源占比变化情况 (1990~1999年) 单位:%

来源	公立高等教育						私立高等教育					
	1990年	1993年	1994年	1995年	1996年	1999年	1990年	1993年	1994年	1995年	1996年	1999年
学杂费	16.3	18.4	19.0	19.5	19.0	18.5	40.4	42.0	42.4	43.0	42.4	43.0
联邦政府	10.3	11.0	11.0	10.8	11.0	10.8	15.4	14.5	14.4	13.8	14.4	13.8
州政府	40.3	35.9	36.6	35.8	35.6	35.8	2.3	2.1	2.1	1.9	2.1	1.9
地方政府	3.7	4.0	3.9	3.8	3.9	3.8	0.7	0.7	0.6	0.7	0.6	0.7
私人赠予、助学金及合同收入	3.8	4.0	4.3	4.8	4.3	4.8	8.6	8.6	8.8	9.1	8.8	9.1
捐赠收入	0.5	0.6	0.6	0.7	0.6	0.7	5.2	4.6	4.7	5.2	4.7	5.2
销售服务收入	22.7	23.4	22.3	21.6	22.3	21.6	22.9	23.2	22.2	21.0	22.2	21.0
其他	2.6	2.7	3.3	3.9	3.3	3.9	4.5	4.3	4.7	5.3	4.7	5.3

资料来源:美国联邦教育部国家教育统计中心:http://nces.ed.gov/。

[①] 彭媛:《公共财政体制改革下的高等教育投入体制改革研究》,天津财经大学硕士学位论文,2009年,第32页。

三、主要特征

纵观美国高等教育发展历程，影响投入的因素既有刚性的社会需求，如国家战略、人口发展等，也有柔性需求，如追求知识真理、文化传播等。但不管是刚性需求还是柔性需求，政策在其中都起到了决定性的引导和促进作用，这正是美国高等教育投入政策路径的特征之一。

第二，政府和社会、个人共同办高等教育已经成为美国高等教育的历史传统，从殖民地学院、赠地学院、州立大学、研究型大学、社区学院，再到两年制学院，政府、社会和个人在高等教育投入上的冲突与融合经历了与美国同样长的历史，200多年的多方利益磨合已经演变成为今天的一种自然选择与民族责任。国家投资高等教育的责任从最初的培养统治阶级接班人、捍卫国家安全发展，转变为培养高素质公民，促进国家持续发展，而社会与个人投资高等教育的初衷从最初的追求高深学问逐步发展到服务社会，公立与私立的交融进而形成今天美国强大的高等教育体系，也铸就了其拥有诸多世界一流大学的领先地位。政府、社会、个人是美国高等教育投入的"三大财源"。

第三，与其他国家相比，美国最特别的还在于其高等教育捐赠传统和完善的捐赠体系。OECD国家中，美国捐赠体系最为完善，数额也最大，企业界已经成为教育改革推动的重要力量。甚至，上海财经大学全球教育研究中心主任郭玉贵认为，美国企业界推动教育改革，早在20世纪80年代中期就已经从配角转向主角。1983年美国教育部发布的"国家处在危险中"的报告，适时揭示了美国低质量的基础教育对国家安全所造成的危机，指出如果教育不能提供高质量的人才，美国企业据此发展、生存的基础将会荡然无存。于是，企业走到了教育改革和发展的前台，企业会直接对教育提出要求。主要方式有两种：

第一种方式是直接策划、主持教育活动，包括会议、项目、管理等。例如，1996年、2000年，美国IBM公司先后举办了第二次、第三次全国教育高峰会议；美国制造业者联合会直接向大学提出未来岗位的需要，270多位工商界和高等教育界的领袖们签署《美国创新宣言》；IBM在20世纪90年代初期为了在高等教育推进全面质量管理，给每一个参加其项目的学校提供200万美元的支持，并且美国相当多的大公司都有自己的教育基金,不断支持各种各样的教育项目。

第二种方式是把企业与教育的利害关系管理列为企业发展的战略管理重点,众多企业组织起来整体表达在全球竞争中美国企业与教育的利害关系。例如,商业圆桌(Business Roundtable)的成员公司占据美国股票市场总值的近三分之一。在 2005 年出版的一个报告叫做《激活美国的潜力:为了创新计划的教育》,其中美国的 15 个顶级企业共同表达了对美国在未来十年或者更长时间中维护其科学和技术优势能力的深深关切——为了保持国家在 21 世纪的竞争力,必须培养未来创新所必需的技能娴熟的科学家。

此外,一些大公司组成委员会,提出非常重要的报告来影响美国的教育、科技和竞争力政策。其中有一个就是美国竞争力委员会,它在 2004 年提出了"创新美国"的重要报告,实际上,在美国,很多这样的委员会是由大学和企业界共同参与组织的。[①]

第二节 韩国——社会投入是成就高等教育腾飞的"翅膀"

一、政策背景

韩国是世界上高等教育社会投入最高的国家之一,韩国的高等教育是在社会投入的大力支撑下发展壮大的。韩国的私立高等教育十分发达,主要靠学费收入的私立大学是韩国高等教育"大众化"进程的中坚力量。韩国是世界上人口密度最大的国家之一,在它 99646 平方公里土地上,2011 年居住着 5051.5 万人口,人口密度每平方公里 493 人,自然资源相当贫乏。直到 1961 年,韩国人均国民生产总值仅 82 美元,是世界上最穷的国家之一;而在 2011 年,其人均国民生产

[①] 21 世纪教育研究院:"企业促进教育创新"公益论坛,http://newappl.eastday.com/wzzb/front/interaction/1301/wzzb.html。

总值高达 24000 美元,已成为 OECD 的高收入国家。第二次世界大战前,韩国受到日本长期的殖民统治,韩国高等教育的国立、公立、私立三种办学模式也源自日本。韩国自 20 世纪 60 年代中期至 80 年代初期实施的三次产业结构调整和升级,奠定了韩国经济腾飞和工业现代化基础,1965~1990 年韩国人均 GDP 的年平均增长率为 7.1%,名列世界第二,被誉为亚洲"四小龙"之一。[①] 韩国高等教育不失时机地为产业提升提供了人才保障,也正是在这一时期,以社会需求为导向的人才培养目标使韩国高等教育从精英教育阶段迈进了"大众化"发展阶段。1965 年韩国高等教育入学率为 6%,在当时世界上已跻身前 40 名之列;1990 年其高等教育已进入"大众化"阶段,入学率高达 39%,名列世界第 7 位,甚至超过日本、德国、法国等发达国家;1995 年,入学率达到 52%,进入"普及化"阶段,居世界第 8 位;[②] 2009 年其高等教育毛入学率已经达 71%。[③]

二、发展历程

(一)"付钱上大学"观念的萌芽(第二次世界大战后到 20 世纪 50 年代)

韩国近代高等教育的真正发展,始于第二次世界大战后。第二次世界大战前,20 世纪初期的韩国受到日本殖民统治,高等教育十分落后,尽管也分国立、公立、私立大学,但一直到战后具有高等教育水平的机构只有 19 所,学生只有 7819 名,其中综合性大学只有汉城帝国大学一所,本科生 800 余人。[④] 第二次世界大战结束时,美国占领军针对战前日本殖民者在韩国的严厉控制,将美国教育模式搬到韩国,采取近乎绝对自由的教育政策。而韩国政府此时无暇顾及高等教育发展,所以这种"放任"的态度激发了民间办高等教育的热浪。对韩国民众而言,长期受日本殖民者控制的压抑情绪在"放任自由"的教育发展政策中释放,形成了百姓民间办学的风气和付钱上大学的观念。[⑤] 1952 年韩国高

---

① 张晓鹏:《高等教育:韩国经济腾飞的"翅膀"》,《比较教育研究》1996 年第 1 期,第 19~23 页。
② 《从统计数字看世界高等教育》,《教育参考资料》2000 年第 1~2 期。
③ OECD, *OECD Education at a Glance* 2005~2011, http://www.oecd.org/statistics/.
④ 孙启林:《战后韩国教育研究》,江西教育出版社,1995,第 137~153 页。
⑤ 谢作栩:《韩国高等教育大众化的发展历程与特征》,《外国教育研究》2002 年第 1 期,第 6~9 页。

校达到49所，其中私立高校37所，占75.5%。学生数46000人，比1945年增长近5倍。①

（二）政府整顿下"私立高校"规范发展（20世纪60年代）

20世纪60年代开始，韩国政府开始以信任、宽容与支持的态度，针对民间办学的"放任"进行了整顿与管理。一方面，使私立高校的办学更贴近韩国经济社会发展需求；另一方面，加强了私立高校法律建设，连续颁布了《私立学校法》《私立教师退休实施法》和《私立教师健康保险法》等，这些法令以"尊重私学的特殊性，以保障其自主性和公共性的目的"为原则。② 韩国60年代的整顿，不仅消除了50年代的盲目发展带来的负面影响，而且为70年代的腾飞奠定了基础。③

（三）私立高校推进的"大众化"与"普及化"（20世纪70~90年代）

20世纪70~90年代，韩国高等教育经历70年代的"高速发展时期"、80年代的"劳动密集—知识密集转型期"、90年代的"终身教育期"，在这二三十年间，私立高等教育进一步发展，顺利将韩国高等教育推进"大众化"阶段，又引领进"普及化"阶段。在这一阶段，韩国政府始终以社会需求为导向，大刀阔斧地对韩国高等教育进行改革，对私立高等教育予以充分的支持，甚至摆在了高等教育发展重点的主体地位。1977年韩国修订了《教育法》，将五六十年代成立的两年制初级学院和招收初中毕业生的五年制实业高等专科学校，统一改为招收高中毕业生的两年制"专门大学"，使短期高等教育成为法定的高等教育层次，专门培养产业高等职业技术人才；1982年后又创设了6所继续教育机构——"开放大学"，专门招收高中毕业后在企业工作1年以上的工人，以理科、商科和实业科专业教育为主。④ 1970~1980年间，韩国高等教育学生数扩大了3倍多，

---

① B. R. 米特切诺：《世界历史统计（Ⅱ）——日本、亚洲、非洲（日文版）》，北村甫译，原书房，1984，第712页。
②④ 孙启林：《战后韩国教育研究》，江西教育出版社，1995，第137~153页。
③ 谢作栩：《韩国高等教育大众化的发展历程与特征》，《外国教育研究》2002年第1期，第6~9页。

年均增长 12.4%，1980 年高等教育毛入学率达 14.7%;① 1985 年达 34%，进入了大众教育阶段的后半段，并开始向"普及化"阶段迈进。1990 年后，韩国进入"少子化"时期，韩国政府对高等教育进行了"终身教育"的改革，把高等教育受教育群体从适龄青年扩大到社会全体人，普及"多样化的终身学习"。1995 年，韩国高等教育毛入学率达到 52%，这标志着韩国高等教育进入"普及化"阶段。值得关注的是，韩国的"大众化""普及化"阶段，韩国政府提倡学生家长积极投资子女教育，韩国私人教育费占 GNP 比重从 1968 年的 4.46% 上升到 1985 年的 6.59%、1990 年的 6.79%。②

（四）私立高等教育的危机与改革（20 世纪末至今）

20 世纪末，由于韩国高等教育持续扩张引发质量下滑、适龄入学人口的不断下降等原因，使主要经费来源依赖于学生学费的私立大学开始面临财政危机和发展"瓶颈"。对此，韩国政府又开始对韩国高等教育进行新一轮的改革，通过立法或制定政策等方式，如私立大学的重组、政府对私立大学的资助政策等，妥善解决私立高等教育的退出机制问题。韩国私立高等教育再一次进入历史的考验阶段。但可以明确的是，在今后一段时间内，韩国私立高等教育依然是高等教育的主力军，正如 70 年代到 90 年代那样，韩国政府应对高等教育发展危机的政策取向一直都是对私立高等教育进行改革与"盘活"，而非用国立、公立大学取而代之。重视和扶持私立高等教育的发展已经内化为韩国的政策价值观。如图 1-1 所示，2000 年后，尽管韩国高等教育的社会投入占 GDP 比重开始下滑，经过近 5 年的小范围波动后，在 2006 年后趋于平缓，维持在 GDP 的 1.9% 左右。

三、主要特征

综上所述，我们可以发现，韩国高等教育是一个典型的"以社会投入为主，

---

① B. R. 米特切若著：《世界历史统计（Ⅱ）——日本、亚洲、非洲（日文版）》，北村甫译，原书房，1984，第 732 页。

② 林正范：《中韩教育比较》，浙江教育出版社，1998，第 89 页。

政府拨款为辅"的政策路径。这与韩国的发展历史密切相关,也得益于韩国政府的开明支持。根据日本高等教育学者金子元久的分析,与欧美发达国家相比,韩国是在经济发展水平相对较低的历史时期出现了高等教育升学需求的膨胀,在国、公立大学无法充分满足现有升学需求的状况下,私立大学填补了过度需求的缺口,同时也正是这种过度需求的产生为此后私立大学的快速发展提供了生存的土壤。

第三节 法国——政府投入为主、社会投入为辅的中央集权制

一、政策背景

法国是欧洲教育中央集权国家的典型,教育经费主要由政府投入和管理。日本学者金子元久提出,欧洲的高等教育基本上由政府部门垄断,私立高等教育机构的作用具有明显的局限性。早在1804年拿破仑建立法兰西第一帝国,就创建法国中央教育行政体制,拿破仑的"帝国大学"制度。1806年5月和1808年3月拿破仑政府相继颁布了"关于创办帝国大学以及这个教育团体全体成员的专门职责的法令"和"关于帝国大学条例的政令",通过这两个法案,从制度上完善了中央集权制的教育管理体制,并设立了中央教育行政机构——帝国大学。拿破仑政府通过帝国大学制度正式确立了法国中央集权制的近代教育管理制度。此后,随着政权地不断更替,教育领域内中央集权和大学自治这两种制度进行了漫长的斗争。[①] 总体来说,法国的高等教育还是由中央政府来管理。国家的经费投入在高等教育经费来源中占主导地位,并且保持上升趋势。具体地说,1996年大学从国家获得的经费(包括地方团体补贴)大约占总经费的61.7%,公立的工程师学校则大约是51.83%;1998年大学从国家获得的经费大约占总经费的

---

① 陆兴发等:《法国高等教育自治制度及其运行模式研究》,《东北电力学院学报》2003年。

62.3%，公立的工程师学校则大约是 52.5%。2000 年，高等教育经费为 1065 亿法郎，约为教育总投入的六分之一（教育经费为 6454.5 亿法郎）。[①] 到 2008 年，法国高等教育投入占 GDP 比重的 1.4%，其中 1.2% 是政府财政投入（如表 5-4 所示）。

表 5-4　　法国教育和高等教育投入来源占 GDP 比重变化情况（1998~2008 年）　　单位：%

年份	法国					
	高等教育			教育		
	公共	私人	总投入	公共	私人	总投入
2015	1.2	0.3	1.5	4.7	0.5	5.3
2014	1.2	0.3	1.5	4.8	0.5	5.3
2013	1.2	0.3	1.5	4.7	0.5	5.3
2012	1.3	0.2	1.4	4.9	0.4	5.3
2011	1.3	0.2	1.5	5.6	0.5	6.1
2010	1.3	0.2	1.5	5.8	0.5	6.3
2009	1.29	0.22	1.51	5.79	0.51	6.3
2008	1.2	0.2	1.4	5.5	0.5	6.0
2007	1.2	0.2	1.4	5.5	0.4	6.0
2006	1.1	0.2	1.3	5.5	0.4	5.9
2005	1.1	0.2	1.3	5.6	0.5	6.0
2004	1.2	0.2	1.3	5.7	0.4	6.1
2003	1.1	0.2	1.4	5.8	0.5	6.3
2002	1.0	0.1	1.1	5.7	0.4	6.1
2001	1.0	0.1	1.1	5.6	0.4	6.0
2000	1.0	0.1	1.1			—
1999	1.0	0.1	1.1	5.8	0.4	6.2
1998	1.01	0.12	1.13	5.88	0.36	6.24
平均	1.08	0.16	1.22	5.84	0.38	6.22

资料来源：根据经济合作发展组织发布的《教育概览：OECD 指标》（2000~2012 年）中法国的相关统计数据计算而成。

[①] 范文曜、马陆亭：《国际视角下的高等教育质量评估与财政拨款》，教育科学出版社，2004。

二、发展历程

(一) 高等教育中央集权制的萌芽 (大革命时期到第二次世界大战前)

起源于中世纪大学的法国高等教育素有行会性和自治性的历史传统。中世纪的大学在世俗王权和教权矛盾的夹缝中经过长期的斗争,获得了一系列的自治权。① 1789 年开始的法国大革命,关闭了当时所有的大学及其附属机构。19 世纪初,拿破仑开始了中央集权的高等教育管理体制。1806 年,《帝国大学法》颁布,拿破仑所要建立的帝国大学不再是中世纪自发形成的自治行会组织,而是一个所有重要决定都来自最高当局的全国性的教育管理机关。② 帝国大学校长负责任命所有教职人员、颁发奖学金、批准学校的建立,通过他任命的"大学总督学"对教学进行监督,并且对教师进行纪律处罚,对学位文凭进行垄断。这种中央集权干预下的高等教育发展机制对法国后来的高等教育发展影响深远,至今的大学自治仍然与中央集权共享高等教育权力。

(二) "财权和人事权留给国家管理"的大学自治 (第二次世界大战后到 20 世纪 80 年代末)

第二次世界大战后,法国高等教育进入了复苏和发展时期。法国于 1946 年成立了以政治家和经济学家莫内 (Monnet. J.) 为首的国家计划委员会,在第二个国家计划期间 (1954~1957 年),教育被提到议事日程。计划委员会通过普查后认为,不能把教育简单地看作是"消费",还应当看到教育促进经济增长的作用,应把教育作为一种"投资"。正是基于这种思想,法国努力增加教育投资,教育经费占国家预算的比例从 1950 年的 6.65% 上升到 1957 年的 10.3%。但法国大学依然没有自治权力。德巴什指出,拿破仑"为保证统一而设计的中央集权,如今变成了一种遏制,它不再有利于创造精神,并有可能将其扼杀掉。" 1968 年"五月风暴"后,法国政府着手改革中央集权的管理体制。1968 年的《高等教育

---

① 庞青山:《法国高等教育特色制度的演进》,《比较教育研究》2011 年第 3 期,第 37~41 页。
② 顾明远:《法国教育》,吉林教育出版社,2000,第 70 页。

方向法》(《富尔法》)第二章"大学机构"第三条规定:"大学是科学和文化性质的公立机构,具有法人身份和财政自治权";[1]第三章"行政自治与参与"、第四章"教学自治与参与"、第五章"财政自治"对大学在行政、教学与财政方面的自治作了相关规定。[2] "尽管自1968年《高等教育方向法》以来,每届政府都强调大学自治的重要性,但是大学的权力和责任依旧有限。"[3] 这种自治在实际中被形容为"财权和人事权留给国家管理的自治"。[4]

(三)契约下的中央集权与大学自治共存(20世纪末至今)

1988年8月,法国教育部开始了以大学和国家签订合同的形式分配经费的改革,1989年5月这一改革在所有大学推行。这种契约型的关系开始在法国高等教育生根。2007年8月通过的《大学自由和责任法》强调校长和行政委员会在大学的核心地位,校长是计划的组织者和团队的领导者,大学有更大的财政权、人力资源管理权,可以设立大学基金。[5] 2008年7月,法国教育部宣布第一批准备实行自治的20所大学名单。2009年1月1日起,这些大学拥有更多的自治权,政府每年给这些大学提供25万欧元以帮助学校开展工作。这些政策力图使大学实现自治,国家则按照合同中的相关约定,通过评估等实现对大学管理方式的重大转变。[6] 改革实施后,法国高等教育形成了中央集权与大学自治共存的契约关系格局。

三、主要特征

综上所述,法国是一个高等教育以国家财政投入为主的中央集权国家。中央

---

[1] "Eseignement Superieur loid' Orientationet Textesd' Application," *Journal Official de la Republique Fran Caise*, 1979, p2.

[2] "Eseignement Superieur loid' Orientationet Textesd' Application," *Journal Official de la Republique Fran Caise*, 1979, pp. 7~15.

[3] Jun Oba, "Development of the French and Japanese Universities—A Comparative Study on the French Contractual Policy and Incorporation of Japanese National Nuniversities," Higher Research in Japan, Volume2, March (2005), p7.

[4] 黄福涛:《外国高等教育史》,上海教育出版社,2003,第273页。

[5] 陆华:《建立"新大学":法国高等教育改革的逻辑》,《复旦教育论坛》2009年第7期,第65~67页。

[6] 庞青山:《法国高等教育特色制度的演进》,《比较教育研究》2011年第3期,第37~41页。

集权制经历了拿破仑帝国的"帝国集权式""人财集权式",再到今天的"契约集权式"的演进,法国高等教育一直为科学的大学自治与政府不断争取、磨合、创新。一方面,持续获得了政府的财政支持;另一方面,也为高等教育的发展争取了应有的空间。

第四节 英国——从政府集权走向市场

一、政策背景

英国是现代大学的主要发源地之一,自13世纪牛津和剑桥两所大学建立至今,已有近700年的高等教育发展史,尽管现在的大学和高等教育的意义与当时的十分迥异,但英国高等教育发展对世界高等教育发展的影响深远。英国也是欧洲典型的教育集权国家,高等教育机构是社会用来复制本社会精英阶层的工具,因此高等教育"大众化""普及化"背后的各种政治权力和社会权力的角力,特别是精英型机构原有的掌控权力的安排,在很大程度上决定了教育发展的路径以及教育财政的模式。但是,由于近年来的财政紧缩,政府不得不削减高等教育投入,高等教育的总投入虽然持续上涨,但是资金来源结构发生了变化。私人投入比重由原来的三分之一,逐渐涨到一半;而财政公共投入则一再下降(如表5-5所示)。这是英国高等教育财政改革的动向,也是欧洲集权国家高等教育财政改革的信号。

表5-5 英国教育和高等教育投入来源占GDP比重变化情况(1998~2008年) 单位:%

年份	英国					
	高等教育			教育		
	公共	私人	总投入	公共	私人	总投入
2015	1.0	0.8	1.9	4.9	1.3	1.2
2014	0.6	1.3	1.8	4.8	1.9	6.6
2013	1.1	0.8	1.8	5.2	1.5	6.7

续表

年份	英国					
	高等教育			教育		
	公共	私人	总投入	公共	私人	总投入
2012	1.2	0.6	1.8	5.2	1.0	6.3
2011	0.9	0.3	1.2	5.6	0.8	6.4
2010	0.7	0.6	1.4	5.9	0.6	6.5
2009	0.56	0.75	1.30	5.33	0.71	6.04
2008	0.6	0.6	1.2	5.1	0.6	5.7
2007	0.7	0.6	1.3	5.1	0.6	5.8
2006	0.9	0.4	1.3	5.2	0.7	5.9
2005	0.9	0.4	1.3	5.0	1.2	6.2
2004	0.8	0.3	1.1	5.0	1.0	5.9
2003	0.8	0.3	1.1	5.1	1.0	6.1
2002	0.8	0.3	1.1	5.0	0.9	5.9
2001	0.8	0.3	1.1	4.7	0.8	5.5
2000	0.7	0.3	1.0	4.5	0.7	5.2
1999	0.8	0.3	1.1	4.4	0.7	5.2
1998	0.83	0.28	1.11	4.65	0.28	4.92
平均	0.78	0.37	1.15	4.88	0.79	5.66

资料来源：根据经济合作发展组织公布的《教育概览：OECD 指标》（2000～2012 年）中英国的相关统计数据计算而成。

二、发展历程

（一）"学生支付"与"贵族出资"并存的"精英教育"几经沉浮（12 世纪到 18 世纪末）

英国的高等教育起源可以追溯到中世纪，人们对高等教育有各种不同的解释，例如，"成为上流社会的教育，是培养从事高贵职业的人的教育，是研究高级学科的教育等"，[①] 这些解释虽然各不相同，但都反映出当时高等教育的一个

---

① 奥尔德里奇：《简明英国教育史》，诸惠芳、李洪绪、尹斌苗译，人民教育出版社，1986，第 135 页。

价值取向,就是"精英教育"。19 世纪以前,英格兰只有两所大学——牛津和剑桥,苏格兰虽然也建立了几所大学,但整个英国的高等教育还是以牛津和剑桥为主干。13 世纪初,尽管牛津和剑桥两所大学还未定形,但已经获得承认,因为它们有了教师和学生团体。师生在教堂和租来的房间中授课学习,教师收入依靠学生学费。牛津和剑桥一开始就处于既要争取独立,又要依附宗教和朝廷的矛盾地位。宗教给大学带来财政收入,同时又决定了大学的教学内容。当时,也有一些贵族出资建立学院,如 1264 年成立的牛津第一所学院——默顿学院,但并非面向全体社会公众,而是优先招收学院缔造者的亲属。[①] 14 世纪上半叶最重要的大学学院——英王讲堂(King's Hall)成立,从爱德华二世起,在连续 11 位英国国王执政期间,都从国家税收中得到经济来源,最初目的是培养由王国政府从教会和王室的男孩中挑选出来的学生,培养他们为教会和国家服务。[②] 直到 15～16 世纪,大学和学院才从仅仅招收少数享有特权的人发展为开始招收交费的大学生本科生。到了 17 世纪 30 年代,牛津和剑桥两所大学及其学院到达顶峰,学生超过了 4000 人,学生占总人口的比例可能比 20 世纪前的任何时候都高。1621 年,牛津录取 784 名学生,1883 年前再没达到过这一数字。[③] 学生群体中的社会阶层差异越发显著,艰难求学期待谋生或跻身上流社会的穷学生,与享有种种特权的贵族与绅士形成鲜明对比。17 世纪 80 年代,牛津和剑桥两所大学的招生人数开始减少,18 世纪五六十年代达到最低点。一方面是由于受到了宗教的排挤,另一方面通过教会跻身上流社会的机会也越发减少,许多贫穷的减费生或工读生可能仅能成为副牧师,而贵族家庭的子弟不需在大学中苦读也能轻而易举地在陆军、海军、商业机构或东印度公司等谋职并获得成就,保证其绅士地位。17～18 世纪英国的大学,包括欧洲其他国家的大学,其中世纪所具有的为穷困学生提供庇护所的福利功能逐渐消失了,富人逐渐取代平民成为大学的主体,大学成为培养统治阶级的场所。综上所述,12 世纪到 18 世纪英国的精英教育几经沉浮,虽然有过一定的发展,但始终是为王室与贵族等少数特权群体服务,并没有很好地

---

① 贺国庆:《外国高等教育史》,人民教育出版社,2005,第 137 页。
② 同上,第 138 页。
③ 同上,第 144 页。

成为社会大众特别是普通阶级谋生与发展的有效途径,甚至在社会大众中失去了对"高等教育"必要性的认可。17~18世纪,牛津和剑桥由于陷入政治宗教的斗争而处于停滞不前的状态,不能反映工业变革时代的新的国家需要,它们"仍然迟迟不改它们对旧统治者的忠诚,它们在基调、价值取向和结构上都一如既往……它们落在时代的后面,变得越来越偏狭,越来越古板,越来越不合时宜"[①]。

(二)政府投资对"精英教育"扩大调整与战后复苏(19世纪初到20世纪50年代末期)

19世纪初期,以牛津和剑桥为代表的大学、学院依然排斥出身卑微、地位低下的学生。1831年威廉·汉密尔顿爵士在《爱丁堡评论》的专栏中,声明牛津不再是公立大学,"而仅仅是一批私立学校的集合";查尔斯·金斯利虽然是剑桥的学生,后来又当了剑桥的现代史教授,他在《奥尔顿·洛克》(1849年)的专栏中请大家注意到大学教育存在严重的特权、只重财富和伪善:"学院的这些学监贵族们继续沉湎于财富、评议员的职位、奖学金之中,奖学金原本是旧时人民的朋友为了使穷学生得到教育而传下来的"。[②] 社会的激烈批评使政府不得不对大学进行了稍微地调整,1850~1914年间,从中等阶层的中、下层吸收了更多的学生,大学课程也不仅仅是培养贵族和绅士的"古典文学、智力训练"学科,实用科学开始进入大学,1892年剑桥开始实行机械科学的荣誉学位考试。19世纪20年代提出的建立第三所英格兰大学的愿望,在1836年得以实现,新成立的伦敦大学1858年对所有的男性公民开放,只要能交学费和通过考试就可获得学位。[③] 此外,19世纪下半叶,还出现了一批与工业和可续团体密切联系的市立学院,培养出许多新兴工业人才。尽管如此,英国高等教育依然是贵族们的复制工具,"精英教育"的调整仅仅是在通往上流社会之路上的几个"岔路口",能顺利达到高级集团的路径,始终在少数人手中。

新兴的大学、学院也从中央政府得到越来越多的资助,从1889年起政府每

---

① 贺国庆:《外国高等教育史》,人民教育出版社,2005,第159页。
② 同上,第162页。
③ 同上,第165页。

年拨出 15000 英镑分配给各大学、学院，8 年之后，每年增加到 25000 英镑。第一次世界大战前夕，这笔拨款令人注目地上升到约 17 万英镑。1938～1939 年大学收入的近三分之一、1951～1952 年大学收入的近三分之二，是来自财政部拨款。① 1919 年，英国建立大学拨款委员会（University Grants Committee，UGC），专门负责各高校的经常费、科研费以及其他各种形式的财政资助②。第二次世界大战接近尾声时通过的 1944 年《教育法》，该法案第 81 条提出："教育部长有权制定条例授权教育当局资助学生，以便学生能够接受任何适合他们的教育，不使学生及家长受苦。"为英国高等教育免除学费奠定了制度基础，决定了英国战后教育发展的基本方针，从而为英国高等教育战后的恢复与的发展奠定了政策基础。③ 1946 年 5 月在以阿伦·巴洛爵士为主席的科学人力委员会提交的《巴洛报告》中，明确提出大学应该扩展，应使科学人才的培养数量翻一番。《巴洛报告》一发表就为政府所接受，政府投入大量资金，使英国大学生人数从战前 1938～1939 年度的 5 万人迅速增至 1958～1959 年度的 10 万人。④ 1948 年，英国宣布建成所谓的"福利国家"。此后，无论工党还是保守党上台执政，都竞相增加福利开支。⑤

（三）政府持续高额投资带来的"大众化"发展与经济危机下的投入紧缩（20 世纪 60～90 年代）

英国高等教育的"大众化"发展是在 20 世纪 60 年代后。第二次世界大战以前，英国高等教育发展相对缓慢，19 岁年龄组的高等教育入学率 1902 年为 1%，1938 年也仅上升到 2%。第二次世界大战以后，英国高等教育发展较快，规模不断扩大。1946 年，英国适龄组入大学的比例为 2%。1950 年达到 5%，1960 年达到 8%。在 60 年代，英国 21 岁以下人口高等教育毛入学率为 6%，1979 年适龄

---

① 贺国庆：《外国高等教育史》，人民教育出版社，2005，第 167 页。
② 黄福涛：《外国高等教育史》，上海教育出版社，2003，第 399 页。
③ 刘丽平：《简明中外教育制度史》，甘肃人民出版社，2010。
④ 徐辉等：《英国教育史》，吉林人民出版社，1993，第 325 页。
⑤ 阚阅、张雁：《战后英国高等教育经费结构的调整》，《高等工程教育研究》2006 年第 1 期，第 60～64 页。

组入大学的比例为 12.5%，1986 年为 14.2%，1991 年上升 20%。① 这其中有第二次世界大战后实行免费高等教育的政策坚实基础，更有 60 年代多个重要政策、报告的有效推动。当时凯恩斯国家干预主义的盛行、教育民主化运动的兴起、人力资本理论的出现，以及落后于其他发达国家高等教育发展的现实，又进一步强化了英国政府推进免费加助学金制度的动力，导致先后出台了《安德逊报告》、1962 年《教育法》和《罗宾斯报告》。② 1960 年的《安德逊报告》提出"免费加助学金"政策理念，1962 年《教育法》则使得接受助学金几乎成了英国"所有全日制大学生的权利"。1963 年《罗宾斯报告》提出：根据"所有具备入学能力和资格并希望接受高等教育的青年都应该获得接受高等教育的机会"的原则，《罗宾斯报告》对扩大英国高等教育的规模提出了建议：英国接受全日制高等教育的人数从占相关年龄组的 8% 增加到 17%，同时高等教育的经费开支也将从占国民生产总值的 0.8% 上升到 1.6%。英国政府在此报告发表后不到 24 小时就宣布接受报告中提出的近期发展目标，并同意提供经费。③ 在这一时期，英国高等教育的经费一直不断攀升。在第二次世界大战之前，政府的财政拨款仅占大学经常经费总收入的约三分之一，在 1946~1947 年度这个比例已增至约二分之一。④ 1963~1967 年间，英国政府对高等教育的公共经费投入迅速增加，大学拨款委员会的拨款占大学总收入的比例上升到四分之三左右。⑤

但从 1973 年开始，英国遭受了全球性经济危机的影响，高等教育经费的拨款也因此受到严重影响。政府不再把高等教育当成一种投资，而是重要的成本中心，必须进行成本控制。1979 年撒切尔政府的教育和科学部长卡利斯尔（Mark Carlisle）开始按货币主义思想制订高等教育的收缩计划。1981 年英国政府发表《公共财政支出白皮书》正式宣布要大幅裁减高等教育的财政支出，在未来的三

---

① 吴式颖：《外国现代教育史》，人民教育出版社，1996。
② 阚阅、张雁：《战后英国高等教育经费结构的调整》，《高等工程教育研究》2006 年第 1 期，第 60~64 页。
③ 徐辉等：《英国教育史》，吉林人民出版社，1993，第 333 页。
④ Johnes, J. & Taylor, J., *Performance Indicators in Higher Education*, (Open University Press, 1990), 31.
⑤ 约翰·范德格拉夫：《学术权力——七国高等教育管理体制比较》，浙江教育出版社，2000，第 85 页。

年内对大学的拨款将削减 15%。大学拨款委员会和英国大学副校长委员会（CVCP）的计算结果表明，1981~1982 年度至 1983~1984 年度英国大学的经费总共被削减 11%~15%，估计各大学将损失 1.3 亿~1.8 亿英镑。① 正是经济危机带来的重大影响，英国政府不得不为高等教育的资金来源开辟新的渠道，以保证高等教育发展所需的充足资金。

（四）"普及化"时期的从政府集权到市场化改革（20 世纪 90 年代中期至今）

1991~2000 年，英国高等教育毛入学率上升了近 30 个百分点。到 2002 年，18~30 岁的高等教育毛入学率已经达到 43%。至 2008 年高等教育入学率已达到 57%。② 英国高等教育发展从"大众化"走向"普及化"，高等教育财政政策也从"免费"走向"统一收费"，再到"差异收费"。一方面是英国高等教育人口不断增长对投入的巨大需求，另一方面是英国经历了 20 世纪 70 年代的经济危机以及 80 年代以来英国的内外环境压力，政府不得不对高等教育进行改革，挖掘新的经费来源渠道。1990 年《教育（学生贷款）法案》正式推出学生贷款制度，实施所谓"补偿性贷款"计划，在"无息""以收入还贷""无须担保"等优惠条件下，以纯贷学金取代奖（助）学金。工党政府于 1998 年接受了《迪尔英报告》的建议，采纳了"谁受益，谁承担成本"的原则，取消了在英国有 90 年历史之久的助学金制度，引入了学费制度，从而结束了英国大学生免费接受全日制高等教育的历史，按照受益者分担教育成本的原则，自 1998 学年开始向学生收取学费。截至 2005 年，学费的金额为每年 1125 英镑，这是一个统一的金额，即不分学校、不论专业，均为相同。③ 2003 年年初教育与技能部国务秘书查尔斯·克拉克（Charles Clarke）向议会呈交的《高等教育的未来》白皮书（以下简称"白皮书"）。它主张，不同课程给学生带来的利益不同，大学生的回馈也应有所差异，大学可以采取弹性收费（Different fees for different courses）。"白皮书"得

---

① 王承绪等：《战后英国教育研究》，江西教育出版社，1992，第 325 页。
② 联合国教科文组织发布的《全球教育统计摘要》（2003~2011 年），http://www.uis.unesco.org/。
③ 张志辉：《试论二战以来英国高等教育的发展特点——兼论对我国高等教育的启示》，《现代教育科学》2012 年第 1 期，第 57~60 页。

到处于高等教育经费投资困境中的工党的广泛支持。2006年,英国开始实施差异性收费政策,差异收费遵循两个原则:一是"同质同价、异质异价"的原则,二是进行"购买力不同,价格不同"原则。在这两个原则下,从2006年起,英格兰和威尔士的高校开始根据专业要求和学校声誉,将本科生学费从目前平均每年1000英镑上调至最高限度为3000英镑,学校根据自身情况灵活确定学费及其涨幅。家庭年收入在22560英镑以下的学生,每年可免交学费(Fee Remission)1200英镑,此类学生约占英国高校在校生人数的30%;家庭收入在22560~33533英镑之间的学生需交部分学费,此类学生约占英国高校在校生人数的10%;家庭收入超过33533英镑(33533英镑是2006年英国家庭平均收入水平)的学生需交全部学费。① 2008年经济危机后,英国不得不进一步削减高等教育财政投入,英国财政部公布将从2011年开始削减高等教育财政投入后,英国政府同意了将大学本科阶段学杂费的最高限额从3000英镑提升至9000英镑,这将再一次改写英国本国学生学杂费承担比例的历史,也将改写英国高等教育社会投入占高等教育总投入的比例,2007年英国高等教育社会投入已经剧增逾60%,预计在未来三年,这一数字将进一步提高。

三、主要特征

英国高等教育财政政策模式,是从以政府财政投入为主,逐步转向促进社会投入的典型,从政府集权到市场化的演进,既与英国本身的经济社会发展、高等教育发展环境密切相关,也与高等教育发展本身的性质相关。高等教育作为"准公共产品",在高等教育人口规模不断增长、投入需求不断膨胀的时候,政府会面临不堪重负的困境,也必然会将"准公共产品"部分或者全部推向市场。毋庸置疑,政府在财政紧缩时,首选策略就是削减各部门开支,在欧洲集权国家中大部分国家的高等教育已经进入"普及化"阶段,要在"普及化"阶段再次实行"免费高等教育"或者大量增加高等教育投入的可能性较小,而西欧国家人

---

① 刘旭:《从同一性到差异性:英国高等教育收费政策理念演进》,《教育与经济》2009年第4期,第57~60页。

口也较北欧国家多,大部分国家的政府要实现北欧国家"福利型社会"还要经历漫长之路。所以,把高等教育推向市场是必然之路,这不仅仅是英国的国别政策、偶然的改革,更是欧洲集权国家高等教育财政政策理念的革新与发展的必然。

第五节 北欧国家——免费的高等教育

一、政策背景

在由世界经济论坛公布的全球竞争力报告中北欧国家一直位居前列,2010~2011年度北欧的瑞典、芬兰、丹麦、挪威、冰岛五国分别位列140多个国家中的第3、4、8、16、30名。瑞士居首位,美国第5名,中国第26名。北欧国家是"福利型"国家,有闻名于世的发达的社会福利体系。早在19世纪初,北欧国家就推行了义务教育体制。区别于世界上其他国家和地区的是,北欧国家实行的是从学前教育、基础教育一直到高等教育都终身免费的教育制度,显然,这与北欧国家高度发达的经济密切相关。较完善的免费高等教育系统使北欧国家高等教育得到了极大的普及。从20世纪50年代起,北欧高等教育在政府的大力资助和科学规划下迅速发展,2000年北欧五国的高等教育毛入学率分别为:丹麦59%、芬兰85%、冰岛48%、挪威70%、瑞典70%;2004年分别为:67%、87%、62%、80%、82%;2008年分别为:80%、94%、75%、73%、71%。(如表5-6所示)当前,北欧国家基本实现了高等教育普及化,高等教育普及率已经位居世界前列。

表5-6　　　　北欧国家高等教育毛入学率发展情况　　　　单位:%

年份	丹麦	芬兰	冰岛	挪威	瑞典
2000	59	85	48	70	70
2004	67	87	62	80	82
2008	80	94	75	73	71

资料来源:联合国教科文组织发布的《全球教育统计摘要》(2004年,2006年,2010年)。

二、发展历程

北欧国家重视全民教育可以追溯到 16 世纪，16 世纪以前，北欧国家的教育与西欧国家的情况十分相似，教育被天主教会牢牢控制，受教育的对象仅仅局限于少数贵族子弟。由于民众对天主教的不满等原因，在 16 世纪的宗教改革中，北欧各国先后皈依了路德新教，教育也因此从教会的枷锁中解脱出来，进入世俗政权管理的范畴。路德新教有一个重要信条：每个教徒都有权阅读圣经，并由此直接领受上帝的旨意。当时，北欧还举行朗读《圣经》的公开考试，考试不合格者革除教籍（这意味着不准结婚）。[①] 因此，客观上激发了广大民众学习热情，并促使家庭教育中父母必须传授文化，教育在北欧民族发展进程中成了一种民族信念与义务。

18 世纪上半叶，北欧国家着力创办学校，世俗政权认为：为公民提供一定期限的正规教育是社会的义务。丹麦、挪威、瑞典分别在 1814 年、1827 年和 1842 年实施义务教育法，面向全社会实行免费教育。20 世纪 50 年代后，北欧国家又把免费七年义务教育升级为免费九年义务教育，并且对九年义务教育后的高中、中专、大学教育也全部免费，绝大多数九年义务教育后继续深造的学生，基本都能获得政府提供的奖学金，奖学金可以维持他们的基本生活。此外，政府还大力支持成人高等教育，鼓励兴办成人学校，并立法规定：政府有义务为成人教育提供财政赞助。事实证明，北欧成人教育经费有不低于 85% 来自政府赞助。1989 年，丹麦、挪威、瑞典三国 30~64 岁的全体公民中，取得大专以上学历的分别为 19.9%、19.3% 和 20.3%；取得中专和高中以上学历的分别是 72.4%、57.4% 和 58.1%。[②]

进入 21 世纪以来，北欧国家继续实行免费教育，历年来高等教育投入中 95% 以上的经费来源于政府。至今，北欧国家已经实行了近 200 年的免费教育，北欧国家公民文化素质普遍较高，社会全员的高文化素质不仅为北欧经济持续发

---

① 刘玉安：《论北欧模式的社会历史条件》，《欧洲》1993 年第 2 期，第 34~39 页。
② Ulla Agerskov Statistics Denmark, *Nordic Statistict Year Book*：1992（Scanprint A/S, Denmark, 1992）, pp. 345~346.

展提供了高质量的人力资源,也保障了民众主动参与社会管理、促进社会发展的意识和能力。

三、主要特征

北欧国家高等教育财政的突出特征,就是其强大经济实力支撑下的免费高等教育体制,政府为高等教育提供了绝大部分的发展资金,不仅是公立高等教育机构可以获得政府的资助,而且私人举办、私人机构管理的高等教育机构也可以获得来自政府的大量补贴,例如丹麦的私人举办的高等教育机构,就"可得到政府的资助,学校经费的85%来自政府的补贴,政府还向入学者提供助学金"[1]。芬兰的民众大学主要是由政府成人教育中心和民众教育协会举办,国家的补贴是70%~90%,由地方政府负担的经费大概是30%左右。[2] 此外,值得一提的是,北欧五国一直以来人口不多。根据2011年世界银行公布的统计数据,北欧五国中没有一个国家人口超过一千万,其中,人口最多的是瑞典:9378000人,最少的是冰岛:318000人。[3] 在实行免费教育体制时,并不像其他人口众多的国家那样举步维艰,要经历规模、效率、公平、质量的多重困境。

---

[1] 黄日强:《丹麦民众高等学校的特点》,《外国教育研究》1997年第1期,第36页。
[2] 张蕾娜:《北欧社区成人教育现状分析及对我国的启示》,《煤炭高等教育》2005年第1期,第101页。
[3] 世界银行:2011年人口统计,http://data.worldbank.org.cn/indicator/SP.POP.TOTL。

第六章
高等教育社会投入的形态演进与政策动因
——基于阶段性特征揭示与案例分析

纵观高等教育社会投入的发展历程,比重、比值等数据变化发展的背后,伴随着高等教育社会投入形态的演进及其与财政投入博弈,博弈的结果通过高等教育投入政策得以呈现与兑现。

第一节 高等教育社会投入的形态演进

根据高等教育社会投入在各个发展阶段中的形态与功能,高等教育社会投入发展大致经历了三种形态:原生型、政策型、慈善型,本研究尝试对此进行阐释与论证。

一、原生型的高等教育社会投入

从字源上理解,"原"取形容词义,《新华字典》中的第(5)项字义:最初的,同[initial]。"生"取动词义,《新华字典》中的第(8)项字义:滋生;产生,同[happen; breed; produce]。① "原生"指最初产生的。原生型的高等

---

① 汉典:http://www.zdic.net/zd/zi/ZdicE5Zdic8EZdic9F.htm。

教育社会投入，指在高等教育发展初期就随之出现的、最初的高等教育社会投入方式，主要限于高等教育内部的生产与交换，高等教育投入还未作为关键词或条目进入到国家发展或社会发展政策的结构当中，未受到高等教育外部如政治、经济等其他部门的直接影响。原生型高等教育投入具有以下特征：一是从投入方看，投入的动机、投入的量、投入的机制都是自由的、自主的，主要由社会、私人决定，投入的主要目的是满足私人的需求。二是从供给方，主要是学校、教会、行业组织或私人供给，供给的价格由供给方围绕高等教育运转的基本成本计算和确定，例如，租借场地、雇佣教师等，高等教育还未上升为国家战略，国家或执政当局参与供给的成分比较小，还未对社会投入产生直接影响；与投入方之间是一种相对简单的、直接的交换关系，比较接近自由市场交换。三是从消费方与收益方看，原生型高等教育投入阶段中，购买消费的主要是私人，高等教育的收益主要体现在个人收益，当然也存在个人收益的外部性，但这一外部性比较小，并且没有被政府、国家有目的、有计划、有组织的收集与利用。

原生型的高等教育社会投入可以追溯到欧洲中世纪时期，学生付学费，教师以学费为主要收入，也有行会、宗教、贵族等非国家统治管理机构等社会力量的捐资办学，虽然当时高等教育的内涵与现在高等教育的内涵大相径庭，但作为社会中高级人才（相对初级、中级而言）培养的专门组织，仍然是一脉相承。从历史分析视角出发，在高等教育发展历程中，可以说是先有高等教育社会投入，后有高等教育的政府财政投入。中世纪的高等教育，是学生、学徒为了求学、谋生、谋职而自发的一种行会活动，高等教育投入主要是学徒交给教师的学费，是一种自由购买、自行消费的行为，是一种受教育者自发的、还未受到统治当局有组织、有计划、有目的影响的高等教育投入。如果把当时的高等教育也看成一种准公共物品，那么，这时的高等教育是更趋向于私人物品的准公共物品。当时的社会发展也还未把高等教育发展作为国家战略。当高等教育逐渐发展，以及人力资本理论的提出与日益完善，高等教育对人才培养的重要作用为统治阶级逐步认识，高等教育才进入国家战略投资的视野。

在近现代，原生型的高等教育社会投入主要存在于人均 GDP 1000 美元以下并且高等教育还处在"精英教育"阶段的较前期，即经济发展水平和高等教育发展水平都较低的时期。在计量经济学的发展解开剩余因子之谜，发现教育是剩余因素的一个重要组成部分，是刺激经济增长的重要因素之前，教育基本处在自由发展的状态，政府未把教育发展推上国家战略的高度。在此之前，也有大量的政府投入，但目的性、工具性、战略性的价值取向不强。高等教育投入的来源也主要是学杂费和捐赠。

二、政策型的高等教育社会投入

政策型的高等教育社会投入主要指高等教育经费来源结构中，与高等教育财政投入一样受政策影响的高等教育社会投入，政策型高等教育社会投入的来源、结构、机制等都由政策甚至法规来规定、分配或倡导。政策型高等教育社会投入具有一些明显的特征：一是从投入方看，投入方主要是国家政府，投入的目的主要是为了振兴国家、快速发展经济，投入的机制主要是纳入国家财政预算，由国家拨款直接支持高等教育发展。二是从供给方看，主要是国家政府（国立高校）、地方政府（地方高校）以及部分私人团体（私立高校）供给，高等教育发展已经上升为国家战略，国家或执政当局直接或者间接参与供给，并对私立高等学校制定了一系列的政策、法规；与投入方之间是一种相对复杂的、多元的关系，是国家干预下的市场交换，大学作为"象牙塔"的概念已经受到严重挑战，私立高校也必须接受国家的统一管理，国家在一定程度上予以私立高校经费资助。三是从消费方与收益方看，消费方主要还是学生，但国家从高等教育中的收益巨大，政府、国家有目的、有计划、有组织的高等教育投资，促进了国家经济的快速增长。

本研究认为，政策型的高等教育社会投入出现在高等教育"精英教育"阶段的后期，高等教育被广泛认为可以促进国家经济社会发展，各国纷纷把发展高等教育纳入国家发展战略，空前加大高等教育投入。一般而言，高等教育投入政策是针对财政投入的政策，比如占 GDP 的比重是多少，占国家财政支出的比重是多少。高等教育财政投入的量一旦被政策规定，那么，在高等教育投入既定的情况下，高等教育社会投入的量也就同时被规定了。对高等教育社会投入从立法上明确规定的国家如日本。日本《学校教育法》第 5 条规定："学校的设置者，除法令特别的规定以外，应负担其学校的经费。"这是对学校经费来源的基本规定。据此,国立高等院校的经费由国家负担,列入国家财政预算;公立高等院校的经费由地方政府财政负担,国家根据地方交付税制度等采取措施使其保持必要的高等教育投入;私立高等院校的经费由学校法人负担,收取学费是主要来源,还有一些收益性事业的收入,另外,国家和地方政府通过财政补助性拨款,资助私立学校健康发展,向私立学校提供贷款、捐款、奖学金的财团和企业等实行免税措施。此外,根据日本《学校教育法》的规定,在日本,除义务教育外,均收学费。①

就现有的史料分析,较早把高等教育作为国家发展战略,并由政府向高等教育进行国家投入的国家是美国。进入19世纪,美国再次爆发的南北战争以代表新的生产力和生产关系的资产阶级取得胜利而宣布告终。随着新型生产关系的确立,美国的经济有了较大的发展。生产力的提高对美国经济产生强烈的刺激,需要大力发展高等教育,以适应社会经济发展,满足资本主义生产的需要。② 美国1862年就通过土地赠予法案使高等教育向大众开放,从而开始了精英高等教育向大众高等教育过渡的时代。③ 当时,接受高等教育的学生仅需支付很少的份额,甚至不需要缴纳费用就可以进入高校学习。这为1940年美国的高等教育毛入学率就达到15%奠定了坚实的基础,比其他欧洲国家如英国、德国、法国和东亚国家日本、韩国早了20~30年。其他大部分国家,一般是在20世纪中叶、第二次世界大战后开始,从国家层面加大高等教育投入。一方面,这得益于20世纪60年代人力资本理论被广泛认识,另一方面,在第二次世界大战中,高等教育在人才培养、军事研究、武器研发等方面对战争的贡献被挖掘出来,战后各国纷纷发展高等教育。再比如,日本在1970年高等教育毛入学率才达到15%,但早在1957年,日本政府公布的"新长期经济计划",就将教育政策和计划编入国民经济计划,并针对第二次世界大战后日本高等教育重文法轻理工的现状以及不能满足经济发展对理工人才需要等问题,专门制定了理工科高等教育人才扩招计划。④ 同时,大量以理工教育为主的私立高校、短期大学、高专纷纷成立,这

---

① 东北财经大学经济与社会发展研究院课题组:《高等教育财政的国际比较研究》,《比较教育研究》2004年第60期,第26~28页。
② 施晓光:《美国高等教育立法的历史演进》,《辽宁高等教育研究》1991年第2期,第127~129页。
③ 王英杰:《美国高等教育的发展与改革》,人民教育出版社,1993。
④ 史朝:《经济发展与战后日本高等教育改革》,《外国教育研究》1985年第2期,第1~10页。

些学校的经费主要来自学生的学杂费和捐赠经费。①

具体而言，与财政投入相比，当财政投入相对充足的时候，学杂费、捐赠等形式的社会投入需要分担的比重较小；当财政投入不足的时候，政府会在减少财政投入的同时，通过允许提高学杂费收入、鼓励捐赠等多种形式拓宽高等教育经费来源。资本主义固有的周期性经济危机，使得高等教育财政投入和社会投入的比重也随之"此起彼伏"，财政投入与社会投入之间的"拉锯战"也由此展开。一般情况下，经济危机和财政紧缩时期，也是高等教育社会投入显著上涨的时期。即便是美国这样政府对高等教育极为支持的经济大国，也不能摆脱经济危机对高等教育投入的影响。例如，1974～1975年间，美国爆发了战后最严重的经济危机，危机影响持续到20世纪80年代，由于受经济衰退的冲击以及经济发展市场化、经济竞争全球化的影响，美国政府不得不对高等教育进行改革和调整：政府减少对高等教育的干预和控制，同时联邦和州政府也开始紧缩高等教育经费。由此导致的后果之一是公立大学民营化、市场化，高校运营越来越依靠学生缴纳的学费，由此高校日益陷入经费不足和学费高涨的困境中。自1978年至2008年的30年间，扣除通货膨胀因素，四年制公立大学的学费平均从2303美元上涨到6585美元，私立大学的学费则从9903美元上涨到25143美元，年均增幅都在3%以上。同期，美国家庭平均收入从53760美元增加到59140美元，年增长率仅为0.34%。前者增速差不多是后者的10倍。② 再如日本，以1993年为例，69938.64亿日元中，国家的拨款为28847.19亿日元，占41.25%；地方政府也拨款资助，当年为4590.05亿日元，约占6.56%。其余是学费、企业捐助、学校的收入等。学生交费数是24842亿日元，占35.52%，即当年高等教育经费的三分之一。③ 日本的高等教育社会投入比重也因此一直较高。再比如印度，2006年印度高等教育毛入学率仅为6.2%，远不能和发达国家相比，也落后于中国，④

---

① 周谊：《1948—2002年日本高等教育发展统计研究》，《统计研究》2004年第2期，第61～6页。
② 周红安：《二战后美国高等教育入学机会政策的发展与变革》，《比较教育研究》2011年第5期，第119～121页。
③ 陈珉：《日本高等教育经费统计》，《统计研究》1998年第1期，第77页。
④ 施晓光：《走向2020年的印度高等教育——基于印度"国家中长期发展规划"的考察》，《中国高教研究》2011年第6期，第73～75页。

因此，印度政府加大高等教育投入，自 2007 年开始到 2012 年，在印度"第十一个五年发展计划"中，高等教育经费投入为 8494 亿卢比（约合 184 亿美元），其中普通类高等教育为 4644.9 亿卢比（约合 101 亿美元），技术类高等教育为 3855.1 亿卢比（约合 84 亿美元），使高等教育经费投入达到 GDP 的 1.5%（整个教育经费达到 GDP 的 6%）。① 同时，鉴于公共经费投入的有限性，鼓励大学寻找其他增加办学经费的途径，并允许大学自行确定学费标准和接受慈善性的私人与校友的捐赠、赞助；允许大学开办附属性企业，并可以借助民间资本和外国资本，为自身办学条件改善提供更多的经费保障。②

三、慈善型的高等教育社会投入

慈善型高等教育社会投入指高等教育经费来源结构中以慈善为目的的经费来源，投入方往往不是高等教育的直接消费方、收益方。慈善型高等教育社会投入的主要方式，就是捐赠。除了受到政策引导与鼓励的影响外，慈善型高等教育社会投入更多地与一个国家或地区的文化相关。与原生型的高等教育社会投入一样，慈善型的高等教育社会投入可以追溯到高等教育诞生之初，并且一直不断发展至今。在一些国家，例如美国、日本等，慈善型高等教育社会投入已经成为高等教育经费的重要来源。从美国殖民地大学建立之初开始，捐赠就是大学经费筹措的重要来源；经过多年的发展，美国的高等教育也因经费来源重点的不同一直分为公立部门和私立部门；2010 年美国私立高校的捐赠来源达到了总经费的 66%。日本慈善型高等教育社会投入也历史悠久，18 世纪末期，在著名思想家二宫尊德的倡导和推动下，日本出现了一种具有公益性的社会慈善和救助组织"报德社"③；近代日本的企业法人捐赠则始于 20 世纪 60 年代，尤其是 20 世纪 80 年代之后，众多前往美国投资的日本企业家把美国慈善活动的方式与理念带回了日本；1990 年，日本经团联成立了社会贡献委员会与百分之一俱乐部，并创设了企业捐赠协议会，向高等

---

① Lal R & Sinha G N., *Development of Indian Education and Its Problems* (Vinay Rakheja C/o R. Lall Book Depot. Meerut, 2007), p193.

② National Knowledge Commission, *NKC Note on higher education* (New Delhi: New Concept Information Systems Pvt. Ltd., 2006), p76.

③ 庆应义塾大学维持会，http://www.kikin.keio.ac.jp/i-jikai/index.html, 2010 年 4 月 17 日。

学校和社会公益事业捐款已成为日本企业的一种普遍现象。目前，虽然捐赠在总体上仅占日本高等教育经费的 2%~3%，但如果从不同性质的学校或单个学校来看，其影响则要大得多。如在 2008 年，早稻田大学获得的捐赠逾 30 多亿日元；2009 年，东京大学获得的捐款近 60 亿日元，京都大学约 42 亿日元，名古屋大学为 25 亿日元，大阪大学为 49 亿日元。大量的社会捐赠不仅为这些大学的发展提供了充足的财力，同时也减轻了它们在资金上对政府的依赖。①

慈善型高等教育社会投入同样容易受到经济危机的影响。2008 年美国遭受了经济危机后，高等教育所获得的捐赠也大幅缩水，例如，2010 年 6 月哈佛大学只有 274 亿美元的捐赠，与金融危机前 2007 年的 349 亿美元相比，缩水近 27.3%。因此，美国大专院校行政事务官员的首席执行官约翰·万达和共同基金研究院执行主席约翰·格里斯沃德共同认为，"2009 年的捐赠投资收益骤减充分表明，面对全球金融危机，高等教育机构度过了艰难的一年"。②

第二节 高等教育社会投入的增长方式

一、主动增长与被动增长

根据促进高等教育社会投入增长的驱动力来源不同，本研究把高等教育的增长方式划分为主动增长和被动增长。主动增长指高等教育社会投入方（主要是学生、家庭）从自身需求、意愿出发，主动支付或者增加高等教育投入；被动增长指高等教育投入方在高等教育成本分担过程中，不得不承担由财政投入不足转嫁而来、学杂费价格提高等外力因素带来的成本。例如，当高等教育的收益率较高时，社会大众都愿意投资高等教育以获得更好的收入或者职业机会，或者就业环境不景气，经济低迷时主动"回炉"接受高等教育，等等，源自投入方"自愿

---

① 黄星、陈承：《日本高等教育的募捐策略》，《比较教育研究》2010 年第 12 期，第 67~71 页。
② 王云儿：《美国高等教育财政改革新动向及其启示》，《教育发展研究》2011 年第 5 期，第 55~59 页。

投入"的高等教育社会投入属于主动投入；当高等教育由于国家高等教育大发展战略、适龄人口快速增长等原因空前膨胀时，或者政府财政由于经济危机、财政赤字等原因紧缩时，高等教育社会投入方（主要是学生、家庭）为继续获得高等教育而不得不"消化"财政不足导致的高等教育投资成本增加，这时的高等教育社会投入是被动增长。

主动增长可以有效促进高等教育经费来源的增长，被动增长在突破一定限度时可能会导致高等教育发展的不良影响，如高等教育如何保持公平，高等教育如何持续发展等问题。主动增长往往发生在一个国家或地区经济发展态势较好的时期，而被动增长往往发生在经济滑坡或者经济危机时期。例如，2000年以来，印度GDP每年都按5%~6%以上的速度持续增长，尤其是近几年，增长速度高达8%~9%。① 经济的高速增长一方面提高了印度政府和公众的社会和经济期待，另一方面也对高等教育产生了旺盛需求。印度政府除了大规模增加高等教育财政投入外，也给予印度高等教育社会投入极为宽松的政策条件。2007年印度议会通过了《外国教育机构法案》（又称《外国教育机构准入和运行规定，质量保持和防止商业化法案》）。法案规定，允许国外教育机构进入印度高等教育领域；鼓励水平较差的私立院校与外国大学开展合作办学，鼓励缺乏资金的公立院校在科学技术和一些专业领域与外国院校合作办学，增加学校收入。鼓励不能负担起高额学费的学生进入这类院校学习。② 2009年，许多外国的高校也在印度开办分校，数量达到150所以上。③

但是，对美国而言，2008年以来则是高等教育社会投入被动增长的典型时期。2008年经济危机之后，美国的许多州政府经费筹措能力受到了影响，捐赠来源也大幅缩水，随之而来的高等教育学杂费直线增长，2008~2009学年学费收入占各高校经费收入的37%，而在1988年，学费收入在总收入中不到25%。④ 这让美国大部

---

① Economic Advisory Council, *Economic Outlook for 2007/08* (EAC, Vigyan Bhawan Maulana Azad Road, New Dehli, 2007), p3.
② Vijender Sharma, "Indian Higher Education Commodificationand Foreign Direct Investment," *The Marxist*, Vol. XXIII, No. 2 (2007), p25.
③ 施晓光：《走向2020年的印度高等教育——基于印度"国家中长期发展规划"的考察》，《中国高教研究》2011年第6期，第73~75页。
④ 王云儿：《美国高等教育财政改革新动向及其启示》，《教育发展研究》2011年第5期，第55~59页。

分民众极为不满,美国大学生毕业率在世界排名中也直线下滑,2008 年已经从第二位下滑到第 11 位。[①] 为此,奥巴马政府加大高等教育投入[②],实施了"直接贷款"制度[③],改革了"佩尔助学金"[④] 和"珀金斯贷款"[⑤],并推行了"课税扣除"政策[⑥]。

二、周期性增长与短时性增长

根据上文对高等教育社会投入的发展规律分析,高等教育社会投入并非随人均 GDP、高等教育毛入学率的增长而持续增长,而是经历了多次"起伏"。多次"起伏"呈现了一定的规律。如果把高等教育社会投入从最低点走到最高点,再从最高点滑落 最低点的过程称为一个周期,那么,在以人均 GDP 划分发展阶段中,从各阶段的样本均值看,高等教育社会投入占 GDP 比重变化经历了"一个周期";以高等教育毛入学率划分的阶段中,高等教育社会投入占 GDP 比重变化经历了"一个半周期"。高等教育社会投入在以人均 GDP 划分发展阶段中,经历了"先增长、后下降"的变化历程:从人均 GDP 1000 美元以下阶段的 GDP 的 0.33% 增长到人均 GDP 1000~3000 美元阶段的 GDP 的 0.67%,然后逐步下降到人均 GDP 3000~10000 美元阶段占 GDP 的 0.52%、人均 GDP 10000 以上美元阶段占 GDP 的 0.49% (如图 6-1 所示)。高等教育社会投入在以高等教育毛入学率划分的发展阶段中,经历了"先增长、后下降、再增长"的变化历程:首先,从高等教育毛入学率 15% 以下阶段占 GDP 的 0.28%,增长到高等教育毛入学率 15%~30% 阶段占 GDP 的 0.57%,然后,下降到高等教育毛入学率 30%~50%

---

① Obama, B. President Obama, "Remarks to the Hispanic Chamber of Commerce," *New York Times*, March 10, 2009, http: //www. nytimes. com /2009/03/10/us/politics/10text – obama. htm? l _r = 1.
② United States Department of Education, "2009 Year Review," February 2, 2010, http: //www2. ed. gov/about/reports/annual/2009review. htm. l.
③ United States Department of Education, "Federal Direct StudentLoan Program," *Wikipedia*, February 4, 2010, http: //en. wikipedia. org/wiki/Federal_Direct_Student_Loan_Program.
④ Chang, C., "Funds for Pell Grants raised," *Daily Bruin*, February 3, 2010, p1.
⑤ U. S. Department of Education, "Federal Perkins Loan Program," February 3, 2010, http: //www2. ed. gov/programs/fpl/index. htm. l.
⑥ Clark, K, "American Opportunity Tax Credit – Definitionand Overview," February 3, 2010, http: // collegesavings. about. com /od/glossarydefinitions/g/ObamaTaxCredit. htm.

阶段占 GDP 的 0.47%，并继续下滑到高等教育毛入学率 50%～75% 阶段占 GDP 的 0.42%，最后，上升到高等教育毛入学率 75% 以上阶段占 GDP 的 0.79%（如图 6-2 所示）。

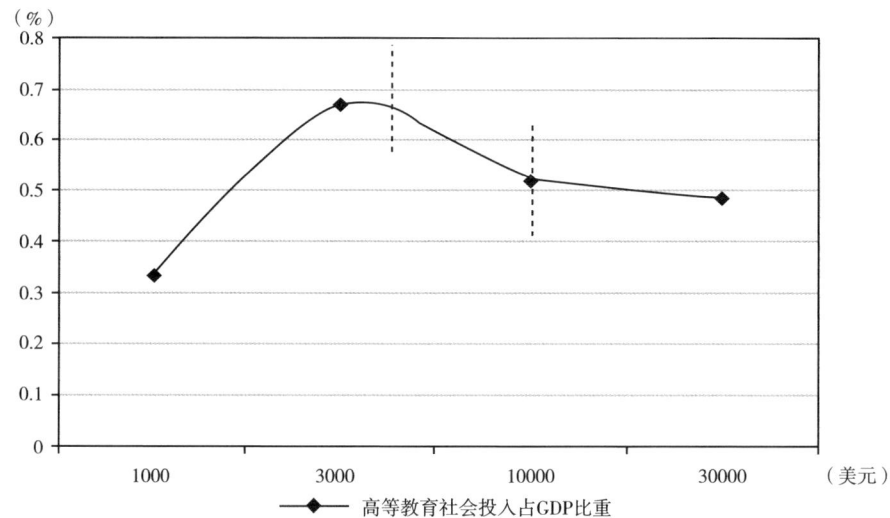

图 6-1 以人均 GDP 发展划分阶段的高等教育社会投入变化

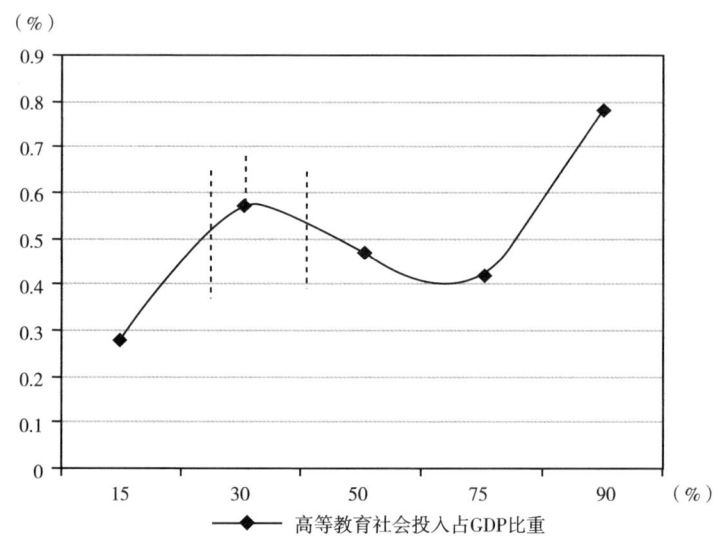

图 6-2 以高等教育毛入学率发展划分阶段的
高等教育社会投入变化

从图 6-1、图 6-2 可以看出，高等教育社会投入会在人均 GDP 1000~3000 美元阶段、高等教育毛入学率 15%~30% 阶段、75% 以上阶段出现增长。

短期性增长指在某一个人均 GDP 发展阶段或者某一个高等教育毛入学率发展阶段中，少数年份的高等教育社会投入会呈现显著增长，然后又回归到一般的规律中。比如阿根廷受到经济危机的影响，2002 年、2003 年的高等教育社会投入分别增长到 GDP 的 0.4%，但从 2005 年开始又回到 0.2% 并一直保持至今。短期性增长一般是受到高等教育外部因素的影响产生的变化。

三、结构性增长与非结构性增长

根据高等教育经费来源结构的调整方式，高等教育社会投入的增长可以分为结构性增长和非结构性增长。高等教育社会投入的结构性增长指由于高等教育经费来源结构调整带来的高等教育社会投入的增长；非结构性增长指并非由高等教育经费来源结构调整带来的高等教育社会投入增长。一般而言，高等教育社会投入的结构性增长主要源于一个国家、地区对高等教育成本分担的整体调整，历时较长，在漫长的调整过程中，高等教育社会投入的走势相对比较稳定。例如，中国从 1985 年到 1997 年间，就经历了高等教育经费来源结构性调整的变化过程，从"政府免费提供高等教育"向"政府、学生或家庭、社会共同分担成本"转变，此后以学杂费增长为特点的高等教育社会投入不断增长，政府财政投入的比重相对而言不断减小。对高等教育社会投入的非结构性增长，其主要诱因是一个国家或地区的经济危机、财政危机以及高等教育成本提高等原因，历时相对较短，波动较大；但是，也有例外，例如由学杂费不断提高带来的高等教育社会投入比重增长一直是世界高等教育面对的问题，各国政府一直在采取各种各样的资助、贷款等方式，"抵消"社会大众在成本分担过程中由于学杂费增长带来的一部分"负担"。高等教育的结构性增长和非结构性增长并不会"分步走"，往往会"交织在一起"，经历结构性增长的同时往往伴随着非结构性的增长，例如中国、阿根廷、秘鲁等国家在整体上调整高等教育供给机制——由国家供给走向国家与社会共同供给——的同时，也经历着高等教育成本增长带来的负担，加速高等教育社会投入增长的步伐。此外，结构性增长往往是一个国家或地区主动增长的行为,非结构性增长往往是被动增长的结果。

第三节 高等教育社会投入政策的动态变化

对大部分市场经济国家（北欧福利型国家除外）而言,高等教育经费来源从国家提供走向国家与社会共同提供是一个不可能逆转的必然趋势,从单一供给走向多元供给是高等教育发展、满足社会大众高等教育需求的必然和必需。约翰·斯通的高等教育成本分担理论已经被广泛接受,但成本分担的各方承担的比重"谁多谁少"的问题一直存在着争论与博弈,结果必然带来高等教育投入政策的动态变化。虽然到目前为止,还未有专门的高等教育社会投入政策,但从高等教育投入政策的变化中,可以找到关于高等教育社会投入变化的内容。由于各国的高等教育发展基础、社会文化、经济实力、高等教育需求都不尽相同,所以在"成本分担"大趋势下存在着不同的发展路径与政策。其中,典型的发展路径在第五章"典型模式"中已经阐述,在此,重点研究博弈问题及相应的政策动态。从变化的动因看,可以从三个方面分析高等教育社会投入政策变化。

一、经济发展阶段决定高等教育社会投入的规模、范围、方式的动态变化

高等教育作为准公共物品,政府应该肩负供给责任。当高等教育上升到"国家发展战略"的层面,政府对高等教育所要承担的供给责任就远远超越了作为准公共物品供给的责任。但对大多数国家而言,政府"包办"高等教育的模式已经成为历史,在日益增长的高等教育需求下,再考验各国政府的执政智慧也无法由政府单方满足庞大的经费投入需求,需要学生或家庭、社会和政府共同分担。"瓦格纳发展"认为,经济的发展和人们收入水平的提高必然会促使政府对公共

物品供给的支出的增长,高等教育作为准公共物品并未能像其他公共物品供给一样获得相应的增长,正因为"准"而产生了政府投入与社会投入之间博弈的空间。但二者间的博弈是一个动态的过程。

在人均 GDP 1000 美元以下阶段,财政投入比重较高,这时的财政投入主要是满足高等教育基础设施建设的需求,高等教育社会投入承担的比重相对较小,并且是自由投入为主,高等教育的规模和范围都相对较小,政府也并未出台高等教育社会投入的政策文件或相关条款。

当人均 GDP 处在 1000~3000 美元的阶段,财政投入比重持续提高,主要是政府为促进高等教育大发展带来的投入增长,目的在于引导整个社会的高等教育发展导向,类似于"抛砖引玉",所以高等教育社会投入的比重相对下降,但是高等教育社会投入的范围、规模都进一步扩大,高等教育社会投入成为社会大众可以"承担"的支出;国家对高等教育社会投入的政策是引导性的。例如,中国高等教育从免费到收费的转型期就在人均 GDP 接近 1000 美元但还未达到 1000 美元的阶段。1985 年发布的《中共中央关于教育体制改革的决定》指出,高等学校"可以在计划外招收少量的自费生,学生应交纳一定数量的培养费"。1989 年,国家教委等三部委联合发出《关于普通高等学校收取学杂费和住宿费的规定》,从政策上肯定了高等教育应该实行成本分担和成本补偿制度。当年,全国大部分高等学校开始收取每年 100~300 元的学费,尽管学生每年所交的学费仅仅占生均教育事业费的很小部分,但这毕竟开始了将国家负担全部高等学校费用的旧体制转变为国家和个人分担高等教育费用的新体制的改革过程。1992 年,中国高等教育开始较大范围地推行招生收费制度改革,自费学生的比例得到提高,学费水平也逐年提高。同时,国家教委提出了逐步实行公费、自费并轨的思路。1993 年上海外国语大学和东南大学作为收费并轨试点院校,当年进入这些学校的新生统一交纳学费。此后几年并轨的试点范围逐步扩大。虽然这时的收费标准比较低,但"并轨"实践从客观上推进了中国高等教育成本分担程度的提高(蔡克勇,1997)。在经过几年的"并轨"过渡之后,1997 年全国范围内高等学校普遍"并轨",中国高等教育全面实行收费制度,1950年以来实行的高等教育免费制度宣告结束。①

人均 GDP 3000 美元以上后,一旦高等教育在社会大众中得到了认可,"上大学"成为一种基本选择,那么财政投入比重就会有所下降,政府从直接的经费投入转向由政策引导大众投入,高等教育社会投入就呈现不断增长趋势,而且"上大学"已经成为生活中的一种基本需求,"掏钱上大学"也已经成为社会大众普遍接受的方式。例如,2001年,中国的人均 GDP 突破 1000 美元,也正在 2001 年前后,中国的独立学院数量不断增长。到 2004 年 6 月,全国民办高等教育机构共 1104 所(不包括独立学院),在普通高等学校 1915 所中民办高等学校有 214 所、独立学院 233 所,民办机制占 23.4%,民办高等学校和独立学院比例为 1∶1.1。普通本科高等学校 876 所,其中民办本科 9 所、独立学院 233 所,民办机制占 27.5%,主要是独立学院(1∶16)。② 这与中国的"全国教育十五计划"不无关系。"全国教育十五计划"中明确指出:深化办学体制改革,拓宽办学渠道,增加新的教育资源,以各种形式扩大办学规模。在国家宏观调控下,在保证基本教育质量和办学条件的前提下,根据各地经济社会发展的不同情况,进行多种模式、多种机制的高等教育办学试验。此外,2003 年教育部还印发了《关于规范并加强普通高校以新的机制和模式试办独立学院管理的若干意见》,明确了当时独立学院的性质、办学基本要求等。

二、高等教育发展阶段带来的高等教育社会投入政策变化

中国学者认为,教育政策是对教育领域中价值的权威控制。规制、分配和倡导是三种基本的政策控制方式。③ 戴维·伊斯顿曾对政策下过一个经典定义,即政治是"社会价值的权威性分配",而政策是"由一系列分配价值的决定和行动

---

① 陈晓宇:《中国高等教育成本分担:现状与趋势》,《教育与经济》1998 年第 4 期,第 30~37 页。
② 马陆亭、范文曜:《发展独立学院的现实基础及政策探析》,《中国高等教育》2005 年第 8 期,第 28~32 页。
③ 涂端午:《高等教育政策的控制结构及其演变——基于政策文本的实证分析》,《复旦教育论坛》2010 年第 8 期,第 48~53 页。

构成"。① 高等教育发展阶段带来的高等教育政策变化，正体现了政策对高等教育投入来源结构进行"分配"的行动。高等教育社会投入的大幅度增长是从高等教育"大众化"阶段开始的，在"大众化"之前也有学杂费、捐赠等形式的高等教育社会投入，但投入的总量并不大，形式也比较单一。从"大众化"到"普及化"，高等教育社会投入的政策经历了从"倡导"到"规制"、"分配"的转型。例如，美国高等教育进入"普及化"发展阶段后，1980 年颁布了著名的《拜杜法案》（The Bayh – Dole Act），通过允许大学拥有联邦资助的科研成果知识产权；同时，《拜杜法案》还规定向大学投入研发经费的企业可减免相关税收，鼓励企业资助大学的研究。1985 年，企业对高校的科研资助为 6.3 亿美元，1998 年提高到 18.96 亿美元，2001 年达到了 22 亿美元，② 分别占当年高等教育总投入的 6.27%、9.29%、7.92%。③ 企业的投入成为继学杂费收入、捐赠这两种形式外新兴的高等教育社会投入来源。再如，2010 年英国政府同意学费从 3000 英镑提升至 9000 英镑的议案后，英国高校学费占人均收入的 19.5%（以 2009 年英国人均可支配收入 28350 美元、1 英镑 = 1.63 美元测算）。这相当于政府主导了高等教育社会投入的"规制"和"分配"。

三、高等教育需求市场的扩大化与多样化带来的高等教育社会投入的政策变化

高等教育社会投入增长的过程，也是高等教育多样化发展的过程。恩格尔认为，随着收入的提高，人们在吃、穿、住等方面的支出比重将不断下降，而在追求生活质量、居住环境、文化教育、精神享受方面的支出比重将不断上升。根据需求前后及程度的不同，可将公共物品动态地划分为"必需型"公共物品与

---

① David Easton, The Political System: an Inquiry into the State of Political Science 2nd ed. (New York: Knopf, 1953) pp. 129~130.

② Councilon Governmental Relations, The Bayh – Dole Act A Guide to the Lawand Implementing Regulations, Available, 1999. http: //216.109.117.135/search/cache? ei = UTF – 8&p = %22With + the + passage + of + the + Bayh – Dole + Act, + colleges + and + universities + immediately + bagan + to + %22&url = cl_A8ffMMpMJ: www.ucop.edu/ott/bath.html.

③ 根据 [4] 中的数据以及世界银行公布的美国 1985 年、1998 年、2001 年的 GDP 数据和联合国教科文组织公布的美国相应年份的高等教育投入占 GDP 比重数据计算所得。

"发展型"公共物品。① 同样,准公共物品作为公共物品的延伸,也会经历从"必需型"与"发展型"的发展阶段。② 当经济发展、高等教育发展处于初级阶段,高等教育对大众而言并非"必需品",但随着经济增长和人们收入的提高,高等教育逐渐变成"必需品",而且对"必需品"的品质要求越来越高,中国高等教育发展过程中,高等学校的学历层次主体从"高专、高职"逐渐变成"大学本科、研究生"就是证明。社会大众对高等教育需求的多样化和复杂化决定了高等教育供给的政府单一模式无法满足社会需要,因而在高等教育供给模式上呈现多样化和动态化趋势。高等教育社会投入的政策也因此必须向多样化和动态化的态势做出回应。

综上所述,高等教育社会投入政策一直在迎合高等教育发展需求的动态变化,与财政投入一直在波动中平衡,这是在政府主导下的高等教育财政投入与社会投入之间博弈均衡的结果。

第四节 高等教育社会投入的边界讨论

尽管高等教育社会投入政策是在政府主导下不断发展的,但高等教育社会投入本身还具备一定的张力与边界,政府并不能因为财政投入的不足无尺度地、无条件地增加高等教育社会投入的比重,否则会带来许多不良影响。

一、高等教育社会投入的比重范围

世界各国的高等教育投入来源模式不同,并没有一个统一的高等教育社会投入合理比重值。但是,高等教育社会投入增长过程中存在一个有趣的现象,即高等教育社会投入增长的同时,往往伴随着政府高等教育拨款后,再继续予以高

---

① 楚永生、张宪昌:《公共物品供给的动态化视角研究》,《现代经济探讨》2005 年第 3 期,第 18~21 页。
② 周自强:《公共物品概念的延伸及其政策含义》,《经济学动态》2005 年第 9 期,第 25~28 页。

校、学生或家庭以资助、补贴等形式政府投入的增长，类似一种"回馈""安抚"来弥补或预防高等教育社会投入带来的不良影响，而且，高等教育社会投入增长越迅猛，这种"回馈""安抚"就越多。例如，美国持续高涨的高等教育学杂费使美国政府不得不采取新的财政资助措施进行"补救"。美国大学理事会的报告显示，2009年美国大学的各类奖助学金有2300多种，每年大约75%的学生得到某种形式的资助，其中45%是助学贷款，55%是奖助学金和税务减免。这说明助学贷款资助面达到33.75%，奖助学金资助面达41.25%。[①]

在日本、韩国等高等教育社会投入比重高、财政投入比重低的国家，政府也一直对高等教育社会投入进行"回馈"，近年来更是关注有加。1970年，日本高等教育毛入学率达到15%，20世纪60年代私立大学的大发展为日本高等教育大发展做出了重要贡献，但日本的私立大学主要以贷款和学杂费为财政来源，60年代末到70年代初的经济危机使私立大学不得不持续提高学费，并大规模招收学生以维持财政平衡。1975年，日本国会通过《私立大学振兴助成法》决定对私立学校进行大幅度的财政补助（如下表6-1所示）[②]。目前，日本仍然实行以私立大学需要的日常经费的二分之一为限额的补助制度。[③]

表6-1　　　　日本高等教育"大众化"时期政府对私立大学
经常费补助的变化（1970~1981年）

年份	预算额（亿日元）	较前一年增长率（%）	占私立大学经常费的比例（%）
1970	132.20		7.2
1973	433.82	44.1	13.9
1976	1290.07	28.1	23.2
1979	2355	19.2	28.9
1980	2605	10.8	29.5
1981	2835	8.8	29.7

资料来源：大泽胜等：《日本的大学教育》，早稻田大学出版部，1981，第138页。

[①] 孙章伟：《美国高等教育资助制度改革及启示》，《高教探索》2011年第1期，第74~78页。
[②] 史朝：《从量的发展到质的提高——七十年代日本高等教育改革述评》，《比较教育研究》1986年第2期。
[③] 王幡：《日本公共财政对私立大学经济补助的变化趋势》，《河北师范大学学报（教育科学版）》2008年第7期，第63~67页。

对于德国、法国等高等教育投入以财政投入为主的国家而言，恰恰相反，长期的政府拨款为主，使高等教育经费来源渠道比较单一，政府正逐步尝试拓宽高等教育经费来源渠道，挖掘高等教育社会投入。例如，德国汉诺威大学HIS研究所教授米歇尔·列申斯基（Michael Lesezensky）认为：长期依赖国家投入，使德国高校财政缺乏效率，必须通过引入新的市场竞争来改变这一现状。① 因此，近年来，德国的高等教育社会投入占GDP比重开始略有增长，1998~2004年仅占GDP的0.1%，占高等教育总投入的比重约为9%；2005~2009年开始逐步上升到GDP的0.2%，占高等教育总投入比重约为18%。②

本研究认为，高等教育社会投入本身存在一个由高等教育准公共物品性质决定的张力，使高等教育在公共物品和私人物品之间的区间移动，但很难突破区间的边界。当高等教育社会投入比重较大或者过大时，会引发财政投入的"回馈""安抚"；当高等教育财政投入比重较大或者过大时，会促使高等教育社会投入的"弥补""辅助"。

二、高等教育社会投入增长速度的限制

从世界高等教育发展的趋势看，高等教育社会投入增长已经成为许多国家的共同趋势。但增长的速度过快，会引发一些问题。例如，作为世界主要的经济体，受到经济危机的影响后，英国政府不得不削减政府财政支出，高等教育的财政投入也相应减少，预计四年内减少40%。为了保证高等教育的质量，维持高校的办学水平，英国联合政府决定提高2006年确定的学费每年3000英镑的上限，到2012年实施每年9000英镑的学费上限。③ 作为对英国大学学费上涨的抗议，英国发生了多次大规模的学潮：据英国《卫报》2008年11月4日报道，英格兰数千名大学生定于11月5日走上街头，抗议大学学费负担过重；④ 此后，

---

① 米歇尔·列申斯基：《德国高等教育中的财政和绩效导向预算：竞争激发效率》，《北京大学教育评论》2008年第1期，第132~139页。
② OECD, Education at A Glance: OECD Indicators (2000~2012). http://www.oecd.org/statistics/.
③ DIRECTGOV, Money you can get to pay for university-from. September 1, 2012, http://www.direct.gov.uk/en/Education and Learning/University and Higher Education/Student Finance/Typesoffinance/DG_194804.
④ 王甜甜：《英国大学生抗议学费负担过重》，《比较教育研究》2009年第1期，第94页。

2010年11月10日、11月24日、12月9日分别在伦敦和英国其他地区发生了三次较大规模的抗议游行。① 随后,英国高等教育财政被多个知名媒体批"陷入混乱"。1998~2006年,英国的高等教育社会投入一直处在GDP比重的0.3%~0.4%之间,财政投入比重在0.7%~0.8%之间;2007年开始,高等教育社会投入比重陡增至GDP的0.8%,财政投入下降到GDP的0.4%;2009年,高等教育社会投入继续增长到了GDP的0.9%。急剧的高等教育社会投入增长引发的社会问题,使政府不得不同时提高了英国大学生的生活费用贷款额度和补助额度(如表6-2所示),并扩大补助范围。2012年学生申请生活拨款补助的条件是家庭年收入不足42875英镑,最高的生活拨款补助金额是每年3250英镑;这两项数据在2006年分别是37426英镑和2700英镑。②

表6-2　　　　　　　英国大学生贷款最高额度变化情况　　　　　　单位:英镑

居住和学习地	2012年贷款最高额度	2006年贷款最高额度
在家居住	4375	3415
不在家居住、不在伦敦学习	5500	4405
不在家居住、在伦敦学习	7675	6170
在国外学习一年	6365	

资料来源:http://www.direct.gov.uk/en/Education and Learning/University and Higher Education/Student Finance/Typesoffinance/DG。

三、高等教育社会投入来源结构的协调

高等教育社会投入一般由学杂费、捐赠、企业投入以及学校的其他自筹经费构成,其中比重最大的部分是学杂费。合理的高等教育社会投入结构可以促使高等教育社会投入比重的科学增长,否则不仅会抑制高等教育社会投入的增长,还带来其他负面影响。美国的高等教育财政体系对其高等教育发展的重大支撑,不仅表现在投入总量上,还表现在投入结构的协调发展上,多年来形成的"高投

---

① 王占洲:《英国警察应对抗议事件的反思及启示——以伦敦学生抗议学费上涨事件为例》,《中国人民公安大学学报(社会科学版)》2011年第4期,第57~61页。
② DIRECTGOV, Maintenance Grant for living cost, http://www.direct.gov.uk/en/Education and Learning/University and Higher Education/Student Finance/Typesoffinance/DG_171557.

入、高学费、高资助"模式充分挖掘了各个经费来源渠道。中国的高等教育社会投入起步较晚,从1985年开始尝试收取大学学费开始算起,至今不足30年,所以高等教育社会投入的结构还不够完善,有待进一步拓宽。与美国相比,中国高等教育社会投入主要来自学杂费的增长,学杂费比重显著高于美国同期水平。1998~2009年,中国的高等教育毛入学率从6%增长到24%,处于从"精英教育"迈进"大众化中前期"阶段;1938~1960年,美国高等教育毛入学率从15%以下增长到31.5%,也处于同期从"精英教育"迈进"大众化中前期"阶段。但是,数据显示中美两国的这一阶段中,高等教育社会投入的来源结构差异较大(如表6-3所示)。高等教育社会投入的结构来源欠协调,使中国的高等教育发展受到了一定的影响,例如,在高等教育学杂费快速增长的情况下,一些来自低收入家庭的学生特别是农村家庭的学生放弃高等教育机会,而一些高收入家庭的学生由于对高学费与高等教育质量的不满纷纷选择出国上大学,高等教育公平与高等教育投资外流成为高等教育发展面临的新问题。

表6-3　　　　　　　　中国、美国高等教育投入来源结构比较

美国				中国			
年份	财政投入(%)	学杂费(%)	其他社会投入(%)	年份	财政投入(%)	学杂费(%)	其他社会投入(%)
1937~1938	29.48	27.43	43.09	1998	63.9	14.6	21.6
1939~1940	29.99	28.09	41.92	1999	61.8	18.3	19.9
1941~1942	32.13	25.69	42.18	2000	57.6	22.4	20
1943~1944	48.68	14.75	36.57	2001	54.2	25.8	20.1
1945~1946	38.77	18.33	42.90	2002	51.2	27.9	20.9
1947~1948	45.70	15.03	39.28	2003	49.9	30.9	20.3
1949~1950	45.80	16.62	37.58	2004	47.6	33	19.4
1951~1952	44.27	17.43	38.30	2005	42.5	31.5	26
1953~1954	42.28	18.72	39.00	2006	42.6	29.6	27.8
1955~1956	40.93	20.04	39.02	2007	43.8	34	22.2
1957~1958	42.55	20.13	37.32	2008	47.5	33.9	18.6
1959~1960	44.30	20.01	35.69	2009	48.7	33.3	18

资料来源:美国数据根据 National Center of Education Statistics, 120 *Years of American Education*, *A Statistical Portrait*, p97, Table33, "Current-fund revenue of institutions of higher education, by source of funds: 1889-90 to 1989-90"有关数据整理而成;中国数据根据历年的《中国教育经费统计年鉴》和《中国统计年鉴》相关数据整理而成。

第七章

中国高等教育社会投入占 GDP 比重的政策分析

第一节 中国当前高等教育社会投入的政策导向与政策依据

一、中国当前高等教育财政政策导向

自 1992 年开始,中国的发展进入一个新的历史时期,开始实现由计划经济向社会主义市场经济体制的转轨。之后,我国逐步确立"政府对高等教育宏观管理,高校面向社会自主办学"的新型政府与高校关系,高等学校的投入也逐渐多元化起来。[1] 高等教育财政投入从政府单一投入逐步发展到政府和社会共同投入。政策导向的转变,促使中国高等教育经费快速大幅增长。1998 年至今,中国高等教育从"精英教育"时期迈进"大众化"时期,高等教育经费总投入呈逐年快速增长的趋势。根据《中国教育经费统计年鉴》,1998 年中国高等教育投入占 GDP 比重为 0.696%,2008 年已经增长到 1.446%,是 1998 年的两倍有余;在不扣除物价因素的情况下,名义年增长率为 6.4%。其中,高等教育财政投入占高等教育总投入比重逐年减少,1998 年占 60.5%,到 2008 年已经下降到

---

[1] 马陆亭:《试析我国高等教育投入制度的改革方向》,《高等教育研究》2006 年第 7 期,第 51~56 页。

47.4%（如第二章表2-8所示）。从高等教育经费总量和结构变化上看，中国高等教育财政政策从"政府投入"到"政府和社会共同分担"的改革十分奏效。（如图7-1，图7-2所示）

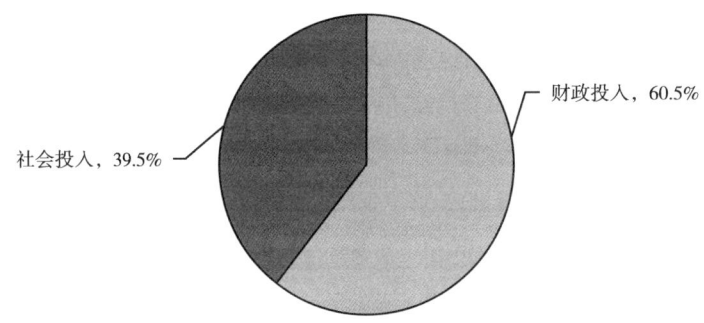

图7-1 1998年中国高等教育投入结构

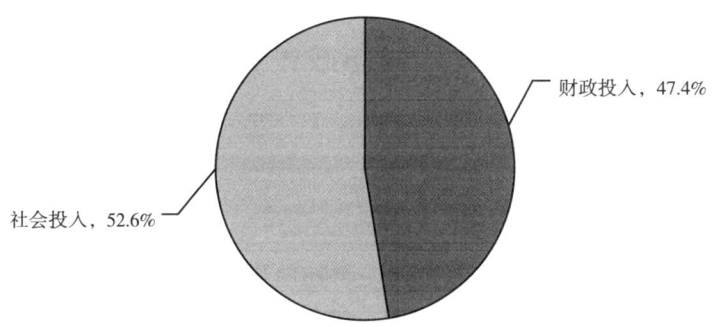

图7-2 2008年中国高等教育投入结构

中国教育发展的纲领性文件《国家教育中长期改革与发展规划纲要（2010—2020）》的第十八章"保障经费投入"的五十六条明确："要健全以政府投入为主、多渠道筹集教育经费的体制，大幅度增加教育投入。……社会投入是教育投入的重要组成部分。充分调动全社会办教育积极性，扩大社会资源进入教育途径，多渠道增加教育投入。完善财政、税收、金融和土地等优惠政策，鼓励和引导社会力量捐资助学、出资办学。完善非义务教育培养成本分担机制，根据经济发展状况、培养成本和群众承受能力，调整学费标准。完善捐赠教育激励机制，落实个人教育捐赠支出在所得税前全额扣除政策。"因此，2010~2020年将会是中国高等教育社会投入继续发展的十年，如果配套政策到位、经费投入机制合理调整，那么，高等教育社会投入的总量将会继续上涨，并继续改变中国高等教育经费来源结构。有学者预测，到 2020 年，中国高等教育社会投入如果达到饱和状态需求[①]将是 7817.417 亿元，达到非饱和状态将是 2581.447 亿元。[②] 如果按照中国 GDP 年增长率 7%~8% 估算[③]，以及按照中国共产党第十八次全国代表大会报告提出的两个"翻番"目标，2020 年中国国内生产总值（GDP）有望达到 100 万亿元人民币（相当于 16 万亿~20 万亿美元），那么，中国高等教育社会投入占 GDP 比重，达到饱和状态需求将是 0.5%，达到非饱和状态需求将是 0.2%。虽然占 GDP 的比重数字与现状相比有所下降，但投入的绝对数额可能会随中国 GDP 翻两番。结合第二章中 OECD 国家高等教育社会投入占 GDP 比重的分析，0.5% 正是发达国家高等教育社会投入占 GDP 比重的平均水平；结合第四章中以高等教育毛入学率划分阶段的高等教育发展阶段性特征，以及《国家教育中长期改革与发展规划纲要（2010—2020）》中 2020 年中国高等教育毛入学率到达 40% 的战略目标，从现在起到 2020 年，中国将从"大众化前期"迈向"大众化后期"，在这一阶段中，高等教育财政投入占 GDP 比重处于增长阶段，高等教育社会投入占 GDP 比重处于下降阶段（如第四章的表 4-18、图 4-29 所示）。因此，本研究从占 GDP 比重出发的高等教育社会投入发展趋势预测结果，与现有的其他学者从生均高等教育经费投入出发、以"生均高等教育经费×高校学生总数-高等教育财政投入=高等教育社会投入"[④] 计算获得的预测结果基本吻合，具有一定的参考意义。

[①] 中国高等教育社会投入预测公式为：中国高等教育社会投入=生均高等教育投入×高等教育学生总数-高等教育财政投入，并且分饱和和非饱和两种情况预测，其中：（1）生均教育经费饱和状态，即中国高等教育生均教育经费到达国际水平的状态；（2）生均教育经费的非饱和状态，即按照中国高等教育生均教育经费目前的水平增长所到达的状态。参见：叶欣茹：《中国高等教育社会投入需求预测》，华中科技大学博士学位论文，2005。

[②] 叶欣茹：《中国高等教育社会投入需求预测》，华中科技大学博士学位论文，2005。

[③] 林跃勤、周文：《新兴经济体蓝皮书：金砖国家发展报告（2012）：合作与崛起》，社会科学文献出版社，2012。

[④] 叶欣茹：《中国高等教育社会投入需求预测》，华中科技大学博士学位论文，2005。

二、中国高等教育社会投入政策的理论依据研究有待突破

面对日益增长的高等教育社会投入,中国高等教育投入结构已经发生了根本性的变化,从占高等教育总投入的比重分配看,1998年主要是"财政投入为主,社会投入为辅",经过十多年的发展,逐渐演变成了"社会投入为主,财政投入为辅"。高等教育社会投入的大幅快速增长,打破了中国高等教育原有的政府拨款体制,然而,新的体制尚未建立,形成了"旧体制"与"新形势"相对峙的局面,其中产生的许多矛盾和困难,与高等教育社会投入的理论问题研究一直没有突破性成果密切相关。中国作为高等教育规模最大、发展速度较快的高等教育大国,很难从现在的高等教育强国中获取高等教育社会投入的经验,由于高等教育发展基础不同,高等教育发展中的捐赠文化和社会大众投资高等教育的习惯也不同,中国不可能走美国"高财政、高学费、高资助"的道路;也不可能走韩国、日本"主要依靠社会投入经费"的道路,因为中国的高等教育大众化发展主要是在公办大学的基础上进行规模扩张而实现,与韩国、日本的以私立高等教育扩张实现大众化并不相同;更不可能像北欧福利国家一样提供"免费高等教育",根据世界银行2012年的世界人口统计数字,丹麦、芬兰、挪威、瑞典、冰岛北欧五国的人口均在1000万以下[①],福利型社会实现的经验对于中国这个14亿人口大国而言,并不具借鉴意义;更要避免像英国一样在经济危机面前财政紧缩,导致高等教育社会投入以学杂费的骤然增长来解决高等教育经费不足问题,不负责任地将高等教育负担"推"给社会大众。

目前,中国高等教育投入制度改革决心很大,却效果不佳,主要原因是:中国当前高等教育财政投入制度所需要的改革,不仅仅是高等教育拨款制度的一次调整与完善,更是需要有完整的、科学的理论指导。高等教育社会投入的研究应该关注的不仅仅是高等教育投入结构内部的问题,更应该明晰中国高等教育作为一个社会部门——教育部门——的重要组成部分,其资源重新分配的问题,是一次社会财富的再分配问题,是一次思想的变革。高等教育发展史上,并不乏以思

[①] 世界银行:《世界人口总数统计数字》,http://data.worldbank.org.cn/indicator/SP.POP.TOTL。

想变革促进投入变革的成功案例。

20世纪80年代以来,西方声势浩大的教育市场化改革浪潮冲击了世界各国。在英国,"撒切尔革命"拉开了高等教育市场化改革的帷幕。撒切尔政府对高等教育市场化推进的第一个步骤就是撤销对欧共体以外所有大学生的公共补贴。此后一年,削减政府高教拨款15%。随后,1988年通过的《教育改革法》和1992年通过的《高等教育改革法》,则更是明确要求英国教育转向"完全面向市场的体制"(A fully market-oriented system)。这场运动的好处首先是高等教育的费用下降了,生均费要比20世纪80年代初少花了40%。"对这场运动,英国人自己是引以为豪的,他们说:人们看到的撒切尔革命的经济和财政好处还是表面的,而最重要的是对政府思考和行为方式的一场改造。把那些国有的产业部门,把政府官员和部长们拖到了消费者利益的对立面,全国私有化工作一旦完成,部长们什么都管的角色必将一去不复返。……从现在起400年后,人们依然还会谈起撒切尔夫人,那是因为,这是政府思考方式的变革。"[①]

反观现有一些关于高等教育社会投入内部来源的研究,如高等学校学杂费问题研究、捐赠问题研究以及高校与企业合作问题研究,仍然是在"财政经费为主导"的理念框架下的研究,并没有从国家资源重新分配的高度,对高等教育投入来源格局重构、应然状态等关键问题做出回应。高等教育社会投入的理论研究亟须新的思想变革,从而为中国高等教育投入政策改革提供可靠的依据,否则,高等教育社会投入理论研究的滞后将影响中国高等教育的发展。

第二节 中国当前高等教育投入模式的合理性分析

一、中国高等教育投入的现行模式

从占高等教育总投入的比重看,中国高等教育投入的现行模式是"财政与社

---

① 蒋国华:《西方教育市场化:理论、政策与实践》,《全球教育展望》2001年第9期,第58~65页。

会并重"的模式,即财政投入与社会投入分别占高等教育总投入的比重接近50%。根据《中国教育经费统计年鉴》的统计数字计算,尽管在2005年出现了高等教育财政投入占42.5%的谷值,但在随后的几年中又出现了回升,到2009年已经回升至48.7%,显示了政府继续发展高等教育的决心与资金支持。此外,中国国家审计署公布的数据显示,截至2010年年底,1164所地方所属普通高校有政府性债务2634.98亿元。[①] 中国一些地方政府纷纷采取了为高等学校化债的措施,化债的投入并不在经费投入的统计口径之内,因此,财政投入的实际比重可能会高于统计数字。

但是,从中国高等教育社会投入的增长速度和结构变化趋势看,以学杂费增长为主要拉动力的高等教育社会投入增长速度要明显快于高等教育财政投入的增长速度,现行的"财政与社会投入并重"的模式可能正向"社会投入为主,财政投入为辅"模式转变。根据《中国教育经费统计年鉴》的数据,自1989年我国开始实行高等学校收费制度以来,在高等教育的成本分担中,学杂费所占的比重快速提高,从1990年的4.6%,到2000年的22.1%,再到2009年的33.3%。此外,根据《中国统计年鉴》统计数字显示[②],我国的经济总量已经具备了支撑高等教育社会化大发展的能力,社会拥有巨大的投资潜力,1998~2010年我国城乡居民人民币储蓄存款年底余额由53407.5亿元增加到303302.5亿元,年均增长15.6%;同期人均储蓄存款余额由4279.1元增长到22619元,年均增长14.9%;城镇居民人均可支配收入由5425元增加到19109元,年均增长11.1%;农村居民纯收入水平还不高,但同期的人均纯收入也由2162元增加到5919元,年均增长8.6%。[③] 当前,社会大众投资高等教育的热情高涨,从社会财富积累和高等教育经费投入整体趋势来看,社会投入的大潮已经来临。高等教育投入改革,需要做的就是创新理念、改革体制、建立配套政策,疏通高等教育经费来源渠道,让大量的社会资金科学合理地、循序渐进地进入高等教育领域。

---

① 《中国部分地方政府出台新举措 帮助高校化解债务》,http://news.lnd.com.cn/xwzx/htm/2011-10/10/content_1972726.htm。

②③ 中国统计年鉴"城乡居民人民币储蓄存款"统计数据,http://www.stats.gov.cn/tjsj/ndsj/2011/indexch.htm。

二、中国高等教育投入现行模式的合理性分析

从中国高等教育投入的总量增长上看，现行模式"财政与社会并重"确实在拓展高等教育经费来源上做出了重要的贡献。但是，从高等教育社会投入增长的结构变化上看，也突显了一些问题。从总量上看，现行模式具有一定的合理性；从结构变化上看，现行模式存在隐患。中国与 OECD 国家、WEI 计划国家高等教育投入相比，共性和差异并存。

（一）合理性：促进高等教育投入总量的增长

现行模式促进了高等教育经费总量的增长。第二章的现状分析结果显示，中国高等教育社会投入与其他样本国家，特别是高等教育强国的高等教育社会投入情况有两点共性：一是仅从总量上看，中国和 OECD 国家、WEI 计划国家的高等教育社会投入占 GDP 比重都总体呈上升趋势，中国高等教育社会投入占 GDP 比重从 2001 年开始已经高于样本均值（GDP 的 0.5%），处在 OECD 国家高等教育社会投入三级格局中的第一级和第二级之间，并逐年向第一级发展（如第二章的图 2-11 所示）；二是在各级各类教育中，中国和 OECD 国家的高等教育社会投入占教育社会总投入的比重都较大，并且呈现投入重心从基础教育向高等教育转移的态势（如第二章的表 2-10 所示）。

（二）隐患：高等教育社会投入增长的结构变化悬殊

从结构变化上看，中国高等教育来源变化虽然比样本中的其他发展中国家更稳定、更有序，呈现稳步上升的趋势，但如果以发展为高等教育强国为目标，还是与 OECD 国家第一、第二级主要国家存在较大差距，中国高等教育社会投入的来源结构分布悬殊。

一是中国高等教育社会投入占教育投入 GDP 比重的份额比 OECD 国家平均份额大，前者是六分之一，后者是十分之一，从这一数据上看，中国高等教育社会投入在教育总投入中贡献了更大的力量；从占高等教育投入比重看，中国高等教育社会投入接近高等教育总投入的 60%，而 OECD 国家平均约为 50%。

二是中国高比重的社会投入主要依赖于学杂费的大幅增长，而且增长速度远远快于国家财政投入、其他社会投入的增长速度，2008年学杂费收入接近1998年的5倍，占高等教育总投入的33.9%；而在OECD国家中，除英国学杂费比重在2007年突然翻一番外，其他主要国家的学费增长并不明显，一般占高等教育总投入的25%，其中，韩国、加拿大、日本甚至还出现了学杂费比重稍有下降的情况。

三是中国其他社会投入虽然在占GDP比重上有所增长，但增幅并不显著，而且其他社会投入占高等教育总投入比重始终在20%左右徘徊；OECD国家的这两项数据则呈现逐渐增长趋势。

四是中国学杂费与其他社会投入差距悬殊，1998年其他社会投入比重约为学杂费比重的2倍，到2008年这一情况正好相反：学杂费比重约为其他社会投入的2倍；然而，从学杂费与其他社会投入的比值看，只有英国从2007年开始出现比值激增到4.298，澳大利亚和意大利略有增长外，韩国、美国、加拿大、法国的比值分别呈下降趋势，即学杂费增长的同时，其他社会投入也以更高的比例增长，在社会投入中其他社会投入的比重越来越大。

因此，中国的高等教育社会投入要满足高等教育发展的需求，从投入总量和结构上仍然存在较大挑战，任务仍非常艰巨。

三、未来中国高等教育投入模式的选择

从现有的高等教育基础和中国政策改革"稳中求进"的习惯态度看，未来中国高等教育投入模式选择可能存在两种选择：一种是继续维持现行模式"财政投入与社会投入并重"；另一种是逐步发展为"社会投入略高于财政投入"模式，但并不能也不适合达到日本、韩国的"社会投入为主，财政投入为辅"模式。如果维持现行模式，高等教育财政投入比重将会进一步增长，并增长到50%左右；同时，必须降低高等教育社会投入中的学杂费投入比重，根据国际经验与学杂费平均比重看，降至25%左右可能是合理的比重；再者，提高其他社会投入比重。如果继续维持当前的高等教育发展格局和趋势，就会逐渐发展到"社会投入略高于财政投入"模式，高等教育财政投入需要维持现在的比重，略

低于50%，但不能低破历史谷值降至40%（2005年谷值为42.5%）；同时，稳定学杂费投入比重，大力挖掘其他社会投入来源，使其他社会投入成为高等教育经费投入的新的增长点。对体制改革而言，不管未来采取哪种模式，都十分考验中国政府发展高等教育的智慧和能力，都要想方设法稳定财政投入增长，稳中略降学杂费投入比重，并大力挖掘其他社会投入。

第三节 中国高等教育社会投入占GDP比重的政策建议

一、中国高等教育社会投入所处的阶段与发展方向（2012~2020年）

基于高等教育社会投入发展阶段的分析，从人均GDP发展阶段看，中国2008年的人均GDP为3414美元，2009年为3749美元，根据中国的经济增长现状与GDP增长预期，2012~2020年期间正处在人均GDP 3000~10000美元阶段；从高等教育毛入学率发展阶段看，2009年中国高等教育毛入学率为24%，根据中国的高等教育发展速度和《国家中长期教育改革和发展规划纲要（2010—2020年）》，2012~2020年期间正处在从"大众化中前期"向"大众化中后期"迈进的阶段，并有可能进入"普及化"阶段。对照上文分析所得的高等教育社会投入发展规律，在人均GDP 3000~10000美元阶段和从"大众化中前期（15%~30%）"向"大众化中后期（30%~50%）"迈进的阶段，样本均值反映的情况是：高等教育社会投入占GDP比重总体处在"下坡"的位置（如第六章图6-1、图6-2所示），即高等教育社会投入占GDP比重会较前一阶段减少，财政投入比重会较前一阶段增长。值得一提的是，在图6-2中，15%~30%的阶段高等教育社会投入是"走上坡路"的，但根据世界银行最新统计数据，2010年，中国高等教育毛入学率为26%，人均GDP已超过5000美元，那么，在中国高等教育毛入学率26%~30%的这一时期中，按照图6-1和图6-2显示，中国一个是"上坡"，另一个是"下坡"，看似存在矛盾。本研究认为，可能存在三方面原因，一是人均GDP和高等教育毛入学率的划分未能从量纲上一一对应，二是高等教育毛入学率15%~30%阶段的样本不足，不足以更加细化分析；三是阶段划分不够细，如果在三个阶段中进行阶段的二次划分，再按每5%分为一个阶段可能会有新发现。但总体而言，2010~2020年，在中国高等教育社会投入比重应该走"下坡路"。

再从具体的数据看，人均GDP 3000~10000美元阶段中样本总量的高等教育投入占GDP比重均值为1.3%，其中高等教育财政投入均值为0.77%，高等教育社会投入均值为0.52%，高等教育财政投入和高等教育社会投入分别占高等教育总投入的59.5%和40.5%；对照中国2009年的高等教育投入来源，高等教育总投入占GDP的1.405%，高等教育财政投入占GDP的0.684%，高等教育社会投入占GDP的0.721%；高等教育财政投入和高等教育社会投入分别占高等教育总投入的48.7%和51.3%。数据显示，中国当前的高等教育财政投入比重与其他国家同期相比较低，而高等教育社会投入的比重明显较高。再者，中国高等教育的规模巨大，与其他国家相同的投入总量分担到每个学生后，生均高等教育经费与其他国家的差距更加显著。

同时，再参看美国走过的相应时期，1960年美国的高等教育毛入学率为31.5%，1970年达到50%，1960~1970年间，美国高等教育财政投入占高等教育总投入的比重总体呈上升趋势，高等教育社会投入占高等教育总投入的比重下降（如表7-1所示）。

表7-1　美国高等教育经费投入来源分析（1956~1970年）

年份	总投入（千美元）	财政投入		学生学杂费		其他投入	
		实际值（千美元）	比重（%）	实际值（千美元）	比重（%）	实际值（千美元）	比重（%）
1955~1956	3603370	1475006	40.93	722215	20.04	1406149	39.02
1957~1958	4641387	1974826	42.55	934203	20.13	1732358	37.32
1959~1960	5785537	2563179	44.30	1157481	20.01	2064877	35.69
1961~1962	7429379	3397174	45.73	1499924	20.19	2532281	34.08
1963~1964	9543514	4511721	47.28	1892839	19.83	3138954	32.89

续表

年份	总投入（千美元）	财政投入		学生学杂费		其他投入	
		实际值（千美元）	比重（%）	实际值（千美元）	比重（%）	实际值（千美元）	比重（%）
1965~1966	12734225	2640641	45.44	5786187	20.74	4307397	33.83
1966~1967	14561039	5977823	41.05	2972050	20.41	5611166	38.54
1967~1968	16825199	7380412	43.87	3380294	20.09	6064493	36.04
1968~1969	18874602	8351491	44.25	3814160	20.21	6708951	35.54
1969~1970	21515242	9709582	45.13	4419845	20.54	7385815	34.33

资料来源：根据 National Center of Education Statistics，120 Years of American Education，A Statistical Portrait，P97. Table33. "Current-fund revenue of institutions of higher education，by source of funds：1889-90 to 1989-90"有关数据整理而成。

对中国而言，在 2012~2020 年的高等教育投入发展，在关注本国情况的同时，应该重视其他国家的同期经验，未来改革的总体方向应该是：提高高等教育财政投入比重，并调整高等教育社会投入的来源结构，稳定学杂费增长速度，挖掘其他社会投入来源。

二、中国高等教育社会投入总量与结构的发展建议

根据现有的中国高等教育社会投入预测研究成果[1]，如果维持中国目前高等教育投入的发展格局和趋势，即财政投入比重略有增长、学杂费比重快速增长、其他社会投入比重变化不大的趋势，在总量预测上，到 2020 年达到饱和状态的高等教育经费总投入为 14182.11 亿元，其中财政投入为 6365 亿元，根据中国经济发展预期[2][3]，这两项数字分别占 2020 年中国 GDP 的 0.838% 和 0.376%，其中财政投入占高等教育总投入的 44.88%，高等教育社会投入略高于财政投入占 55.12%。2009 年，中国高等教育投入达到了 4782.776 亿元，如果保持 10% 的

---

[1] 叶欣茹：《中国高等教育社会投入需求预测》，华中科技大学博士学位论文，2005 年。
[2] 林跃勤、周文：《新兴经济体蓝皮书：金砖国家发展报告（2012）：合作与崛起》，社会科学文献出版社，2012。
[3] 中国共产党第十八次全国代表大会报告，http://theory.people.com.cn/n/2012/1120/c226269-19632520.html。

年增长速度，就可以实现目标。而在1998~2008年期间，中国高等教育总投入的年增长为8%。在高等教育毛入学率从2009年的24%到2020年的40%看，高等教育规模的进一步扩大会促使高等教育投入总量可以轻而易举地实现增长目标。

但是，从结构上看，这必然带来由于学杂费增长过快导致的其他问题，例如城乡居民的高等教育学杂费承受负担过大，最终会导致"耗尽学杂费增长空间"，损害高等教育持续发展的能力，甚至还会带来社会公平、社会稳定等问题；同时，由学杂费单项快速增长导致的高等教育经费来源结构失衡，可能会阻碍中国高等教育发展顺利进入"普及化"阶段。如果要实现高等教育财政投入与高等教育社会投入比重相当，其中学杂费比重在25%左右的目标，那么高等教育财政投入应增长到50%左右，到2020年达到7091.55亿元。根据《中国教育经费统计年鉴》统计数据，2009年高等教育财政投入为2327.384亿元，保持年增长11.8%，才能到达2020年的7091.55亿元目标。但是，在过去的1998~2008年期间，中国高等教育财政投入的年增长率仅为5.0%。实现"财政投入与社会投入并重"的模式，高等教育财政投入增长任务将会非常艰巨，参照中国当前经济社会发展的状况，高等教育财政投入年增长11.8%的目标几乎是不具备现实意义。

因此，总量增长目标的实现，要着眼于其他社会投入的增长，调整中国现行高等教育投入模式，向"稳定财政投入增长、略降学杂费比重、大力挖掘其他社会投入"的方向改革。如果维持当前财政投入的5%年增长率，到2020年，财政投入比重约占总投入的45%，如果再把学杂费稳定在总投入的25%~30%之间，那么，其他社会投入的比重将要达到25%~30%。根据《中国教育经费统计年鉴》，2009年高等教育其他社会投入为861.483亿元，从2009年起，其他社会投入的年增长率需要达到13.7%~15.6%之间，就可以实现2020年其他社会投入占高等教育总投入25%~30%的目标。一般而言，其他社会投入主要来自捐赠、高校与企业合作的科技收入以及其他的自筹经费，目前，这三项经费来源在高等教育投入比重中的份额都相对较低，潜在增长空间巨大，具有较大的挖掘潜力。

三、中国高等教育社会投入改革的切入点：稳定学费和挖掘其他社会化投入

（一）稳定学杂费增长速度

从高等教育社会投入的结构可以看到，中国高等教育成本分担中，由个人支出的学杂费比重越来越大，2008年已经超过了高等教育投入的三分之一，其他社会投入所占比重并无稳定、明显的增长，而国家财政性投入比重却不断下降。这与中国财政收入占GDP比重连年增长、企业总收入不断攀升的社会财富分配现状不相适应。根据《中国统计年鉴》统计数据，依据收入法计算：1993~2007年，政府收入占GDP的比重由11.68%增至14.81%，增幅为3.13个百分点，企业的资本收益由38.83%增至45.45%，增加6.62个百分点；而居民的劳动报酬占GDP的比重由49.49%降低至39.74%，降幅9.75个百分点。按照资金流量表核算：1992~2006年，政府收入增加2.02个百分点；企业收入增加5.01个百分点；而居民收入则下降7.08个百分点。城镇居民人均可支配收入和农民人均纯收入在收入增长缓慢、物价上涨的双重压力下，愈显窘迫。

高等教育学杂费占居民人均收入比重是反映一个国家或地区居民高等教育学杂费承受能力的主要指标，不仅是进一步完善学杂费分层、分类标准的重要依据，更是明确高等教育社会投入来源挖掘重点的必备参考。

从普通高等学校的生均学杂费看，中国学杂费绝对值不断增长，其占城镇居民人均可支配收入和农村居民人均纯收入百分比双双增长（如表7-2所示）。2007年生均学杂费绝对值为6052元，占城镇居民人均可支配收入的43.9%，占农村居民人均纯收入的146.2%。2008年稍有下降，2008年（6612元）是1998年（1789元）的近4倍，2008年生均学杂费占城市居民可支配收入的41.9%，占农村居民人均纯收入的138.9%；这两项数据较1998年（33%，82.8%）分别增长了8.9个百分点和56.1个百分点。2007年美国高等教育生均学杂费绝对值为11235美元，占居民人均可支配收入的31.7%，低

于中国 1998 年水平。对于中国当前居民的消费支出水平，学杂费的增长已经到了极限，如果继续由学杂费增长来保证高等教育的投入水平，很难保证不出现其他社会问题。

表 7-2　中国和美国普通高等学校学杂费水平比较（1998~2008 年）

年份	中国			美国	
	学杂费（元）	学杂费占城镇居民人均可支配收入的比重（%）	学杂费占农村居民人均纯收入的比重（%）	学杂费（美元）	学杂费占居民人均可支配收入的比重（%）
1998	1789	33.0	82.8	—	—
1999	2172	37.1	98.3	—	—
2000	2679	42.7	118.9	—	—
2001	3127	45.6	132.1	—	—
2002	3524	45.7	142.3	—	—
2003	3793	44.8	144.6	8650	28.5
2004	4147	44.0	141.3	9372	29.9
2005	4554	43.4	139.9	9304	28.0
2006	4549	38.7	126.8	10567	30.6
2007	6052	43.9	146.2	11235	31.7
2008	6612	41.9	138.9	—	—

资料来源：中国数据根据《中国教育经费统计年鉴》和《中国统计年鉴》相关数据计算而成；美国数据根据经济合作发展组织发布的《教育概览：OECD 指标》中美国的相关统计数据计算而成。

（二）大力挖掘其他社会投入来源

其他社会投入主要包括企业或个人捐赠、高校资金运营、合作收入等项目。目前，其他社会投入占 GDP 百分比最高的国家是美国，为 GDP 的 1.060%，其次是韩国（0.636%）、加拿大（0.627%）。研究表明，企业的大额捐赠，不管是合作捐赠还是慈善捐赠，都是其他社会投入的最主要来源之一，也是其他社会投入增长的关键因素。因此，企业的大额捐赠是高等教育社会投入资金来源的挖掘重点。一般而言，企业重点集中在第二、第三产业，本研究从第二、第三产业的生产总值这一角度反映企业总产值的增长，与其他社会投入形成的比较如

表7-3所示。1998~2008年,中国企业生产总值不断提高,2008年达到GDP的89.27%,但其他社会投入一直未见明显增长,始终在20%上下徘徊。由此也验证了一些教育专家提出的:在中国教育与人才之间,还缺乏企业参与这"关键的一环"(如表7-3所示)。

表7-3　　中国企业总产值与其他社会投入变化情况比较(1998~2008年)

年份	其他社会投入占高等教育投入的比重	企业总产值(第二、第三产业生产总值)占GDP比重
1998	21.6%	82.44%
1999	19.9%	83.53%
2000	20.0%	84.94%
2001	20.1%	85.61%
2002	20.9%	86.26%
2003	20.3%	87.20%
2004	19.4%	86.61%
2005	26.0%	87.88%
2006	27.8%	88.89%
2007	22.6%	89.23%
2008	18.8%	89.27%

资料来源:中国数据根据《中国教育经费统计年鉴》和《中国统计年鉴》相关数据计算而成。

四、中国高等教育社会投入政策改革的具体措施建议

(一)改革高校"专项经费"投入机制,全面提高普通高校的经常性经费投入比重

高校专项经费指政府财政部门或上级部门拨付给高校,具有专门的、指定用途或特殊用途的,用于完成专项工作或工程的资金。专项经费是高校经常性经费以外、非公式化拨款的最大经费来源。由教育主管部门负责管理或协调的、针对普通高校的专项经费中,规模大的莫过于"211工程"和"985工程"专项资金。据官方统计,"211工程"的"九五"和"十五"两期建设已经圆满完成,

期间重点学科建设项目共有1379项，总建设资金完成数高达368.26亿元；① 相比"211工程"，"985工程"进一步加大了投入力度、提高了资助强度，截至2008年，"985工程"共投入建设资金670亿元，重点支持北京大学、清华大学等39所大学创建世界一流大学和高水平研究型大学。据估计，"211工程"和"985工程"专项资金的年平均财政拨款额占普通高等教育财政拨款和总经费的比例分别达到18%和10%左右。② 这些高校不仅专享了专项经费的绝大份额，而且囊括了大部分竞争性经费。虽然这样有助于中国高水平大学的建设，但是对其他2000多所"非211、非985"的高校而言，形成了较大的冲击，并不利于大部分高校办学的多样性、特色化发展，更不利于整体提高这些高校的经常性经费，高等教育公平问题在高等教育财政投入不断增长的情况下依然成为"问题"。改革"专项经费"的拨款机制，从根本上全面提高普通高校的经常性经费，特别是生均经费，已经成为许多高校的诉求。早在2006年，中国教育部发展研究中心蔡克勇研究员牵头负责的国家社会科学基金"十五"规划国家重点课题"政府与高校新型关系下高等教育投入制度改革研究"成果就提出，高等教育的财政性拨款应分为教学和科研平台建设两大部分。教学拨款以公平为主，主要按照生均成本和学生数进行拨付，以保证基本经费对每所学校、每个学生的起点公平，而后辅之于以评估为基础的质量与特色拨款，以利于产生更大的效益。科研平台建设拨款以促进科研效率、特色建设为主，按学科通过竞争性评估拨付，并辅之于体现国家利益导向的特色及创新拨款。该拨款为持续性常规拨款，将来可以替代或整合已有的"985工程"、"211工程"、重点学科建设等项目。课题组通过测算设计了具体的拨款公式。③

（二）稳定学杂费比重增长，建立学费分类指导机制，促进高等教育公平

学杂费政策的确定，应该兼顾培养成本与人均收入的双重约束。首先，按培

---

① "211工程"部际协调小组办公室：《"211工程"发展报告（1995—2005）》，高等教育出版社，2007。

② 王莉华：《我国高等教育的绩效专项经费改革及完善思路——以"211工程"和"985工程"为例》，《中国高教研究》2008年第5期，第35~38页。

③ 中国教育部：《国家教育发展研究中心研究成果简介》，http://www.moe.gov.cn/publicfiles/business/htmlfiles/moe/moe_2524/200811/41024.html。

养成本的 25% 确定学杂费的平均标准。该标准在省级区域内要统一，不因各校水平高低而区分，主要反映教育的基本培养成本。其次，学杂费要与百姓收入挂钩。学杂费标准设计可按东中西部三类地区，分为农村生源 3 档和城市生源 3 档共计 6 档。如农村生源 1500 元/年（西部地区）、2500 元/年（中部地区）和 4000 元/年（东部地区），城市生源 4000 元/年（西部地区）、6000 元/年（中部地区）和 8000 元/年（东部地区）。该标准为基本标准，不同省份的高等学校以及高等学校的不同专业，可略有浮动。[①]

（三）完善高等教育其他社会投入的补偿机制、税收减免机制

在受文化影响较大的捐赠比重短期无法快速上涨的情况下，高等教育其他社会投入的来源重点应该是企业合作收入。一方面，对政府而言，要健全实施中国 2007 年颁布的《科技进步法》的配套机制，在完善大学—产业知识转移机构和机制的同时，对大学进一步赋权和放权，使大学从校企合作过程中赢得更多经费投入支持；同时建立企业投入高等教育的免、减税机制，明确企业投入高等教育的经费可以在计税总额中扣除，让中国的"拜杜法案"发挥真正的作用。另一方面，对高校而言，要努力提高社会服务水平，使企业在高校的合作投入成为一个重要增长点，特别是挖掘来自企业的大额合作投入；进一步加强企业与高校的实质性合作与发展，高校通过提高教学和科研质量来全面提升与企业合作、为社会服务的水平，形成共赢的良好态势。

[①] 马陆亭：《高等教育学费和学生资助政策》，《高等教育管理》2007 年第 3 期。

第八章
结　论

第一节　本研究的基本观点和主要结论

一、高等教育社会投入随人均 GDP 发展呈阶段性发展特征

在人均 GDP 1000 美元以下时，高等教育社会投入占 GDP 比重大部分低于 0.5%；当高等教育毛入学率在人均 GDP 1000 美元以下时就进入了高等教育"大众化"阶段的国家，高等教育投入中的社会投入比重比较高，财政投入相对比重较低，社会投入比重从现有的数据看一般都在 60% 以上；如果人均 GDP 1000 美元以下并还处在"精英教育"阶段的国家，高等教育投入以财政投入为主，社会投入为辅助，财政投入从现有的数据看一半在 60% 以上；但随着人均 GDP 的增长趋近于 1000 美元以及高等教育的毛入学率的提高，高等教育社会投入的比重会逐渐增长，财政投入比重会逐渐下降。

在人均 GDP 1000～3000 美元阶段，与人均 GDP 1000 美元以下阶段相比，高等教育财政投入占 GDP 比重并没有显著上升，两个阶段基本持平；高等教育社会投入占 GDP 比重翻了一番；在高等教育投入的来源中，高等教育财政投入的比重下降，高等教育社会投入的比重上涨。

在人均 GDP 3000～10000 美元阶段，与人均 GDP 1000～3000 美元阶段相比，

高等教育总投入占 GDP 比重的均值并未见明显上升，但来源结构发生了变化：高等教育财政投入占 GDP 比重均值上升，高等教育社会投入占 GDP 比重均值下降；在高等教育投入的来源结构中，高等教育财政投入的比重重新返回到 60％左右，高等教育社会投入的比重下降到 40％，与人均 GDP 1000 美元以下阶段的比重分配情况相当。

在人均 GDP 10000 美元以上阶段，与人均 GDP 3000～10000 美元阶段相比，高等教育总投入的总量与结构均发生了变化。高等教育总投入占 GDP 比重的均值上升，高等教育财政投入占 GDP 比重均值上升，高等教育社会投入占 GDP 比重均值下降。高等教育财政投入进一步扩大比重，占到高等教育总投入的七成；高等教育社会投入继续下滑，仅保留三成左右；"7∶3"的构成反映出财政投入比重比人均 GDP 1000 美元以下阶段（"6∶4"）的比重更高。

上述基本结论简单总结如表 8-1 所示：

表 8-1 以人均 GDP 划分阶段的高等教育投入结构变化情况

人均 GDP	财政投入∶社会投入	与前一阶段相比
1000 美元以下	财政∶社会≈6∶4	
1000～3000 美元	财政∶社会≈5∶5	财政降、社会增
3000～10000 美元	财政∶社会≈6∶4	财政增、社会降
10000 美元以上	财政∶社会≈7∶3	财政再增、社会再降

二、高等教育社会投入随高等教育毛入学率增长呈阶段性发展特征

按照马丁·特罗的毛入学率 15％、50％为"大众化"、"普及化"的分界点划分为三个阶段的高等教育社会投入差异并不显著，但高等教育社会投入在三个阶段中的发展机理显著不同。如果把"大众化"、"普及化"再分别细分为"前期"、"后期"，得到的五个阶段的高等教育社会投入呈阶段性发展特征：在高等教育毛入学率提高到要进入一个新的发展时期前，高等教育财政投入占 GDP 比重都会增长；一旦顺利进入到一个新的发展时期后，在高等教育经费来源结构中，高等教育财政投入比重就会下降，高等教育社会投入反而会增长（如表 8-2 所示）。

表8-2　　　以高等教育毛入学率划分阶段的高等教育投入结构变化情况

高等教育毛入学率	财政投入：社会投入	与前一阶段相比
15%以下	财政：社会≈7：3	
15%~30%	财政：社会≈5.5：4.5	财政降、社会增
30%~50%	财政：社会≈6：4	财政增、社会降
50%~75%	财政：社会≈7：3	财政再增、社会再降
75%以上	财政：社会≈6：4	财政下降、社会增长

在"精英教育"（高等教育毛入学率15%以下）时期，高等教育投入主要以财政投入为主，社会投入为辅，高等教育财政投入约占高等教育总投入的70%，社会投入约占30%。

在"大众化前期"（15%~30%），高等教育投入总量明显增长，从占GDP比重看，高等教育财政投入和高等教育社会投入都呈上涨趋势；但是，从占高等教育总投入的比重看，财政投入比重下降到55%，社会投入比重上升到45%。

在"大众化后期"（高等教育毛入学率30%~50%），高等教育投入总量与前一时期相比基本维持不变，高等教育财政投入占GDP比重、占高等教育总投入比重"双上涨"，高等教育社会投入"双下降"；在高等教育来源结构中，高等教育财政投入与高等教育社会投入之比约为6：4。

在"普及化前期"（高等教育毛入学率50%~75%），高等教育投入总量继续增长，高等教育财政投入继续"双增长"，高等教育社会投入继续"双下降"，二者在高等教育经费来源结构中的差距进一步扩大，比值接近7：3。

在"普及化后期"（高等教育毛入学率75%以上），高等教育投入总量进一步大幅增长，但是，高等教育财政投入占GDP比重维持在前一阶段水平，高等教育社会投入占GDP比重快速上涨，二者在高等教育经费来源结构中比重重新回到6：4。

三、高等教育社会投入在各发展阶段的发展机理存在差异

高等教育社会投入在各个发展阶段中的发展机理存在显著差异，分别用表格

呈现以人均 GDP 和高等教育毛入学率划分阶段的高等教育社会投入发展机理，如表 8-3、表 8-4 所示。

表 8-3　以人均 GDP 划分阶段的高等教育社会投入发展机理

项目	人均 GDP 3000 美元以下	人均 GDP 3000~10000 美元	人均 GDP 10000 美元以上
高等教育毛入学率	+ **	+ ***	
人均 GDP		+ **	
高等教育财政投入		- ***	
国家财政支出		- **	- ***

表 8-4　以高等教育毛入学率划分阶段的高等教育社会投入发展机理

项目	高等教育毛入学率 15% 以下	高等教育毛入学率 15%~50%	高等教育毛入学率 50% 以上
高等教育毛入学率		+ **	- *
人均 GDP		- *	
高等教育财政投入		- *	
国家财政支出		- ***	- ***

以人均 GDP 划分得到的三个阶段中，高等教育社会投入在人均 GDP 3000 美元以下阶段中主要受到了高等教育毛入学率的正影响，可能随毛入学率的增长而增长，影响显著程度为比较显著（**）。在人均 GDP 3000~10000 美元阶段中，主要受到了高等教育毛入学率、人均 GDP 的正影响，可能随这两个指标的增长而增长，影响显著程度分别为非常显著（***）和比较显著（**）；主要受高等教育财政投入、国家财政支出的负影响，可能随这两个指标的增长而减少，影响显著程度分别为非常显著（***）和比较显著（**）。在人均 GDP 10000 美元以上阶段，主要受国家财政支出的负影响，可能随国家财政支出的增长而减少，影响显著程度为非常显著（***）。

以高等教育毛入学率划分得到的三个阶段中，由于高等教育社会投入在高等教育毛入学率 15% 以下阶段中的数据较少，未进行回归。在高等教育毛入学率 15%~50% 阶段中，主要受到了高等教育毛入学率的正影响，可能该指标的增长而增长，影响显著程度为比较显著（**）；主要受人均 GDP、高等教育财政投入、国家财政支出的负影响，可能随这三个指标的增长而减少，影响显著程度分别为显著（*）、显著（*）和非常显著（***）。在高等教育毛入学率50%以上阶段，主要受高等教育毛入学率和国家财政支出的负影响，可能随这两个指标增长而减少，影响显著程度分别为显著（*）和非常显著（***）。

四、中国未来高等教育社会投入的改革取向

从现在起到2020年，中国高等教育将从高等教育"大众化前期"迈向"大众化后期"，根据本研究的高等教育社会投入阶段性发展特征，未来中国高等教育财政投入占高等教育总投入比重需呈上涨趋势，高等教育社会投入比重需相对下降。要实现2020年的高等教育发展目标，中国高等教育投入需要进行结构调整，调整方向是：稳定财政投入增长，稳中略降学杂费比重，并大力挖掘其他社会投入来源。如果维持当前财政投入的5%年增长率，到2020年，财政投入比重约占总投入的45%，如果再把学杂费稳定在总投入的25%～30%之间，那么，其他社会投入的比重将要达到25%～30%，从2009年起，其他社会投入的年增长率需要达到13.7%～15.6%之间。

第二节 本研究的创新之处

第一，从高等教育准公共物品的属性出发，提出并论证了高等教育社会投入存在动态发展的必然性。

第二，基于公共支出增长理论中的瓦格纳法则、公共支出发展阶段理论、高等教育成本分担理论、高等教育规模扩张与制度保障之间的关系理论，通过理论推演和实证研究提出：高等教育社会投入呈阶段性发展特征，高等教育社会投入随人均GDP的增长会出现"先增长后下降"的变化趋势，随高等教育毛入学率的增长会出现"先增长后下降再增长"的变化趋势。

第三，通过实证研究，发现：高等教育社会投入在各个发展阶段中的发展机

理存在差异。以人均 GDP 划分阶段，人均 3000 美元以下时，高等教育社会投入主要受高等教育毛入学率影响，存在随高等教育毛入学率增长而增长的趋势；人均 3000~10000 美元时，主要受高等教育毛入学率、人均 GDP、高等教育财政投入、国家财政支出四个因素影响，存在随高等教育毛入学率、人均 GDP 这两个因素的增长而增长的趋势，以及随高等教育财政投入、国家财政支出这两个因素而下降的趋势；在人均 GDP 10000 美元以上阶段，主要受国家财政支出的影响，存在随国家财政支出增长而下降的趋势。

第四，为中国高等教育社会投入的政策选择和发展提供了专门的实证参考。

第三节　本研究的不足之处

本研究的基本结论是基于 1998~2009 年的 43 个国家 516 条记录的分析所得，处于"人均 GDP 1000 美元以下""人均 GDP 1000~3000 美元"这两组数据记录相对较少，更真实、有效的结论有待收集更广泛的数据进行研究获得，特别是第二次世界大战后，1945~1990 年的数据，则能更全面地反映出高等教育社会投入的规律、沿革与特征。对于中国高等教育社会投入的发展建议，仅针对国家宏观层面，未针对不同类型的、不同区域的高等学校提出更详细的建议。这都有待在未来研究中进一步完善。

附　录

1998～2015 年 43 个国家的高等教育经费投入统计数据

年份	国家	高等教育社会投入占 GDP 比重（％）	高等教育毛入学率（％）	人均 GDP（现价美元）	高等教育财政投入占 GDP 比重（％）	国家财政支出占 GDP 比重（％）
1998	1 韩国	1.9	68	7463	0.4	17
1999	1 韩国	1.7	74	9554	0.4	16.6
2000	1 韩国	1.9	79	11347	0.3	16.6
2001	1 韩国	2	83	10655	0.2	17.7
2002	1 韩国	1.8	86	12094	0.3	16.8
2003	1 韩国	1.9	88	13451	0.6	18.9
2004	1 韩国	1.7	90	15029	0.5	18.9
2005	1 韩国	2.1	93	17551	0.6	19.7
2006	1 韩国	1.8	98	19676	0.6	20.5
2007	1 韩国	1.9	102	21590	0.6	20.1
2008	1 韩国	2	104	19028	0.6	20.6
2009	1 韩国	1.9	104	16959	0.7	21.8
2010	1 韩国	0.8	102.76	22086.95	0.7	18.4
2011	1 韩国	0.8	100.45	24079.79	0.7	18.9
2012	1 韩国	0.9	96.64	24358.78	0.8	25.8
2013	1 韩国	1	94.37	25890.02	0.9	25.2
2014	1 韩国	1.1	93.42	27811.37	1	24.8
2015	1 韩国	0.9	93.26	27105.08	1	24.9
1998	2 美国	1.22	71	31687	1.1	—
1999	2 美国	1.2	73	33332	1.1	—

续表

年份	国家	高等教育社会投入占 GDP 比重（%）	高等教育毛入学率（%）	人均 GDP（现价美元）	高等教育财政投入占 GDP 比重（%）	国家财政支出占 GDP 比重（%）
2000	2 美国	1.7	69	35082	0.9	—
2001	2 美国	1.8	69	35912	0.9	19.6
2002	2 美国	1.5	79	36819	1.2	20.4
2003	2 美国	1.7	81	38225	1.2	21
2004	2 美国	1.9	81	40292	1.1	20.9
2005	2 美国	2	82	42516	1	21.2
2006	2 美国	2	83	44623	1	21.1
2007	2 美国	2.2	83	46349	1	21.5
2008	2 美国	1.7	85	46760	1	23.2
2009	2 美国	1.6	89	45192	1	26.7
2010	2 美国	1.4	—	48375.41	1	26.2
2011	2 美国	1.3	—	49793.71	0.9	25.5
2012	2 美国	1.5	—	51450.96	1.4	24.1
2013	2 美国	1.6	88.72	52782.09	1	23.2
2014	2 美国	1.4	88.6	54696.7	1.1	22.8
2015	2 美国	1.3	88.9	56443.8	1	22.6
1998	3 加拿大	0.32	59	20390	1.53	20.2
1999	3 加拿大	1	60	21681	1.6	19.7
2000	3 加拿大	1	59	23560	1.6	18.7
2001	3 加拿大	1	—	23017	1.5	18.8
2002	3 加拿大	m	60	23425	m	18.2
2003	3 加拿大	1	—	27335	1.3	18.3
2004	3 加拿大	m	—	31012	m	17.7
2005	3 加拿大	1.1	—	35088	1.4	18.3
2006	3 加拿大	1.3	—	39250	1.5	17.4
2007	3 加拿大	1.1	—	43246	1.5	17.3
2008	3 加拿大	1	—	45100	1.5	17.5
2009	3 加拿大	0.9	—	39656	1.5	19.4
2010	3 加拿大	1.9	62	47447	1.5	19.1
2011	3 加拿大	2	64	52082	1.6	17.9

续表

年份	国家	高等教育社会投入占GDP比重（%）	高等教育毛入学率（%）	人均GDP（现价美元）	高等教育财政投入占GDP比重（%）	国家财政支出占GDP比重（%）
2012	3 加拿大	1.7	64	52497	1.4	17.6
2013	3 加拿大	1.3	66	52418	1.3	17.1
2014	3 加拿大	1.7	66	50633	1.3	16.4
2015	3 加拿大	1.2	65	43525	m	17.0
1998	4 澳大利亚	0.51	67	21443	1.09	—
1999	4 澳大利亚	0.7	66	20623	0.8	24.5
2000	4 澳大利亚	0.8	65	21766	0.8	24
2001	4 澳大利亚	0.7	66	19597	0.8	26.2
2002	4 澳大利亚	0.8	75	20210	0.8	26.3
2003	4 澳大利亚	0.8	73	23544	0.7	25.7
2004	4 澳大利亚	0.8	71	30580	0.8	25.6
2005	4 澳大利亚	0.9	72	34149	0.7	25.5
2006	4 澳大利亚	0.9	71	36226	0.7	24.8
2007	4 澳大利亚	0.9	72	40672	0.7	24.4
2008	4 澳大利亚	0.9	72	49379	0.7	24.2
2009	4 澳大利亚	0.9	76	42101	0.8	26.6
2010	4 澳大利亚	1.1	—	51937	0.8	26.7
2011	4 澳大利亚	1.1	—	62412	0.7	25.9
2012	4 澳大利亚	1.1	—	67865	0.9	26.2
2013	4 澳大利亚	1.3	—	67990	0.7	25.9
2014	4 澳大利亚	1.4	—	62328	0.7	26.3
2015	4 澳大利亚	1.5	119.7	56561	1.3	26.8
1998	5 日本	0.6	45	30967	0.4	—
1999	5 日本	0.6	47	34999	0.5	—
2000	5 日本	0.6	49	37292	0.5	—
2001	5 日本	0.6	50	32716	0.5	—
2002	5 日本	0.6	51	31236	0.4	—
2003	5 日本	0.8	52	33691	0.5	—
2004	5 日本	0.8	54	36442	0.5	—
2005	5 日本	0.9	55	35781	0.5	16

续表

年份	国家	高等教育社会投入占GDP比重（%）	高等教育毛入学率（%）	人均GDP（现价美元）	高等教育财政投入占GDP比重（%）	国家财政支出占GDP比重（%）
2006	5 日本	1	58	34102	0.5	15.7
2007	5 日本	1	58	34095	0.5	14.8
2008	5 日本	1	59	37972	0.5	16.2
2009	5 日本	1	59	39473	0.5	19.1
2010	5 日本	0.7	58	44508	0.5	17.4
2011	5 日本	0.8	60	48168	0.5	18.8
2012	5 日本	0.8	61	48603	0.5	18.3
2013	5 日本	0.8	62	40454	0.6	18.3
2014	5 日本	0.7	63	38109	0.5	17.8
2015	5 日本	0.7	63	34568	m	17.1
1998	6 英国	0.28	55	24895	0.7	36.3
1999	6 英国	0.3	60	25609	0.7	35.6
2000	6 英国	0.3	58	25083	0.7	36.2
2001	6 英国	0.3	59	24880	0.8	36.7
2002	6 英国	0.3	62	27168	0.8	37.6
2003	6 英国	0.3	62	31231	0.8	38.8
2004	6 英国	0.3	59	36771	0.8	39.1
2005	6 英国	0.4	59	37867	0.9	41.2
2006	6 英国	0.4	59	40342	0.8	40.2
2007	6 英国	0.8	59	46123	0.4	39.9
2008	6 英国	0.7	57	42935	0.4	43.2
2009	6 英国	0.9	59	35129	0.4	46.3
2010	6 英国	1	59	38893	0.7	43.1
2011	6 英国	1.3	59	41412	0.9	41.8
2012	6 英国	1.4	60	41791	1.2	42.5
2013	6 英国	1.4	58	42724	1.1	40.2
2014	6 英国	1.3	57	46783	0.6	39.3
2015	6 英国	1.3	57	44306	1	38.4
1998	7 法国	0.12	53	24360	0.9	45.9
1999	7 法国	0.1	54	24075	0.9	45.9

续表

年份	国家	高等教育社会投入占GDP比重（%）	高等教育毛入学率（%）	人均GDP（现价美元）	高等教育财政投入占GDP比重（%）	国家财政支出占GDP比重（%）
2000	7 法国	0.2	54	21775	0.9	44.6
2001	7 法国	0.2	54	21812	0.9	44.9
2002	7 法国	0.2	53	23494	0.9	46
2003	7 法国	0.3	54	28794	1.1	46.3
2004	7 法国	0.2	55	32785	1.1	45.9
2005	7 法国	0.2	55	33819	1.1	46.1
2006	7 法国	0.2	55	35457	1.1	45.3
2007	7 法国	0.2	55	40342	1.1	44.7
2008	7 法国	0.3	54	43992	1.2	45.2
2009	7 法国	0.3	55	40477	1.2	48.3
2010	7 法国	1.3	55	40638	1.3	49.7
2011	7 法国	1.3	56	43791	1.3	48.0
2012	7 法国	1.2	58	40875	1.3	48.5
2013	7 法国	1.2	60	42593	1.2	48.6
2014	7 法国	1.3	62	43009	1.2	48.8
2015	7 法国	1.2	63	36613	1.2	48.4
1998	8 德国	0.08	—	26548	0.97	32.1
1999	8 德国	0.1	—	25957	1	32.2
2000	8 德国	0.1	—	22946	1	31.8
2001	8 德国	0.1	—	22840	1	31.4
2002	8 德国	0.1	—	24326	1	31.8
2003	8 德国	0.1	—	29367	1	32.3
2004	8 德国	0.1	—	33040	1	31.2
2005	8 德国	0.2	—	33543	0.9	31.3
2006	8 德国	0.2	—	35238	0.9	30
2007	8 德国	0.2	—	40403	0.9	28.7
2008	8 德国	0.2	—	44132	1	28.8
2009	8 德国	0.2	—	40275	1	31.8
2010	8 德国	m	—	41786	m	31.1
2011	8 德国	0.5	—	46810	1.3	28.7

续表

年份	国家	高等教育社会投入占GDP比重（%）	高等教育毛入学率（%）	人均GDP（现价美元）	高等教育财政投入占GDP比重（%）	国家财政支出占GDP比重（%）
2012	8 德国	0.6	—	44065	1.2	28.3
2013	8 德国	1.3	60	46531	1	28.5
2014	8 德国	1.3	64	48043	1.1	28.1
2015	8 德国	1.2	66	41324	1.2	27.9
1998	9 意大利	0.16	47	21519	0.6	41.2
1999	9 意大利	0.1	48	21227	0.7	40.2
2000	9 意大利	0.2	49	19388	0.7	38.9
2001	9 意大利	0.2	52	19722	0.7	39.7
2002	9 意大利	0.2	55	21435	0.6	39.1
2003	9 意大利	0.2	58	26291	0.6	39.3
2004	9 意大利	0.3	62	29833	0.6	38.5
2005	9 意大利	0.3	64	30479	0.6	39
2006	9 意大利	0.2	66	31777	0.7	39.4
2007	9 意大利	0.3	66	35826	0.6	39
2008	9 意大利	0.3	66	38563	0.7	40
2009	9 意大利	0.3	66	35073	0.7	43.9
2010	9 意大利	0.8	66	35849	0.8	41.5
2011	9 意大利	0.8	66	38335	0.9	40.9
2012	9 意大利	0.8	65	34814	0.9	42.2
2013	9 意大利	0.8	64	35370	0.8	42.4
2014	9 意大利	0.8	63	35397	0.7	42.4
2015	9 意大利	0.8	63	30180	0.7	42.4
1998	10 智利	1.27	—	10179	0.57	—
1999	10 智利	1.6	38	10695	0.6	—
2000	10 智利	1.7	37	10406	0.6	—
2001	10 智利	1.7	—	9392	0.5	—
2002	10 智利	1.5	41	7549	3.2	21
2003	10 智利	1.8	43	5929	0.3	20
2004	10 智利	1.7	43	4636	0.3	18.9
2005	10 智利	1.5	48	4262	0.3	17.4

续表

年份	国家	高等教育社会投入占GDP比重（%）	高等教育毛入学率（%）	人均GDP（现价美元）	高等教育财政投入占GDP比重（%）	国家财政支出占GDP比重（%）
2006	10 智利	1.4	47	4394	0.3	16.1
2007	10 智利	1.7	52	4878	0.3	16.4
2008	10 智利	x	55	4792	x	18.6
2009	10 智利	1.6	59	5278	0.8	21.4
2010	10 智利	1.7	68.8	12860	0.7	20.5
2011	10 智利	1.7	74.3	14706	0.8	19.9
2012	10 智利	1.5	78.8	15432	1	20.3
2013	10 智利	1.4	83.3	15941	1	20.4
2014	10 智利	1.3	86.2	14794	0.8	20.9
2015	10 智利	1.2	88.3	13737	m	21.6
1998	11 奥地利	0.02	52	26744	1.44	41.2
1999	11 奥地利	n	54	26563	1.4	41.1
2000	11 奥地利	0	56	23974	1.2	40.4
2001	11 奥地利	0.1	56	23834	1.1	40.7
2002	11 奥地利	0.1	46	25679	1	40.3
2003	11 奥地利	0.1	46	31269	1.1	40.6
2004	11 奥地利	0.1	47	35662	1.1	43.6
2005	11 奥地利	0.1	48	37067	1.2	39.8
2006	11 奥地利	0.2	49	39300	1.1	39.1
2007	11 奥地利	0.2	51	45181	1.1	38.6
2008	11 奥地利	0.2	56	49679	1.1	38.7
2009	11 奥地利	0.1	60	45638	1.4	39.9
2010	11 奥地利	1.6	76	46858	1.5	46.4
2011	11 奥地利	1.6	79	51375	1.4	45.5
2012	11 奥地利	1.8	79	48568	1.7	46.1
2013	11 奥地利	1.8	79	50717	1.7	46.6
2014	11 奥地利	1.8	79	51705	1.6	47.5
2015	11 奥地利	1.8	81	44207	1.6	46.2
1998	12 比利时	m	—	25051	0.91	44.5
1999	12 比利时	m	56	24887	1.3	44

续表

年份	国家	高等教育社会投入占GDP比重（%）	高等教育毛入学率（%）	人均GDP（现价美元）	高等教育财政投入占GDP比重（%）	国家财政支出占GDP比重（%）
2000	12 比利时	0.2	57	22697	1.2	42.9
2001	12 比利时	0.2	58	22601	1.2	43.6
2002	12 比利时	0.1	59	24465	1.2	42
2003	12 比利时	0.2	60	30039	1.2	43.2
2004	12 比利时	0.1	61	34707	1.2	41.6
2005	12 比利时	0.1	62	36011	1.2	44.4
2006	12 比利时	0.1	62	37919	1.2	41.1
2007	12 比利时	0.1	63	43255	1.2	41
2008	12 比利时	0.1	64	47376	1.3	42.4
2009	12 比利时	0.1	67	43849	1.4	45.1
2010	12 比利时	1.5	68	44380	1.4	43.3
2011	12 比利时	1.4	70	47703	1.3	44.4
2012	12 比利时	1.4	71	44741	1.4	45.7
2013	12 比利时	1.4	72	46583	1.3	45.5
2014	12 比利时	1.5	73	47352	1.3	45.2
2015	12 比利时	1.4	75	40361	1.3	42.0
1998	13 捷克	0.12	24	6204	0.76	30.1
1999	13 捷克	0.1	26	6045	0.8	30.2
2000	13 捷克	0.1	29	5725	0.8	32.2
2001	13 捷克	0.1	30	6289	0.8	34
2002	13 捷克	0.1	34	7685	0.8	35.8
2003	13 捷克	0.2	37	9336	0.9	35.8
2004	13 捷克	0.2	43	11157	0.9	33.9
2005	13 捷克	0.2	48	12706	0.8	34.5
2006	13 捷克	0.2	49	14446	1	34.2
2007	13 捷克	0.2	53	17467	1	32.6
2008	13 捷克	0.2	57	21627	0.9	32.7
2009	13 捷克	0.3	61	18707	1	36.2
2010	13 捷克	1	64	19808	1	35.2
2011	13 捷克	1.2	66	21717	1.2	35.2

续表

年份	国家	高等教育社会投入占GDP比重（%）	高等教育毛入学率（%）	人均GDP（现价美元）	高等教育财政投入占GDP比重（%）	国家财政支出占GDP比重（%）
2012	13 捷克	1	66	19730	1.2	36.8
2013	13 捷克	0.9	65	19916	1.1	35.1
2014	13 捷克	0.8	66	19745	1	34.7
2015	13 捷克	0.8	64	17716	0.8	33.4
1998	14 丹麦	0.04	52	32739	1.5	37.4
1999	14 丹麦	n	56	32685	1.5	36.6
2000	14 丹麦	0	57	29980	1.5	34.8
2001	14 丹麦	n	60	29946	1.8	34.5
2002	14 丹麦	n	63	32344	1.9	34.4
2003	14 丹麦	0.1	67	39443	1.7	35
2004	14 丹麦	0.1	74	45282	1.8	34.5
2005	14 丹麦	0.1	80	47547	1.6	32.7
2006	14 丹麦	0.1	79	50642	1.6	32
2007	14 丹麦	0.1	79	57021	1.6	35.8
2008	14 丹麦	0.1	76	62596	1.6	36.5
2009	14 丹麦	0.1	74	56330	1.8	41.9
2010	14 丹麦	2.4	74	58041	1.8	42.3
2011	14 丹麦	2.4	77	61754	1.2	42.4
2012	14 丹麦	m	79	58508	m	43.5
2013	14 丹麦	2.3	81	61191	1.6	41.4
2014	14 丹麦	2.3	81	62549	1.6	40.9
2015	14 丹麦	m	82	53013	0.8	40.6
1998	15 芬兰	x	79	25180	1.68	39.1
1999	15 芬兰	n	81	25230	1.7	38
2000	15 芬兰	—	82	23530	1.6	35
2001	15 芬兰	0.1	84	24025	1.6	34.4
2002	15 芬兰	0.1	85	25994	1.6	35.5
2003	15 芬兰	0.1	87	31509	1.7	36.4
2004	15 芬兰	0.1	90	36163	1.7	36.2
2005	15 芬兰	0.1	92	37319	1.7	36.4

续表

年份	国家	高等教育社会投入占GDP比重（%）	高等教育毛入学率（%）	人均GDP（现价美元）	高等教育财政投入占GDP比重（%）	国家财政支出占GDP比重（%）
2006	15 芬兰	0.1	93	39487	1.6	35.8
2007	15 芬兰	0.1	94	46538	1.6	34
2008	15 芬兰	0.1	95	51186	1.6	35
2009	15 芬兰	0.1	92	44890	1.8	40.2
2010	15 芬兰	2.2	93	46202	1.9	38.6
2011	15 芬兰	2.2	95	50791	1.9	38.1
2012	15 芬兰	2.1	93	47416	1.8	39.2
2013	15 芬兰	2	91	49638	1.7	40.3
2014	15 芬兰	2	89	49915	1.7	40.8
2015	15 芬兰	1.9	88	42424	1.6	40.6
1998	16 冰岛	0.04	38	30257	1.74	30.1
1999	16 冰岛	m	40	31518	m	30.7
2000	16 冰岛	0	45	30929	0.8	30.5
2001	16 冰岛	n	48	27803	0.9	30.7
2002	16 冰岛	n	54	30979	1	31.8
2003	16 冰岛	0.1	62	37890	1.1	33.3
2004	16 冰岛	0.1	68	45370	1.1	31.8
2005	16 冰岛	0.1	70	54885	1.1	30.8
2006	16 冰岛	0.1	73	54814	1	29.4
2007	16 冰岛	0.1	71	65566	1.1	29.7
2008	16 冰岛	0.1	74	53088	1.2	44.3
2009	16 冰岛	0.1	74	37974	1.2	38.2
2010	16 冰岛	1.6	79	41852	1.1	37.5
2011	16 冰岛	1.4	81	46182	1.1	34.6
2012	16 冰岛	1.4	82	44563	1.1	34.1
2013	16 冰岛	1.5	80	48024	1.2	31.9
2014	16 冰岛	1.5	81	52855	1.2	32.6
2015	16 冰岛	1.5	76	51214	1.1	30.5
1998	17 爱尔兰	0.3	—	23734	0.9	31.2
1999	17 爱尔兰	0.3	47	25680	1	30.7

续表

年份	国家	高等教育社会投入占GDP比重（%）	高等教育毛入学率（%）	人均GDP（现价美元）	高等教育财政投入占GDP比重（%）	国家财政支出占GDP比重（%）
2000	17爱尔兰	0.3	50	25629	1.2	27.7
2001	17爱尔兰	0.2	52	27340	1.1	29.3
2002	17爱尔兰	0.2	53	31435	1	29.5
2003	17爱尔兰	0.1	54	39815	0.9	29.6
2004	17爱尔兰	0.1	56	45930	0.9	29.8
2005	17爱尔兰	0.1	56	48866	0.9	30.7
2006	17爱尔兰	0.2	58	52501	1	30.9
2007	17爱尔兰	0.2	60	59665	1	32.4
2008	17爱尔兰	0.2	58	59574	1.2	37.7
2009	17爱尔兰	0.3	61	50034	1.4	45.1
2010	17爱尔兰	1.4	63	48672	1.3	62.2
2011	17爱尔兰	1.3	68	52186	1.2	43.6
2012	17爱尔兰	1.3	68	49042	1	39.3
2013	17爱尔兰	1.1	72	51773	1.1	37.7
2014	17爱尔兰	1	74	55413	0.8	34.9
2015	17爱尔兰	0.9	77	61808	0.7	27.1
1998	18荷兰	0.03	48	25635	1.1	41.4
1999	18荷兰	0.3	50	26022	1.1	40.5
2000	18荷兰	0.3	53	24180	1	39.3
2001	18荷兰	0.3	55	24969	1.1	39.7
2002	18荷兰	0.4	55	27111	1.1	40.1
2003	18荷兰	0.4	56	33177	1.1	41.1
2004	18荷兰	0.4	57	37458	1.1	40.4
2005	18荷兰	0.4	59	39122	1.1	39.3
2006	18荷兰	0.4	60	41459	1.1	40.4
2007	18荷兰	0.4	61	47771	1.1	40
2008	18荷兰	0.4	62	52951	1.1	40.8
2009	18荷兰	0.5	63	47998	1.2	45.7
2010	18荷兰	1.7	64	50338	1	41.9
2011	18荷兰	1.7	76	53541	1	41.3

续表

年份	国家	高等教育社会投入占 GDP 比重（%）	高等教育毛入学率（%）	人均 GDP（现价美元）	高等教育财政投入占 GDP 比重（%）	国家财政支出占 GDP 比重（%）
2012	18 荷兰	1.7	77	49475	1.2	41.7
2013	18 荷兰	1.6	—	51574	0.9	41.8
2014	18 荷兰	1.6	—	52157	0.9	41.4
2015	18 荷兰	1.6	81	44746	1.3	40.3
1998	19 新西兰	m	62	14469	1.06	—
1999	19 新西兰	m	65	15045	1	—
2000	19 新西兰	m	66	13376	0.9	—
2001	19 新西兰	m	67	13625	0.9	32.1
2002	19 新西兰	0.6	67	16579	0.9	31.3
2003	19 新西兰	0.6	69	21538	0.9	31.8
2004	19 新西兰	0.6	84	25006	0.9	30.9
2005	19 新西兰	0.6	81	27354	0.9	31.4
2006	19 新西兰	0.6	78	26173	0.9	32
2007	19 新西兰	0.5	79	31695	1	32.1
2008	19 新西兰	0.5	78	30611	1.1	33.3
2009	19 新西兰	0.5	83	27197	1.1	36.1
2010	19 新西兰	1.7	83	33692	1	34
2011	19 新西兰	1.7	81	38427	1.3	40
2012	19 新西兰	1.6	79	39970	1	35
2013	19 新西兰	1.6	77	42949	1.2	33
2014	19 新西兰	1.7	78	44561	1.2	33
2015	19 新西兰	1.6	81	38649	m	32
1998	20 波兰	m	40	4472	1.16	—
1999	20 波兰	0.2	46	4340	0.8	—
2000	20 波兰	0.4	51	4454	0.8	—
2001	20 波兰	0.4	56	4979	1.1	35.6
2002	20 波兰	0.4	59	5184	1.1	35.3
2003	20 波兰	0.4	60	5675	1	38.7
2004	20 波兰	0.4	62	6620	1.1	36.9
2005	20 波兰	0.4	64	7963	1.2	36.3

续表

年份	国家	高等教育社会投入占GDP比重（%）	高等教育毛入学率（%）	人均GDP（现价美元）	高等教育财政投入占GDP比重（%）	国家财政支出占GDP比重（%）
2006	20 波兰	0.4	65	8958	0.9	35.9
2007	20 波兰	0.4	67	11157	0.9	34.2
2008	20 波兰	0.4	69	13886	1	35.2
2009	20 波兰	0.5	71	11294	1.1	35.7
2010	20 波兰	0.5	75	12598	1	36.6
2011	20 波兰	0.5	75	13891	1	34.7
2012	20 波兰	0.5	74	13144	1.2	34.9
2013	20 波兰	0.4	72	13780	1.2	35.4
2014	20 波兰	0.4	68	14345	1.2	34.8
2015	20 波兰	0.4	67	12556	1.2	34.3
1998	21 葡萄牙	0.08	43	12129	0.9	36.5
1999	21 葡萄牙	0.1	44	12429	0.9	36.5
2000	21 葡萄牙	0.1	47	11471	0.9	36.7
2001	21 葡萄牙	0.1	50	11691	0.9	37.7
2002	21 葡萄牙	0.1	53	12759	0.9	38.1
2003	21 葡萄牙	0.1	55	15509	0.9	39.3
2004	21 葡萄牙	0.1	56	17654	0.8	40
2005	21 葡萄牙	0.4	55	18186	0.9	41.2
2006	21 葡萄牙	0.4	55	19065	0.9	39.8
2007	21 葡萄牙	0.5	57	21845	0.85	38.9
2008	21 葡萄牙	0.4	61	23716	0.8	40.5
2009	21 葡萄牙	0.4	62	22016	0.9	44.2
2010	21 葡萄牙	0.4	65	22539	1	43.9
2011	21 葡萄牙	0.4	68	23196	1	44.3
2012	21 葡萄牙	0.4	68	20577	0.9	44.1
2013	21 葡萄牙	0.5	66	21619	0.9	45.4
2014	21 葡萄牙	0.5	65	22078	0.9	47.5
2015	21 葡萄牙	0.4	61	19253	0.7	43.8
1998	22 挪威	0.09	63	34106	1.4	—
1999	22 挪威	0.1	66	35645	1.4	—

续表

年份	国家	高等教育社会投入占GDP比重（%）	高等教育毛入学率（%）	人均GDP（现价美元）	高等教育财政投入占GDP比重（%）	国家财政支出占GDP比重（%）
2000	22 挪威	n	69	37473	1.2	32.6
2001	22 挪威	n	70	37867	1.3	33.3
2002	22 挪威	0.1	73	42292	1.4	38.2
2003	22 挪威	0.1	79	49264	1.5	37.6
2004	22 挪威	m	79	56628	1.4	35.4
2005	22 挪威	m	79	65767	1.3	33
2006	22 挪威	m	78	72960	1.2	31.5
2007	22 挪威	m	76	83556	1.2	31.4
2008	22 挪威	0.1	73	95190	1.1	30.6
2009	22 挪威	0.1	74	77610	1.3	36.5
2010	22 挪威	0.1	73	87770	1.6	34.6
2011	22 挪威	0.1	74	100711	1.6	34.1
2012	22 挪威	m	74	101668	1.6	33.7
2013	22 挪威	m	77	103059	1.5	34.2
2014	22 挪威	0.2	78	97200	1.6	35.6
2015	22 挪威	m	78	74498	1.7	38.1
1998	23 墨西哥	0.11	17	4342	0.8	14
1999	23 墨西哥	0.3	19	4885	0.9	14.9
2000	23 墨西哥	0.2	20	5817	0.8	15.4
2001	23 墨西哥	0.3	21	6139	0.7	—
2002	23 墨西哥	0.4	22	6324	1	—
2003	23 墨西哥	0.4	23	6740	0.8	—
2004	23 墨西哥	0.4	24	7224	0.8	—
2005	23 墨西哥	0.4	24	7973	0.8	—
2006	23 墨西哥	0.4	25	8831	0.8	—
2007	23 墨西哥	0.3	26	9485	0.8	—
2008	23 墨西哥	0.4	27	9893	0.9	—
2009	23 墨西哥	0.4	27	7876	1	—
2010	23 墨西哥	0.4	26	9016	1	21.4
2011	23 墨西哥	0.4	27	9913	0.9	21.7

续表

年份	国家	高等教育社会投入占GDP比重（%）	高等教育毛入学率（%）	人均GDP（现价美元）	高等教育财政投入占GDP比重（%）	国家财政支出占GDP比重（%）
2012	23 墨西哥	0.4	29	9940	1	21.9
2013	23 墨西哥	0.4	29	10401	0.9	21.6
2014	23 墨西哥	0.4	30	10582	1.1	21.8
2015	23 墨西哥	0.4	31	9298	1	21.6
1998	24 斯洛伐克	m	24	5431	m	—
1999	24 斯洛伐克	0.1	26	5550	0.7	—
2000	24 斯洛伐克	0.1	29	5330	0.7	—
2001	24 斯洛伐克	0.1	30	5637	0.7	—
2002	24 斯洛伐克	0.1	32	6439	0.7	—
2003	24 斯洛伐克	0.1	34	8521	0.8	39.4
2004	24 斯洛伐克	0.2	36	10418	0.9	38
2005	24 斯洛伐克	0.2	40	11385	0.7	35.1
2006	24 斯洛伐克	0.2	44	12799	0.8	34.8
2007	24 斯洛伐克	0.2	49	15583	0.6	32
2008	24 斯洛伐克	0.2	52	18109	0.6	32.4
2009	24 斯洛伐克	0.3	54	24051	0.6	37.8
2010	24 斯洛伐克	0.3	57	16601	0.7	39.8
2011	24 斯洛伐克	0.3	56	18187	0.8	39.0
2012	24 斯洛伐克	0.3	56	17275	1	39.0
2013	24 斯洛伐克	0.4	54	18192	0.8	39.5
2014	24 斯洛伐克	0.4	53	18630	0.9	39.8
2015	24 斯洛伐克	0.3	51	16133	0.8	41.0
1998	25 西班牙	0.27	54	15126	0.84	33.3
1999	25 西班牙	0.3	56	15476	0.9	32.1
2000	25 西班牙	0.3	59	14414	0.9	31.3
2001	25 西班牙	0.3	61	14952	0.9	30.5
2002	25 西班牙	0.3	62	16612	0.9	26.7
2003	25 西班牙	0.3	64	21042	0.9	25.5
2004	25 西班牙	0.3	66	24469	0.9	26
2005	25 西班牙	0.2	67	26056	0.9	25

续表

年份	国家	高等教育社会投入占GDP比重（%）	高等教育毛入学率（%）	人均GDP（现价美元）	高等教育财政投入占GDP比重（%）	国家财政支出占GDP比重（%）
2006	25 西班牙	0.2	68	28025	0.9	24.9
2007	25 西班牙	0.2	69	32118	0.9	25.2
2008	25 西班牙	0.3	71	34976	1	26.6
2009	25 西班牙	0.3	73	31707	1	30.8
2010	25 西班牙	0.3	78	30737	1.1	19.8
2011	25 西班牙	0.3	83	31835	1	19.6
2012	25 西班牙	0.2	85	28564	1	25.6
2013	25 西班牙	0.4	87	29212	0.9	22.6
2014	25 西班牙	0.2	89	29623	0.9	21.8
2015	25 西班牙	0.4	89	25790	0.9	20.6
1998	26 瑞典	0.27	52	28779	1.49	39.2
1999	26 瑞典	0.2	64	29218	1.4	38
2000	26 瑞典	0.2	67	27869	1.4	35.9
2001	26 瑞典	0.2	70	25558	1.4	34.8
2002	26 瑞典	0.2	75	28119	1.5	35.3
2003	26 瑞典	0.2	81	35131	1.5	35.3
2004	26 瑞典	0.2	84	40261	1.4	34.1
2005	26 瑞典	0.2	82	41041	1.4	34.5
2006	26 瑞典	0.2	79	43949	1.4	33.4
2007	26 瑞典	0.2	75	50558	1.3	31.7
2008	26 瑞典	0.2	71	52731	1.4	31.3
2009	26 瑞典	0.2	71	43640	1.5	33.7
2010	26 瑞典	0.2	74	52076	1.6	32.8
2011	26 瑞典	0.2	73	59593	1.6	32.1
2012	26 瑞典	0.2	69	57134	1.5	32.6
2013	26 瑞典	0.2	63	60283	1.5	33.3
2014	26 瑞典	0.2	62	59180	1.5	32.9
2015	26 瑞典	0.2	62	50812	1.4	31.9
1998	27 希腊	0.17	45	12485	0.9	42.9
1999	27 希腊	n	47	12239	0.9	42.6

续表

年份	国家	高等教育社会投入占GDP比重（%）	高等教育毛入学率（%）	人均GDP（现价美元）	高等教育财政投入占GDP比重（%）	国家财政支出占GDP比重（%）
2000	27 希腊	n	51	11396	0.8	44.7
2001	27 希腊	n	59	11858	1	44
2002	27 希腊	n	66	13292	1.1	43.3
2003	27 希腊	n	72	17494	1	42.4
2004	27 希腊	n	79	20607	1.3	43.1
2005	27 希腊	n	89	21621	1.5	42.7
2006	27 希腊	m	93	23506	m	42.9
2007	27 希腊	m	89	27241	m	45.3
2008	27 希腊	m	—	30363	m	48
2009	27 希腊	m	—	28521	m	51.9
2010	27 希腊	m	102	26918	m	50.9
2011	27 希腊	m	107	25916	1.1	54.2
2012	27 希腊	m	110	22243	m	55.3
2013	27 希腊	m	112	21875	m	60.3
2014	27 希腊	m	117	21761	m	49.0
2015	27 希腊	m	—	18071	m	52.0
1998	28 匈牙利	0.21	31	4671	0.8	46
1999	28 匈牙利	0.2	33	4714	0.8	44.7
2000	28 匈牙利	0.3	37	4543	0.9	42
2001	28 匈牙利	0.3	41	5175	0.9	41.6
2002	28 匈牙利	0.3	45	6535	1	43.6
2003	28 匈牙利	0.3	53	8247	1	43.5
2004	28 匈牙利	0.2	60	10085	0.9	42.4
2005	28 匈牙利	0.2	64	10937	0.9	42.7
2006	28 匈牙利	0.3	66	11174	0.9	44.2
2007	28 匈牙利	m	66	13535	0.9	43.7
2008	28 匈牙利	m	64	15365	0.9	45.1
2009	28 匈牙利	m	62	12635	1	46.2
2010	28 匈牙利	m	64	13092	0.8	44.2
2011	28 匈牙利	m	63	14118	1	45.6

续表

年份	国家	高等教育社会投入占GDP比重（%）	高等教育毛入学率（%）	人均GDP（现价美元）	高等教育财政投入占GDP比重（%）	国家财政支出占GDP比重（%）
2012	28 匈牙利	0.4	61	12888	0.8	44.3
2013	28 匈牙利	0.5	57	13668	0.8	46.4
2014	28 匈牙利	0.3	52	14201	0.7	44.9
2015	28 匈牙利	0.3	49	12484	0.6	43.5
1998	29 瑞士	n	35	38345	1.1	27
1999	29 瑞士	n	37	37544	1.1	26.5
2000	29 瑞士	m	38	34787	1.1	25.5
2001	29 瑞士	m	40	35269	1.2	18.6
2002	29 瑞士	m	41	38247	1.4	19
2003	29 瑞士	m	44	44289	1.6	19.6
2004	29 瑞士	m	45	49122	1.4	19.4
2005	29 瑞士	m	46	50083	1.4	19.1
2006	29 瑞士	m	46	52276	1.4	18.3
2007	29 瑞士	m	48	57490	1.2	17.3
2008	29 瑞士	m	50	65800	1.2	17
2009	29 瑞士	m	51	63568	1.4	—
2010	29 瑞士	m	53	74606	1.3	16.9
2011	29 瑞士	m	54	88416	1.3	16.8
2012	29 瑞士	0	55	83538	1.2	16.8
2013	29 瑞士	m	56	85112	1.3	17.0
2014	29 瑞士	m	57	86606	1.3	16.9
2015	29 瑞士	m	58	82016	1.3	17.2
1998	30 以色列	0.75	47	18587	1.2	—
1999	30 以色列	0.7	48	18089	1.1	—
2000	30 以色列	0.8	49	19859	1.1	47
2001	30 以色列	0.8	52	19093	1.1	49.3
2002	30 以色列	0.9	57	17195	1	50.8
2003	30 以色列	0.8	57	17740	1.1	49.3
2004	30 以色列	0.9	56	18589	0.9	46.9
2005	30 以色列	0.9	58	19330	0.9	45.7

续表

年份	国家	高等教育社会投入占GDP比重（%）	高等教育毛入学率（%）	人均GDP（现价美元）	高等教育财政投入占GDP比重（%）	国家财政支出占GDP比重（%）
2006	30 以色列	0.9	58	20625	0.9	44.1
2007	30 以色列	0.9	61	23274	0.9	42.5
2008	30 以色列	0.8	60	27592	0.8	41.9
2009	30 以色列	0.7	62	26032	0.9	41.6
2010	30 以色列	0.7	—	30643	1	38.4
2011	30 以色列	0.8	66	33690	0.9	37.8
2012	30 以色列	0.7	68	32526	0.9	38.4
2013	30 以色列	0.7	66	36291	0.9	38.0
2014	30 以色列	0.7	66	37540	0.9	37.6
2015	30 以色列	0.7	65	35691	m	37.0
1998	31 阿根廷	—	46	8273	—	—
1999	31 阿根廷	—	48	7759	0.8	—
2000	31 阿根廷	0.3	53	7696	0.2	—
2001	31 阿根廷	0.3	58	7203	0.8	—
2002	31 阿根廷	0.4	62	2710	0.7	19.7
2003	31 阿根廷	0.4	65	3410	0.6	19.8
2004	31 阿根廷	0.2	65	3994	0.6	18.3
2005	31 阿根廷	0.1	64	4736	0.6	—
2006	31 阿根廷	0.2	67	5486	0.8	—
2007	31 阿根廷	0.2	67	6624	0.9	—
2008	31 阿根廷	0.2	69	8226	0.9	—
2009	31 阿根廷	0.2	71	7665	1.1	—
2010	31 阿根廷	0.3	74	10276	1.1	—
2011	31 阿根廷	0.4	77	12727	1.2	—
2012	31 阿根廷	0.4	79	12970	1.2	—
2013	31 阿根廷	0	80	12977	1.1	—
2014	31 阿根廷	0.2	83	12245	1.1	24.57
2015	31 阿根廷	m	86	13698	m	25.01
1998	32 哥伦比亚	1.5	21	2561	0.8	—
1999	32 哥伦比亚	1.5	22	2204	0.8	—

续表

年份	国家	高等教育社会投入占GDP比重（%）	高等教育毛入学率（%）	人均GDP（现价美元）	高等教育财政投入占GDP比重（%）	国家财政支出占GDP比重（%）
2000	32 哥伦比亚	1.1	24	2524	0.7	—
2001	32 哥伦比亚	1.2	25	2443	0.7	19.6
2002	32 哥伦比亚	1.1	25	2391	0.6	17.6
2003	32 哥伦比亚	—	25	2274	—	21.4
2004	32 哥伦比亚	—	28	2765	0.5	22.3
2005	32 哥伦比亚		30	3404	0.6	26.7
2006	32 哥伦比亚	0.8	32	3724	0.6	24
2007	32 哥伦比亚	0.8	33	4681	—	25.5
2008	32 哥伦比亚	0.9	35	5434	0.9	20.1
2009	32 哥伦比亚	1	37	5173	0.8	19.4
2010	32 哥伦比亚	—	39	6231	—	25.4
2011	32 哥伦比亚	1.1	44	7207	0.9	24.3
2012	32 哥伦比亚	1	46	7904	0.9	25.1
2013	32 哥伦比亚	1.1	50	8066	1.1	33.3
2014	32 哥伦比亚	0.9	53	7974	0.8	31.0
2015	32 哥伦比亚	m	56	6085	m	27.5
1998	33 秘鲁	—	26	2263	—	16.5
1999	33 秘鲁	—	29	2022	0.7	17.4
2000	33 秘鲁	—		2061	—	17.9
2001	33 秘鲁	0.5	32	2056	0.7	17.6
2002	33 秘鲁	0.2	32	2136	0.4	17
2003	33 秘鲁	—	32	2279	0.4	17
2004	33 秘鲁	0.5	34	2559	0.4	16.6
2005	33 秘鲁	0.5	34	2881	0.3	17.3
2006	33 秘鲁	0.4	35	3312	0.4	16.6
2007	33 秘鲁	0.5	—	3807	0.3	17
2008	33 秘鲁	0.7	—	4456	0.4	16.8
2009	33 秘鲁	0.8	—	4412	0.4	17.6
2010	33 秘鲁	—	m	5022	—	17.8
2011	33 秘鲁	—	m	5772	—	17.6

续表

年份	国家	高等教育社会投入占GDP比重（%）	高等教育毛入学率（%）	人均GDP（现价美元）	高等教育财政投入占GDP比重（%）	国家财政支出占GDP比重（%）
2012	33 秘鲁	—	m	6388	—	17.9
2013	33 秘鲁	—	m	6583	—	19.0
2014	33 秘鲁	—	m	6492	—	20.7
2015	33 秘鲁	—	m	6053	—	20.9
1998	34 印度	—	6	—		14.2
1999	34 印度	0.2	—	448	0.9	14.6
2000	34 印度	0.2	9	450	0.9	15.2
2001	34 印度	0.2	10	460	0.9	15.3
2002	34 印度	0.2	10	480	0.8	15.8
2003	34 印度	0.2	11	558	0.75	15.3
2004	34 印度	0.2	11	643	0.7	14.9
2005	34 印度	0.1	11	732	0.7	14.9
2006	34 印度	0.1	12	820	0.6	15
2007	34 印度	0.1	13	1055	0.6	15
2008	34 印度	m	15	1028	m	16.9
2009	34 印度	m	16	1127	1.3	16.5
2010	34 印度	m	17.9	1346	m	m
2011	34 印度	m	22.9	1462	m	m
2012	34 印度	m	24.4	1447	m	m
2013	34 印度	m	23.9	1452	m	m
2014	34 印度	m	25.5	1576	m	m
2015	34 印度	m	26.9	1606	m	m
1998	35 中国	0.275	6	821	0.421	—
1999	35 中国	0.344	7	865	0.496	—
2000	35 中国	0.44	8	949	0.534	—
2001	35 中国	0.53	10	1042	0.577	—
2002	35 中国	0.642	13	1135	0.627	10.7
2003	35 中国	0.691	15	1274	0.618	10.4
2004	35 中国	0.676	18	1490	0.604	11.1
2005	35 中国	0.835	19	1731	0.616	—

续表

年份	国家	高等教育社会投入占GDP比重（%）	高等教育毛入学率（%）	人均GDP（现价美元）	高等教育财政投入占GDP比重（%）	国家财政支出占GDP比重（%）
2006	35 中国	0.828	21	2069	0.615	—
2007	35 中国	0.821	22	2651	0.641	—
2008	35 中国	0.76	22	3414	0.686	—
2009	35 中国	—	24	3749	—	—
2010	35 中国	0.65	24.1	4561	0.72	—
2011	35 中国	0.61	25.3	5634	0.85	—
2012	35 中国	0.56	28.0	6338	0.93	—
2013	35 中国	0.54	31.5	7078	0.82	12.0
2014	35 中国	0.48	41.3	7684	0.88	16.2
2015	35 中国	0.53	45.4	8069	0.87	16.4
1998	36 印度尼西亚	0.33	—	—	0.25	13.2
1999	36 印度尼西亚	0.2	—	665	0.2	16.2
2000	36 印度尼西亚	0.4	15	773	0.4	—
2001	36 印度尼西亚	0.4	14	742	0.3	—
2002	36 印度尼西亚	0.4	15	893	0.3	15.4
2003	36 印度尼西亚	—	16	1058	—	15.3
2004	36 印度尼西亚	—	16	1143	—	15.8
2005	36 印度尼西亚	0.3	16	1258	0.2	16.5
2006	36 印度尼西亚	—	16	1586	0.3	17.8
2007	36 印度尼西	m	17	1859	0.3	17.2
2008	36 印度尼西亚	m	20	2172	0.4	18.4
2009	36 印度尼西亚	0.2	22	2273	0.5	15.7
2010	36 印度尼西亚	m	23.0	3113	m	14.0
2011	36 印度尼西亚	m	24.8	3634	m	15.0
2012	36 印度尼西亚	0.2	28.7	3688	0.6	15.6
2013	36 印度尼西亚	m	29.5	3621	0.5	15.4
2014	36 印度尼西亚	0.2	29.6	3492	0.5	15.9
2015	36 印度尼西亚	m	—	3335	m	14.5
1998	37 俄罗斯	—	48	1844	—	—
1999	37 俄罗斯	—	51	1339	—	—

续表

年份	国家	高等教育社会投入占GDP比重（%）	高等教育毛入学率（%）	人均GDP（现价美元）	高等教育财政投入占GDP比重（%）	国家财政支出占GDP比重（%）
2000	37 俄罗斯	m	55	1775	0.5	—
2001	37 俄罗斯	m	61	2101	0.5	—
2002	37 俄罗斯	m	66	2375	0.7	22.6
2003	37 俄罗斯	m	66	2976	0.7	23
2004	37 俄罗斯	m	70	4109	0.6	21.6
2005	37 俄罗斯	m	72	5337	0.8	19.9
2006	37 俄罗斯	m	72	6847	0.8	19.5
2007	37 俄罗斯	0.7	73	9146	0.8	23
2008	37 俄罗斯	0.5	75	11700	0.9	21.5
2009	37 俄罗斯	0.6	76	8616	1.2	31.1
2010	37 俄罗斯	0.6	79	10675	1	29.5
2011	37 俄罗斯	0.5	86	14351	0.9	25.4
2012	37 俄罗斯	0.5	91	15435	0.9	27.6
2013	37 俄罗斯	0.5	93	16007	0.9	28.3
2014	37 俄罗斯	m	90	14126	m	27.4
2015	37 俄罗斯	m	88	9347	0.8	28.1
1998	38 保加利亚	0.5	43	1582	0.4	29
1999	38 保加利亚	—	45	1611	—	30.4
2000	38 保加利亚	—	44	1579	—	31.6
2001	38 保加利亚	0.8	43	1729	0.5	30.7
2002	38 保加利亚	0.6	41	2031	0.5	31.7
2003	38 保加利亚	0.5	41	2642	0.7	32.7
2004	38 保加利亚	0.3	42	3249	0.5	33.7
2005	38 保加利亚	0.5	44	3733	0.6	31.7
2006	38 保加利亚	0.5	46	4313	0.6	30.2
2007	38 保加利亚	0.5	49	5498	0.6	30
2008	38 保加利亚	0.4	50	6798	0.8	29.8
2009	38 保加利亚	—	53	6403	0.9	31.7
2010	38 保加利亚	0.4	58	6843	1.4	31.6
2011	38 保加利亚	0.4	59	7814	1.3	29.9

续表

年份	国家	高等教育社会投入占GDP比重（%）	高等教育毛入学率（%）	人均GDP（现价美元）	高等教育财政投入占GDP比重（%）	国家财政支出占GDP比重（%）
2012	38 保加利亚	0.4	61	7378	1.4	31.1
2013	38 保加利亚	0.5	64	7647	1.3	33.1
2014	38 保加利亚	0.5	68	7865	1.3	36.8
2015	38 保加利亚	0.4	70	6994	1.3	34.8
1998	39 拉脱维亚	0.6	43	2746	1	31.3
1999	39 拉脱维亚	0.5	51	3049	0.8	31.6
2000	39 拉脱维亚	0.6	56	3301	0.7	28.1
2001	39 拉脱维亚	0.6	63	3530	0.6	26.3
2002	39 拉脱维亚	0.7	67	3983	0.7	27.7
2003	39 拉脱维亚	0.7	71	4811	0.6	27.2
2004	39 拉脱维亚	—	75	5950	0.6	27.8
2005	39 拉脱维亚	0.5	75	6973	—	29
2006	39 拉脱维亚	0.5	74	8713	0.8	29
2007	39 拉脱维亚	0.5	71	12638	0.9	26.2
2008	39 拉脱维亚	0.5	68	14858	0.9	29.5
2009	39 拉脱维亚	—	66	11476	0.7	35.2
2010	39 拉脱维亚	—	69	11326	m	55.5
2011	39 拉脱维亚	m	68	13703	1	47.5
2012	39 拉脱维亚	0.3	67	13823	1	44.2
2013	39 拉脱维亚	0.4	69	15032	1	43.7
2014	39 拉脱维亚	0.3	71	15716	1.1	44.5
2015	39 拉脱维亚	0.3	74	13640	1.1	43.9
1998	40 立陶宛	—	39	3171	—	—
1999	40 立陶宛	—	44	3113	—	—
2000	40 立陶宛	—	51	3267	—	26.9
2001	40 立陶宛	—	57	3493	1.2	26.4
2002	40 立陶宛	—	61	4083	1.2	28.4
2003	40 立陶宛	0.4	68	5387	0.8	27.5
2004	40 立陶宛	0.5	73	6564	0.9	28.5

续表

年份	国家	高等教育社会投入占GDP比重（%）	高等教育毛入学率（%）	人均GDP（现价美元）	高等教育财政投入占GDP比重（%）	国家财政支出占GDP比重（%）
2005	40 立陶宛	0.5	76	7604	0.9	28.1
2006	40 立陶宛	0.4	76	8865	0.8	28.4
2007	40 立陶宛	0.4	75	11584	0.9	28.9
2008	40 立陶宛	0.4	76	14071	0.9	31.6
2009	40 立陶宛	0.5	77	11034	1	39.2
2010	40 立陶宛	—	87	11985	m	39.5
2011	40 立陶宛	—	84	14358	m	39.5
2012	40 立陶宛	—	80	14341	m	33.9
2013	40 立陶宛	0.4	74	15694	1.3	33.1
2014	40 立陶宛	0.4	70	16545	1.3	32.6
2015	40 立陶宛	0.4	70	14289	0.8	32.6
1998	41 斯洛文尼亚	—	45	10974	—	21.8
1999	41 斯洛文尼亚	—	52	11250	—	21.2
2000	41 斯洛文尼亚	—	55	10045	—	23
2001	41 斯洛文尼亚	0.3	61	10290	0.9	23.8
2002	41 斯洛文尼亚	0.3	67	11600	0.9	39
2003	41 斯洛文尼亚	0.3	69	14607	1	39.3
2004	41 斯洛文尼亚	0.3	73	16944	1	39.2
2005	41 斯洛文尼亚	—	80	17855	1	39.7
2006	41 斯洛文尼亚	0.3	83	19406	0.9	38.6
2007	41 斯洛文尼亚	0.3	85	23441	0.9	35.7
2008	41 斯洛文尼亚	0.2	86	27015	0.9	32.4
2009	41 斯洛文尼亚	0.2	87	24051	1.1	37.8
2010	41 斯洛文尼亚	0.2	89	23437	1.1	42.5
2011	41 斯洛文尼亚	0.2	86	24985	1.1	44.0
2012	41 斯洛文尼亚	0	87	22532	1.2	42.5
2013	41 斯洛文尼亚	0.1	85	23358	1	53.0
2014	41 斯洛文尼亚	0.1	82	24202	1	43.6
2015	41 斯洛文尼亚	0.1	80	20873	0.8	42.1
1998	42 巴拉圭	—	—	1545	—	15

续表

年份	国家	高等教育社会投入占GDP比重（%）	高等教育毛入学率（%）	人均GDP（现价美元）	高等教育财政投入占GDP比重（%）	国家财政支出占GDP比重（%）
1999	42 巴拉圭	—	13	1393	0.8	17.5
2000	42 巴拉圭	0.5	16	1323	0.9	17.5
2001	42 巴拉圭	0.6	18	1182	0.9	17.1
2002	42 巴拉圭	1	26	907	0.8	17.1
2003	42 巴拉圭	0.8	24	978	0.8	14.6
2004	42 巴拉圭	0.6	25	1201	0.6	13.7
2005	42 巴拉圭	—	25	1267	—	15.5
2006	42 巴拉圭	—	—	1544	—	15.6
2007	42 巴拉圭	0.6	29	1997	0.8	14.6
2008	42 巴拉圭	—	34	2710	—	13.6
2009	42 巴拉圭	—	37	2254	—	17
2010	42 巴拉圭	—	35	4382.69	—	11.8
2011	42 巴拉圭	—	—	5356.957	—	13.1
2012	42 巴拉圭	—	—	5217.446	—	15.7
2013	42 巴拉圭	—	—	5967.657	—	14.5
2014	42 巴拉圭	—	—	6146.664	—	14.7
2015	42 巴拉圭	—	—	5447.119	—	16.2
1998	43 塞浦路斯	—	—	14069	—	61
1999	43 塞浦路斯	—	21	14237	—	61.9
2000	43 塞浦路斯	1.8	20	13422	0.4	61.7
2001	43 塞浦路斯	0.2	22	13797	0.6	63.7
2002	43 塞浦路斯	0.3	25	14862	0.7	66.7
2003	43 塞浦路斯	0.9	32	18429	0.7	73.8
2004	43 塞浦路斯	0.7	36	21381	0.6	70
2005	43 塞浦路斯	0.7	33	22431	0.7	72.3
2006	43 塞浦路斯	0.7	33	23864	0.7	71.5
2007	43 塞浦路斯	0.7	36	27860	0.7	67.8
2008	43 塞浦路斯	0.8	43	31928	0.9	69.3
2009	43 塞浦路斯	0.9	52	29428	0.9	42.8
2010	43 塞浦路斯	—	48	30818	—	38.5

续表

年份	国家	高等教育社会投入占GDP比重（%）	高等教育毛入学率（%）	人均GDP（现价美元）	高等教育财政投入占GDP比重（%）	国家财政支出占GDP比重（%）
2011	43 塞浦路斯	—	47	32234	—	39.5
2012	43 塞浦路斯	—	46	28985	—	40.0
2013	43 塞浦路斯	—	48	27942	—	41.3
2014	43 塞浦路斯	—	53	27401	—	47.1
2015	43 塞浦路斯	—	60	23212	—	38.8

注："—"表示数没有相关统计，"m"表示未能获得该项数据。

参考文献

一、中文文献

(一) 中文著作

[1] 别敦荣. 中美大学学术管理 [M]. 武汉：华中理工大学出版社，2000.

[2] 蔡克勇，范文曜，马陆亭. 转轨时期高等教育投入制度研究 [M]. 北京：高等教育出版社，2006.

[3] 蔡克勇. 21世纪中国教育的走向 [M]. 广州：广东高等教育出版社，2004.

[4] 陈列. 市场经济与高等教育——一个世界性的课题 [M]. 北京：人民教育出版社，1999.

[5] 褚宏启. 教育政策学北京师范大学出版集团 [M]. 北京：北京师范大学出版社，2011.

[6] 曹淑江. 教育制度和教育组织的经济学分析 [M]. 北京：北京师范大学出版社，2004.

[7] 陈学飞. 美国、德国、法国、日本当代高等教育思想研究 [M]. 上海：上海教育出版社，1998.

[8] 陈宇，王忠厚，陈健，吴珠华. 人力资源经济活动分析 [M]. 北京：中国劳动出版社，1991.

[9] 陈晓宇. 中国教育财政政策研究 [M]. 北京：北京大学出版社，2012.

[10] 丁钢. 创新：新世纪的教育使命 [M]. 北京：教育科学出版社，2000.

[11] 丁任重. 转型与发展中国市场经济进程分析 [M]. 北京：中国经济出版社，2004.

［12］傅东主编．中国财政年鉴（2009）［M］．北京：中国财政杂志社，2009．

［13］傅东主编．中国财政年鉴（2010）［M］．北京：中国财政杂志社，2010．

［14］范文曜，闫国华．高等教育发展的财政政策［M］．北京：教育科学出版社，2005．

［15］范先佐．教育经济学［M］．北京：人民教育出版社，1999．

［16］范先佐．筹资兴教：教育投资体制改革的理论与实践问题研究［M］．武汉：华中师范大学出版社，1999．

［17］风笑天．社会学研究方法［M］．北京：中国人民大学出版社，2005．

［18］冯之浚，史扬．西部地区人力资源开发研究［M］．杭州：浙江教育出版社，2002．

［19］高培勇，崔军．公共部门经济学（第3版）［M］．北京：中国人民大学出版社，2011．

［20］顾宝炎．美国大学管理［M］．武汉：武汉大学出版社，1988．

［21］郭海，丁小浩，闵维方．大学内部财政分化［M］．北京：北京大学出版社，2007．

［22］顾明远．法国教育［M］．长春：吉林教育出版社，2000．

［23］国家教育发展研究中心．2005年中国教育绿皮书：中国教育政策年度分析报告［M］．北京：教育科学出版社，2005．

［24］胡赤弟．教育产权与现代大学制度构建［M］．广州：广东高等教育出版社，2008．

［25］黄福涛．外国高等教育史［M］．上海：上海教育出版社，2003．

［26］黄芳铭．结构方程模式理论与应用［M］．北京：中国税务出版社，2005．

［27］贺国庆，王保星，朱文富．外国高等教育史［M］．北京：人民教育出版社，2003．

［28］季明明．中国高等教育改革与发展［M］．北京：高等教育出版社，2010．

［29］靳希斌．教育经济学［M］．北京：人民教育出版社，2001．

［30］靳希斌．人力资本学说与教育经济学新进展［M］．北京：教育科学出

版社，2010.

[31] 康翠萍．一种分析范式：中国高等教育政策研究［M］．北京：人民出版社，2010.

[32] 康小明，闵维方，丁小浩．人力资本、社会资本与职业发展成就［M］．北京：北京大学出版社，2009.

[33] 李定开，谭佛佑．中国教育史［M］．成都：四川民族出版社，1990.

[34] 李锋亮，闵维方，丁小浩．教育的信息功能与筛选功能［M］．北京：北京大学出版社，2008.

[35] 刘向兵，李立国．大学战略管理导论［M］．北京：中国人民大学出版社，2006.

[36] 李勇著，王善迈主编．高等学校成本结构的国际比较［M］．北京：北京师范大学出版社，2009.

[37] 教育部财务司，国家统计局社会和科技统计司编．中国教育经费统计年鉴（2000—2010）［M］．北京：中国统计出版社，1999—2011.

[38] 李宝元．人力资本与经济发展［M］．北京：北京师范大学出版社，2000.

[39] 刘丽平．简明中外教育制度史［M］．兰州：甘肃人民出版社，2010.

[40] 刘建发．教育财政投入的法制保障研究［M］．经济管理出版社，2005.

[41] 厉以宁．教育的社会经济效益［M］．贵州：贵州人民出版社，1995.

[42] 林荣日．教育经济学［M］．上海：复旦大学出版社，2001.

[43] 林正范．中韩教育比较［M］．杭州：浙江教育出版社，1998.

[44] 马陆亭，徐孝民．国际教育投入与学生资助［M］．北京：高等教育出版社，2007.

[45] 马陆亭．科学技术促进中的高等学校架构［M］．广州：广东高等教育出版社，2006.

[46] 闵维方，文东茅等．学术的力量：教育研究与政策制定［M］．北京：北京大学出社，2010.

[47] 闵维方．探索教育变革：经济学和管理政策的视角［M］．北京：教育科学出版社，2005.

[48] 马晓强，闵维方，丁小浩．教育投资收益·风险分析［M］．北京：北京大学出版社，2008．

[49] 宁本涛，杜成宪，范国睿．教育财政政策［M］．上海：上海教育出版社，2010．

[50] 裴娣娜．教育研究方法导论［M］．合肥：安徽教育出版社，1995．

[51] 睢国余，麻勇爱．中国教育经费合理配置研究［M］．北京：北京大学出版社，2009．

[52] 沈红．美国研究型大学的形成与发展［M］．武汉：华中理工大学出版社，2000．

[53] 孙启林．战后韩国教育研究［M］．南昌：江西教育出版社，1995．

[54] 滕大春．美国教育史［M］．北京：人民教育出版社，1994．

[55] 史万兵．高等教育经济学［M］．北京：科学出版社，2004．

[56] 武毅英．高等教育经济学导论［M］．广州：广东高等教育出版社，2008．

[57] 王承绪等．战后英国教育研究［M］．南昌：江西教育出版社，1992．

[58] 王培根．高等教育经济学［M］．北京：经济管理出版社，2004．

[59] 王善迈．2000年中国教育发展报：教育体制的变革与创新［M］．北京：北京师学出版社，2000．

[60] 王善迈．教育的投入与产出研究［M］．石家庄：河北教育出版社，1996．

[61] 王善迈主编．教育经济学简明教程［M］．北京：高等教育出版社，2000．

[62] 王善迈．公共财政框架下公共教育财政制度研究［M］．北京：经济科学出版社，2012．

[63] 王蓉，魏建国．中国教育财政咨询报告（2005—2010）［M］．北京：教育科学出版社，2011．

[64] 王天一等．外国教育史［M］．北京：北京师范大学出版社，2002．

[65] 孙培青．中国教育史［M］．上海：华东师范大学出版社，2000．

[66] 孙霄兵，孟庆瑜．教育的公正与利益：中外教育经济政策研究［M］．

上海：华东师范大学出版社，2005.

[67] 涂端午．高等教育政策生产［M］．北京：北京大学出版社，2012.

[68] 吴遵民．教育政策国际比较［M］．上海：上海教育出版社，2009.

[69] 吴式颖．外国现代教育史［M］．北京：人民教育出版社，1996.

[70] 徐辉等．英国教育史［M］．长春：吉林人民出版社，1993.

[71] 萧鸣政．中国政府人力资源开发概论［M］．北京：北京大学出版社，2004.

[72] 续润华．美国社区学院发展研究［M］．北京：中国档案出版社，2000.

[73] 肖俊杰．民办高等教育财政研究［M］．上海：上海交通大学出版社，2009.

[74] 肖新生．走进加拿大高等教育［M］．郑州：河南大学出版社，2007.

[75] 杨继经．济增长中的公共支出：中国1978—2010［M］．上海：上海远东出版社，2011.

[76] 杨秀芹．教育资源利用效率与教育制度安排——一种新制度经济学分析的视角［M］．武汉：华中师范大学出版社，2009.

[77] 杨晓波．美国公立高等教育机制研究［M］．太原：山西教育出版社，2008.

[78] 杨宜勇．劳动就业体制改革攻坚［M］．北京：中国水利水电出版社，2005.

[79] 中国法制出版社编．教育收费与升学政策法规宝典［M］．北京：中国法制出版社，2008.

[80] 中国教育与人力资源问题报告课题组．从人口大国走向人力资源强国［M］．北京：高等教育出版社，2003.

[81] 中科院可持续发展研究组．2001中国可持续发展战略报告［M］．北京：科学出版，2001.

[82] 中国大百科全书出版社．简明不列颠百科全书［M］．北京：中国大百科全书出版社，1985.

［83］中国财政年鉴编辑委员会编．中国财政年鉴（1999—2003）［M］．北京：中国财政杂志社，1999—2003．

［84］中国财政年杂志社编．中国财政年鉴（2004—2007）［M］．北京：中国财政杂志社，2003—2008．

［85］中华人民共和国国家统计局编．中国统计年鉴（1999—2011）［M］．北京：中国统计出版社，1999—2012．

［86］中国社会科学院语言研究所词典编辑室编．现代汉语词典［M］．北京：商务印书馆，2005．

［87］张民选．理想与决择：大学生资助政策的国际比较［M］．北京．人民教育出版社，1998．

［88］中科院可持续发展研究组．2000中国可持续发展战略报告［M］．北京：科学出版社，2000．

［89］曾满超，丁小浩．效率、公平与充足：中国义务教育财政政策［M］．北京：北京大学出版社，2010．

［90］张德．人力资源开发与管理［M］．北京：清华大学出版社，2002．

［91］张五常．佃农理论［M］．北京：中信出版社，2010．

［92］张五常．吾意独怜才：五常谈教育［M］．北京：中信出版社，2010．

［93］朱小蔓．教育的问题与挑战［M］．南京：南京师范大学出版社，2000．

［94］赵秋成．人力资源开发研究［M］．长春：东北财经大学出版社，2001．

［95］赵曙明．人力资源管理研究［M］．北京：中国人民大学出版社，2001．

［96］周游．公共经济学概论［M］．武汉出版社，2002．

［97］赵中建．高等学校的学生贷款——国际比较研究［M］．成都：四川教育出版社，1996．

［98］赵中建．教育的使命——面向二十一世纪的教育宣言和行动纲领［M］．北京：教育科学出版社，1996．

（二）译著

［1］［美］阿特巴赫．比较高等教育［M］．北京：文化教育出版社，1985．

［2］［英］奥尔德里奇著，诸惠芳，李洪绪，尹斌苗译．简明英国教育史

[M]．北京：人民教育出版社，1986．

[3]［美］艾尔·巴比著，邱泽奇译．社会研究方法基础［M］．北京：华夏出版社，2002．

[4] 安瓦·沙著，任敏，张宇译．公共支出分析［M］．北京：清华大学出版社，2009．

[5] 埃兹科维茨著．王孙禺译．世界一流大学研究：麻省理工学院和创业科学的兴起［M］．北京：清华大学出版社，2007．

[6]［美］伯顿·克拉克．高等教育新论［M］．杭州：浙江教育出版社，1988．

[7] 布里姆莱，贾弗尔德著．窦卫霖译．教育财政学：因应变革时代［M］．北京：中国人民大学出版社，2007．

[8] 鲍德威，威迪逊著，邓力平译．公共部门经济学（第2版）［M］．北京：中国人民大学出版社，2000．

[9] B.R.米特切若著．北村甫译．世界历史统计（Ⅱ）——日本、亚洲、非洲（日文版）［M］．原书房，1984．

[10]［美］D.B.约翰斯通著．沈红，李红桃译．高等教育财政：问题与出路［M］．北京：人民教育出版社，2004．

[11] 大卫·科伯著，晓征译．高等教育市场化的底线［M］．北京：北京大学出版社，2008．

[12]［日］大学审议会．21世纪的大学与今后的改革方案［M］．1998．

[13] E.科恩．教育经济学［M］．上海：华东师范大学出版社，1989．

[14]［美］弗雷德里克·哈毕森，查尔斯·A.梅耶斯著，段毅才译，吴富恒校．教育、人力与经济发展［M］．济南：山东人民出版社，1991．

[15]［加］格兰·琼斯主编．林荣日译．加拿大高等教育——不同体系与不同视角（扩展版）［M］．福州：福建大学出版社，2007．

[16] 理查德·A.金（Richard A. King），奥斯汀·D.斯旺森（Austin D. Swanson），斯科特·R.斯威特兰（Scott R. Sweetland）著，曹淑江，孙静，张晶等译．教育财政：效率、公平与绩效（School Finance Achieving High Standards

With Equity And Efficiency（3rd Edition））　　［M］．北京：中国人民大学出版社，2010．

［17］雷·马歇尔，马克·塔克著，顾建新，赵友华译．教育与国家财富：思考生存［M］．北京：教育科学出版社，2003．

［18］罗伯特·M.洛森茨维格，芭芭拉·特林顿著，张斌贤，张弛译，研究型大学及其赞助者［M］．石家庄：河北大学出版社，2008．

［19］加里·S. 贝克尔．人力资本——特别是关于教育的理论与经济分析［M］．北京：北京大学出版社，1987．

［20］加里.S. 贝克尔．人类行为的经济分析［M］．上海：上海人民出版社，1995．

［21］［美］克拉克·科尔著，陈学飞译．大学的功用［M］．南昌：江西教育出版，1993．

［22］克里夫·R. 贝尔菲尔德著，曹淑江译．教育经济学：理论与实践［M］．北京：中国人民大学出版社，2007．

［23］［英］迈克尔·夏托克著，王义端译．高等教育的结构与管理［M］．上海：华东师范大版社，1987．

［24］萨缪尔森．经济学［M］．北京：北京经济学院出版社，1996．

［25］米切尔·B. 鲍尔森著，孙志军译．高等教育财政：理论、研究、政策与实践［M］．北京：北京师范大学出版社，2008．

［26］［美］乔治·斯蒂格勒著，何宝玉译．知识分子与市场［M］．北京：首都经济贸易大学出版社，2001．

［27］［日］矢野真和著，张晓鹏译．高等教育的经济分析与政策［M］．北京：北京大学出版社，2006．

［28］［英］托尼·布什．当代西方教育管理模式［M］．南京：南京师范大学出版社，1998．

［29］［美］唐纳德·肯尼迪著，阎凤桥等译．学术责任［M］．北京：新华出版社，2002．

［30］经济合作与发展组织编，清华大学教育研究所译．教育政策分析

（2004）[M]．北京：教育科学出版社，2007．

[31] 经济合作与发展组织教育研究与创新中心编著，窦现金译．论教育的社会效益 [M]．北京：高等教育出版社，2009．

[32] 经济合作与发展组织编，清华大学教育研究所译．教育政策分析：聚焦高等教育（2005—2006）[M]．北京：教育科学出版社，2008．

[33] [日] 金子元久著，刘文君译．高等教育的社会经济学 [M]．北京：北京大学出版社，2007．

[34] [美] 舒尔茨著．蒋斌，张衡译．人力资本投资——教育和研究的作用 [M]．北京：商务印书馆，1990．

[35] [澳] W.F. 康内尔．二十世纪教育史 [M]．北京：人民教育出版社，1990．

[36] 西奥多·W. 舒尔茨．论人力资本投资 [M]．北京：北京经济学院出版社，1990．

[37] [加] 约翰·范德格拉夫．学术权力——七国高等教育管理体制比较 [M]．杭州：浙江教育出版社，2001．

[38] [美] 约翰·S. 布鲁贝克．高等教育哲学 [M]．王承绪等译．杭州：浙江教育出版，1987．

[39] [英] 亚当·斯密著，郭大力，王亚南译．国民财富的性质和原因的研究（上卷）[M]．北京：商务印书馆，1988．

[40] 约瑟夫·E. 斯蒂格利茨．公共部门经济学（第3版）[M]．北京：中国人民大学出版社，2005．

（二）博士学位论文

[1] 梁淑红．利益的博弈：英国高等教育大众化政策的制定过程研究 [D]．华中师范大学，2008．

[2] 罗晓华．高等教育财政投资政策研究 [D]．厦门大学，2007．

[3] 罗晓静．OECD教育公平政策探析——兼论对中国教育的影响 [D]．华东师范大学，2009．

[4] 魏真．我国公共教育财政政策评估研究 [D]．北京师范大学，2008．

[5] 余芳东.中国与OECD国家购买力平价和经济实力的比较研究[D].北京航空航天大学,2004.

[6] 叶欣茹.中国高等教育社会投入需求预测[D].华中科技大学,2005.

[7] 朱沙.政府保障高等教育公平的财政政策研究[D].西南财经大学,2010.

[8] 张玉.战后美国联邦高等教育弱势扶助政策发展研究[D].西南大学,2007.

(四)期刊文章

[1] 崔世泉,彭立强,史纪明.中国地方普通高等学校学杂费地区差异研究[J].中国高教研究,2011(1).

[2] 第十战略专题调研组.教育发展保障条件与机制研究[J].教育研究,2010(7).

[3] 杜育红.教育投入对学生发展的影响——对西发项目影响力评价研究设计的反思[J].教育学报,2010(6).

[4] 范文曜.现代大学制度香港案例研究[J].中国高等教育,2004(12).

[5] 范文曜.国际高等教育日趋明显的评估对拨款的影响[J].中国高等教育,2003(8).

[6] 范文曜.刻不容缓:确保高等教育可持续发展的未来(下)——"高等学校财务管理与治理"项目成果报告(2004)[J].辽宁教育研究,2005(10).

[7] 范文曜.更新发展理念 构建中国特色高等教育思想体系[J].中国高教研究,2010(12).

[8] 范文曜.高等教育治理的社会参与[J].复旦教育论坛,2010(4).

[9] 范先佐.我国学生资助制度的回顾与反思[J].华中师范大学学报(人文社会科学版),2010(6).

[10] 房国忠.我国人力资源问题探析[J].东北师范大学学报(哲学社会科学版),2002(3).

[11] 冯晓玲.日本高等教育发展模式对我国建设高等教育强国的启示[J].教育学术月刊,2010(4).

[12] 盖伦特·琼斯. 教育与经济增长 [J]. 教育与经济, 2006 (4).

[13] Geraint Johnes. 高等教育定价：2004年英格兰高等教育法案对大学的政策意义 [J]. 教育与经济, 2005 (2).

[14] 郭丛斌, 丁小浩. 中国劳动力市场分割中的行业代际效应及教育的作用 [J]. 教育研究, 2005 (1).

[15] 郭丛斌. 教育：创设合理的代际流动机制——结构方程模型在教育与代际流动关系研究中的应用 [J]. 教育研究, 2009 (10).

[16] 胡鞍钢, 王磊. 全社会教育总投入：教育发展的核心指标 [J]. 清华大学教育研究, 2010 (6).

[17] 胡瑞文, 王红. 2020年我国教育经费投入强度需求预测及实施方案构想 [J]. 教育发展研究, 2010 (1).

[18] 韩民.《民办教育促进法》颁布实施的意义及其政策课题 [J]. 教育研究, 2004 (4).

[19] 侯龙龙. 中国高等教育中的范围经济 [J]. 高等教育研究, 2005 (6).

[20] 江小惠."十一五"高等教育投入保障机制及相关问题策略研究 [J]. 中国高教研究, 2006 (10).

[21] 靳希斌. 自学考试制度与终身教育体系和学习型社会构建 [J]. 教育研究, 2010 (6).

[22] 靳希斌. 我国高等教育自学考试个人效益实证分析 [J]. 教育研究, 2007 (5).

[23] 靳希斌. 人力资本理论研究扩展与实践应用 [J]. 北京师范大学学报(社会科学版), 2006 (4).

[24] 靳希斌. 利用外资发展西部基础教育 [J]. 教育发展研究, 2006 (5).

[25] 靳希斌. 继续教育的经济效益与市场机制——兼论教育创新 [J]. 中国教育学刊, 2004 (11).

[26] 靳希斌. 区域大学发展的有益探索——评《区域大学的使命》[J]. 教育研究, 2004 (7).

[27] 靳希斌. 关于我国教育股份制的思考 [J]. 教育与经济, 2004 (2).

［28］靳希斌.国际教育服务贸易研究——规则解读与我国的承诺［J］.北京师范大学学报（社会科学版），2004（1）.

［29］靳希斌.论教育服务及其价值［J］.教育研究，2003（1）.

［30］康宁.中国经济转型中高等教育资源配置的制度创新［J］.高等教育研究，2005（6）.

［31］梁昌新.我国高等教育多元投入体系研究［J］.宏观经济管理，2007（11）.

［32］刘承波.优化多元投入政策 促进高等教育发展［J］.大学教育科学，2005（3）.

［33］刘承波.希腊高等教育：政府举办与学校自治［J］.比较教育研究，2007（4）.

［34］刘承波.变革中的西班牙大学制度［J］.中国高等教育，2007（Z1）.

［35］刘华东.教育投资：促进人力资本发展的核心［J］.高等教育研究，2002（9）.

［36］李文利.高等教育私人支出、家庭贡献与资助需求分析［J］.教育与经济，2006（1）.

［37］厉以宁.关于教育产品的性质和教育的经营［J］.教育发展研究，1999（10）.

［38］李元春.对中国城市教育收益率的实证分析［J］.教育与经济，2003（4）.

［39］李文利.20世纪中国高等教育经济学研究的发展及重要成果［J］.清华大学教育研究，2004（2）.

［40］李勇.美国研究型大学经费来源与支出结构的特征分析与启示［J］.中国高教研究，2004（3）.

［41］卢晓东.研究生学费定价与资助政策研究［J］.高等教育研究，2003（9）.

［42］马陆亭.高等教育学费和学生资助政策［J］.高等教育管理，2007（3）.

［43］马陆亭，李晓红，刘伯权.德国高等教育的制度特点［J］.教育研究，

2002（10）.

［44］马陆亭. 现代大学制度的创新方向［J］. 国家教育行政学院学报, 2004（4）.

［45］马陆亭. 发展独立学院的现实基础及政策探析［J］. 中国高等教育, 2005（8）.

［46］米红. 未来十年我国高等教育经费投入状况的理论分析与实证研究［J］. 教育与经济, 2005（1）.

［47］欧阳晓慧, 翁晶晶, 刘泽羲. 比较与借鉴: 印俄的信息产业与人力资源开发［J］. 中国青年政治学院学报, 2000（4）.

［48］潘懋元. 对《教育规划纲要》的理解与研究——兼谈高等教育研究者的社会责任［J］. 国家教育行政学院学报, 2010（8）.

［49］潘懋元. 对接资本市场——在民办高等教育与资本市场高级论坛上的发言［J］. 教育发展研究, 2004（3）.

［50］潘懋元. 关于《民办教育促进法》及其实施［J］. 高教探索, 2003（3）.

［51］孙志军, 杜育红. 农村居民的教育水平及其对收入的影响［J］. 教育学, 2004（8）.

［52］孙志军. 论现代高等教育财政拨款制度［J］. 教育研究, 2009（6）.

［53］申晓梅. 论教育与贫困的负相关性［J］. 社会科学研究, 2002（4）.

［54］宋华明. 高校教育资源优化与办学经济效益［J］. 教育与经济, 2005（3）.

［55］汪丁丁. 探索面向21世纪的教育哲学与教育经济学［J］. 高等教育研究, 2001（1）.

［56］王雪峰. 论高等教育的项目融资［J］. 南京农业大学学报（社会科学版）, 2002（2）.

［57］王丽. 义务教育中择校寻租主体的行为分析［J］. 教育科学, 2005（6）.

［58］王善迈. 中国高等教育经费在学校内部的分配［J］. 教育与经济, 2005（3）.

［59］王善迈. 加强教育经济学学科建设［J］. 教育与经济, 2004（3）.

[60] 王善迈．我国公共教育财政体制改革的进展、问题及对策［J］．北京师范大学学报（社会科学版），2003（6）．

[61] 王善迈．关于教育经济学对象与方法的思考［J］．北京师范大学学报（社会科学版），2006（1）．

[62] 王蓉．努力构筑我国公共教育财政体制［J］．教育发展研究，2003（Z1）．

[63] 王宁．认识与理解教育政策的三个哲学向度［J］．江苏高教，2010（6）．

[64] 王蕊．教育与培训在人力资源开发中作用的调查与分析——中国教育与培训问卷调查报告［J］．高教探索，2002（3）．

[65] 邬大光．高等教育强国的内涵、本质与基本特征［J］．中国高教研究，2010（1）．

[66] 邬大光．大学分化的复杂性及其价值［J］．教育研究，2010（12）．

[67] 邬大光．民办高等教育与资本市场的联姻——国际经验与我国的道路选择［J］．教育研究，2003（12）．

[68] 邬大光．民办高等教育介入资本市场的思考［J］．中国高等教育，2003（24）．

[69] 武毅英．美国高等教育由大变强的特征及启示［J］．现代教育管理，2011（3）．

[70] 武毅英．论我国建设高教强国的客观性与必然性——基于高等教育自身发展的视角［J］．江苏高教，2010（4）．

[71] 武长河．论当前我国高等教育投入研究的缺陷［J］．高等教育研究，2006（10）．

[72] 武毅英．催生知识经济是高等教育新的历史使命［J］．现代大学教育，2007（5）．

[73] 武毅英．高等教育介入资本市场的可行性［J］．教育发展研究，2004（3）．

[74] 徐志勇．当前中国教育政策问题的媒介话语空间［J］．教育研究，2007（10）．

[75] 杨娟，丁建福，王善迈. 美、日两国政府教育财政职责对我国的借鉴 [J]. 比较教育研究，2010（1）.

[76] 杨娟. 美、日两国政府教育财政职责对我国的借鉴 [J]. 比较教育研究，2010（1）.

[77] 杨晓波. 试析美国公立高等教育的政府财政政策 [J]. 外国教育研究，2006（11）.

[78] 姚益龙. 有关教育与经济增长理论的文献综述 [J]. 学术研究，2004（3）.

[79] 岳昌君. 我国公共教育经费的供给与需求预测 [J]. 北京大学教育评论，2008（2）.

[80] 岳昌君. 高等教育人口比重的国际比较 [J]. 比较教育研究，2004（2）.

[81] 岳昌君. 期待财政性教育经费占GDP百分之四目标的实现 [J]. 西部论丛，2010（8）.

[82] 岳昌君. 经济与高等教育发展的关系——基于6项指标的比较分析 [J]. 教育发展研究，2010（17）.

[83] 岳昌君. 中国高等教育财政投入的国际比较研究 [J]. 比较教育研究，2010（1）.

[84] 叶战备. 北京大学和世界一流大学经费比较 [J]. 清华大学教育研究，2000（3）.

[85] 余玉娴，徐旭晖. 中美教育投资与人力资源开发比较研究及启示 [J]. 现代教育丛论，2004（3）.

[86] 袁连生. 高等学校学生培养成本计量的案例研究 [J]. 教育研究，2005（6）.

[87] 张力. 政府在教育发展中的责任 [J]. 中国党政干部论坛，2005（7）.

[88] 张力. 与现代学校制度相关联政策的再度思考 [J]. 人民教育，2005（1）.

[89] 张力. 中国高等教育发展的若干政策问题 [J]. 中国高教研究，2006（2）.

[90] 张力. 提高教育现代化水平的重要政策涵义 [J]. 中国高等教育, 2007 (23).

[91] 张力. 中国教育发展与规划的政策要点 [J]. 教育发展研究, 2010 (Z1).

[92] 张力. 认清高等教育改革发展的新阶段新指向 [J]. 中国高等教育, 2010 (17).

[93] 张力. 建设和完善现代教育制度的考量 [J]. 人民论坛, 2010 (20).

[94] 张力. 我国教育事业发展展望 [J]. 教育与职业, 2010 (4).

[95] 张小萍. 比较视野下的高等教育财政投入问题研究 [J]. 黑龙江高教研究, 2009 (7).

[96] 张万朋. 财政性教育投入与高等教育经费需求匹配特征分析 [J]. 复旦教育论坛, 2009 (4).

[97] 张成君. 再论我国人力资源的现存矛盾与解决对策 [J]. 商业研究, 2002 (2).

[98] 谌晓芹,沈红. 研究生教育收费的经济学意义及有关建议 [J]. 黑龙江高教研究, 2002 (1).

[99] 张振助. 教育和人力资源是立国之本——美、日、韩追赶先进国家的历史经验 [J]. 教育发展研究, 2003 (2).

[100] 张民选,李荣安. 教育机会均等与大学生资助政策变迁及新的挑战 [J]. 上海研究, 1997 (1).

[101] 张贞齐,孙林岩. 高等教育与人力资本开发研究 [J]. 中国软科学, 2002 (12).

[102] 钟宇平. 人力资本理论基本假设的检验:对中国大学生的个案分析 [J]. 劳济与劳动关系, 2002 (3).

[103] 赵丹龄. 高校薪酬制度改革若干问题的探析 [J]. 中国高等教育, 2006 (22).

[104] 赵秋雁. 论教育领域反腐倡廉长效机制的构建 [J]. 教育发展研究, 2006 (19).

[105] 郑晓齐. 浅析高等教育中择优性与机会公平的矛盾 [J]. 北京航空航天大学学报（社会科学版），2010（3）.

[106] 宗晓华. 地方高等教育财政投入及其影响因素 [J]. 高等教育研究，2010（11）.

二、外文文献

（一）著作和期刊文章

[1] Abedi, J. & Benkin, E. The effects of students' academic, financial, and demographic variables on time to the doctorate [J]. Research in Higher Education, 1987, 27, (1).

[2] American Council on Education. Federal student loan debt: 1993 – 2004 [J]. Retrieved January, 2007 (8).

[3] BEKHRADNIA B. Hot topics in higher education: the Research Assessment Exercise, and 'Metrics' [R]. University of Oxford, 2006 (7).

[4] Bernd W..achter &. Irina Ferencz. Student Mobility in Europe: Recent Trends and Implications of Data Collection. European Higher Education at the Crossroads between the Bologna Process and National Reforms [M]. Adrian Curaj, Peter Scott, Lazăr Vlasceanu and Lesley Wilson (ed.). Springer, 2012.

[5] "Challenges of Financial Austerity: Imperatives and Limitations of Revenue Diversification in Higher Education" [J]. TheWelsh Journal of Education [Special International Issue] Vol. 11, 2002 (1).

[6] DAAD. Annual Reprort 2009 [R]. Bonn: Deutscher Akad – emischer Austaushdienst. 2009 (41).

[7] D. Bruce Johnstone, "Cost – Sharing in Higher Education: Tuition, Financial Assistance, and Accessibility" [J]. Czech Sociological Review, Vol. 39, No. 3, June 2003.

[8] D. Bruce Johnstone. The Cost of Higher Education: World wide Issue and Trends for 1990's [M]. New York: Garland Press. 1993.

[9] D. Bruce Johnstone, Philip G. Altbach. and Patricia J. Gumport, eds.,

The Enduring Legacy: In Defense of the American Public University. Baltimore [M]. The Johns Hopkins University Press, 2001.

[10] EDWARDSA. Funding University Research in England [R]. University of Oxford, 2006-07-10.

[11] Garavan, T. N., Morley, M., Gunnigle, P., & McGuire, D. Human resource development and workplace learning: Emerging theoretical perspectives and organisational practices [J]. Journal of European Industrial Training, 2002, 26, (2-4).

[12] Dongbin Kim, Cindy Otts. The Effect of Loans on Time to Doctorate Degree: Differences by Race/Ethnicity, Field of Study, and Institutional Characteristics [J]. The Journal of Higher Education, Vol. 81, No. 1 (January/February 2010) Copyright 2010 by The Ohio State University.

[13] ETER K. EISINEER, The rise of the entrepreneurial state [M]. University of Wisconsin Press; Reprint edition, 1989.2.28.

[14] Erik C. Ness. The Politics of Determining Merit Aid Eligibility Criteria: An Analysis of the Policy Process [J]. The Journal of Higher Education, Vol. 81, No. 1 (January/February 2010) Copyright 2010 by The Ohio State University.

[15] Azim Essaji. Sue Horton. Silent escalation: salaries of senior university administrators in Ontario, 1996-2006 [J]. Higher Education (2010) 59: 303-322, DOI 10.1007/s10734-009-9249-2.

[16] Berry, F. S., & Berry, W. D. Innovation and diffusion models in policy research. In P. Sabatier (Ed.): Theories of the policy process (2007) [M]. Boulder, CO: Westview. Press. 2007, 2.

[17] Edward P. St. John, Michael B. Paulsen, Deborah Faye Carter. Diversity, college costs, and postsecondary opportunity: an examination of the financial nexus between college choice and persistence for African Americans [J]. Journal of Higher Education, September 1, 2005, Vol. 76 Iss. 5 P. 545 (25).

[18] Eeseignement Superieur loi d'Orientation et Textesd' Application [J]. Journal Official de la Republique Fran Caise, 1979: 2.

[19] Higher Education Management and Policy [M]. OECD Publishing. 2010.

[20] Higher Education Reform in South Korea – Policy Responses to a Changing World Presentation by Deputy Minister Gwang – Jo Kim on July 5, 2005.

[21] James Tooley. IF INDIA CAN, WHY CAN'T WE? [J]. New Statesman, 2001, 9, 10, Vol. 130, Issue 4554.

[22] Johnes, J. & Taylor, J. Performance Indicators in Higher Education [M]. Open University Press. 1990. 31.

[23] Jun Oba. Development of the French and Japanese Universities —A Comparative Study on the French Contractual Policy and Incorporation of Japanese National Nuniversities [J]. Higher Research in Japan, Volume 2, March 2005: 7.

[24] Kneller, R. Intellectual property rights and university – industry technology transfer in Japan [J]. Science and Public Policy, 1999 (26).

[25] Lal R & Sinha G N. Development of Indian Education and Its Problems [M]. Vinay Rakheja C/o R. Lall Book Depot. Meerut, 2007: 193.

[26] Michael B. Paulsen. The Finance of Higher Education: Theory, Research, Policy & Practice (Higher Education) [M]. Algora Publishing, February 13, 2001.

[27] Michael B. Paulsen. Going to College: How Social, Economic, and Educational Factors Influence the Decisions Students Make [J]. Journal of Higher Education. Ohio State University Press, May 1, 2001, Vol. 72 Iss. 3.

[28] Ministry of Human Resource Development [J]. Annual Report, 1994~1995.

[29] Nicholas Barr, Barr, The Welfare State as Piggy Bank: Information, Risk, Uncertainty, and the State [M]. Oxford: Oxford University Press, 2001.

[30] National Knowledge Commission. NKC Note on higher education [M]. New Delhi: New Concept Information Systems Pvt. Ltd., 2006: 76.

[31] OECD. National Accounts at a Glance 2005 – 2010 [M]. OECD Publishing. 2006 – 2011.

[32] OECD. Education at a Glance, OECD Indicators 1998 – 2011 [M]. OECD

Publishing. 2000 – 2012.

[33] Rong Chen, Stephen L. Des Jardins Investigating the Impact of Financial Aid on Student Dropout Risks: Racial and Ethnic Differences [J]. The Journal of Higher Education, Vol. 81, No. 2 (March/April 2010) Copyright © 2010 by The Ohio State University.

[34] S. Chitnis & P. G. Altbached, High Education Reform in India – Experimental Perspectives [J]. Sage Publications, NewDelh 1993.

[35] OECD. Trends Shaping Education 2008 [M]. OECD Publishing. 2009.

[36] OECD. OECD Factbook 2005 – 2010: Economic, Environmental and Social Statistics [M]. OECD Publishing. 2005 – 2010.

[37] Slaughter, S. & Rhoades, G. Academic Capitalism and the New Economy: Markets, State, and Higher Education [M]. Baltimore: Johns Hopkins Universities Press, 2004.

[38] Warren F. Ilchman & trilok N. Dhar. Optimal Ignoranceand Excessive education: education Inflation in india [J]. Asian Survey, 1971.

（二）网络文献

[1] D. Bruce Johnstone, and Preeti Shroff – Mehta "Higher Education Finance and Accessibility: An International Comparative Examination of Tuition and Financial Assistance Policies", [EB/OL] www. gse. buffalo. edu/org/Int HigherEdFinance.

[2] Department of Education and Skills in UK. The Future of Higher Education [J]. London: Her Majesty's Stationary Office, 2003. 1.

[3] DIRECTGOV. Maintenance Grant for living cost. [EB/OL]. http://www. direct. gov. uk/en/Education and Learning/University and Higher. Education/Student Finance/Typesoffinance/DG_171557. (2009 – 03 – 10) [2010 – 01 – 30]. http://www. nytimes. com /2009/03/10/us/politics/10text – obama. htm?l_r = 1.

[4] DIRECTGOV. Money you can get to pay for university – from. 1 September 2012 [EB/OL]. http://www. direct. gov. uk/en/Education and Learning/University and Higher Education/Student Finance/Typesoffinance/DG_194804.

[5] Financing Higher Education in Eastern and Southern Africa: Diversifying Revenue and Expanding Accessibility [EB/OL]. http://www.gse.buffalo.edu/org/IntHigherEdFinance.

[6] Higher Education Statistics Agency. Total income and expenditure by source of income and category of expenditure [EB/OL]. [2006 – 07 – 10] http://www.hesa.

[7] Harvard Endowment Posts Strong Positive Return. [EB/OL]. [2010 – 12 – 20]. http://alumni.harvard.edu/stories/harvard – endowment – posts – strong – positive – return.

[8] Ministry of Education & Human Resources Development. Brain Korea 21, a project for Nurturing Highly Qualified Human Resources for the 21st Century Knowledge – based Society [EB/OL]. http://www.moe.go.kr.

[9] Nordic Statistical Yearbook 2011 [EB/OL]. http://www.norden.org/en/publications/publikationer/2011 – 001.

[10] National Center for Education Statistics, Digest of Education Statistics: 2009. Figure16. [EB/OL]. [2010 – 12 – 20]. http://nces.ed.gov/programs/digest/d09/figures.as.

[11] State Funding for Higher Education in FY 2009 and FY 2010 NCSL Fiscal Affairs Program [EB/OL]. http://www.ncsl.org/documents/fiscal/HigherE.

[12] The Economics and Politics of Income Contigent Repayment Plans (2011). [EB/OL] http://www.gse.buffalo.edu/org/IntHigherEdFinance/.

[13] United States Department of Education. Federal Direct Student Loan Program [EB/OL]. Wikipedia. (2009 – 12 – 31) [2010 – 02 – 04]. http://en.wikipedia.org/wiki/Federal_Direct_Student_Loan_Program.

[14] United States Department of Education. 2009 YearReview [EB/OL]. ED. gov. (2010 – 01 – 01) [2010 – 02 – 02]. http://www2.ed.gov/about/reports/annual/2009review.htm.l.

[15] Wissens chaft Weltst offen2011 [DB/OL]. http://www.wissenscha – ft-

weltoffen. de/daten/1/1/2. 2011 – 06 – 08/2012 – 01 – 10.

三、网站和数据库

［1］ EPS 全球数据统计中心：http：//www. epsnet. com. cn/Login. aspx。

［2］ 韩国教育与人力资源部：http：//www. mest. go. kr/main. do。

［3］ 联合国教科文组织官方：http：//data. worldbank. org/indicator。

［4］ 美国国家教育科学研究中心：National Center for Education Statistics，Digest of Education Statistics. http：//nces. ed. gov。

［5］ 美国中央情报局：https：//www. cia. gov/library/publications/the – world – factbook/。

［6］ 纽约时报：http：//www. nytimes. com/。

［7］ OECD：http：//www. oecd. org。

［8］ OECD 资源中心：http：//oberon. sourceoecd. org/。

［9］ 欧洲委员会：http：//epp. eurostat. ec. europa. eu。

［10］ 日本文部科学省：http：//www. mext. go。

［11］ 世界银行：http：//data. worldbank. org/indicator。

［12］ 维基百科教育中心：http：//en. wikipedia. org/wiki/Education_in_India。

［13］ 中国国家统计局：http：/www. stats. gov. cn/。